겹겹 기억속에

뉴턴코리아

초판발행 2013년 5월 10일

지은이 이경선
펴낸이 임창환   펴낸곳 뉴턴코리아

등록 1999년 5월 20일 **등록번호** 서울 라-10180호
주소 서울특별시 강남구 역삼동 776-24 2층
전화 (02)553-0513 **팩스** (02)553-0670
ISBN 978-89-5537-870-2
정가 12,000원

※잘못 만들어진 책은 교환 해 드립니다.

겹겹 기억속에

이 경 선 | 두번째 수필집

살가운 길목에서

어김없이 손끝에, 가슴으로 다가 온 청명한 계절은
여전히 설레고 고귀하게 느껴집니다.
시간에 머물며 수없이 일기장에 흘겨놓은 것 같은 언어들..
하지만 제가 왜 쾌쾌 묵은 지난 시간들을 헤아렸는지
알게 되었고 갖가지 생각들을 매만지며
어쩌면 엉켜버린 실타래 같았을 삶이 조금은
걸러진 것 같기도 합니다. 하여 두 번째 흔적을 남깁니다.
3년 전, 첫 수필집을 상재하며 이런 날이 또 있을까
반문했었는데 글을 쓴다는 것이 하루하루를 잘 살기 위한
기도문처럼 삶에 젖어 들었고
지나온 아슴한 시간들 속에 서성거리는 자신을 봅니다.
숨을 쉬는 만큼이나 많은 사연들이 머릿속에 저장되지만
실제 활자화 되는 일은 극히 일부.
늘 흡족치 못한 헛헛함은 내려놓은 채
자신을 치유하는 특별한 약재가 되는 살가운 길입니다.
이제 조심스럽게 세상으로 내보냅니다.
긴 퇴고의 시간을 가졌지만
부족한 그것을 채우기 위해 오늘도 널뛰기를 합니다.
계속 사랑하겠습니다.

2013년 5월

청윤 이 경 선

contents

난 잘 있어

여한 없다

c o n t e n t s

하얀 비가 말한다

그 녀석, 긍정이

c o n t e n t s

외로움과 친구하기

머루 알 같던 눈망울이
빛을 잃어가는 과정도
나만 겪는 일이 아니란 걸.
어느새 은빛 머리 빗질하는 마음 한 돌에
우린 그렇게 서있는 걸.

01

난, 잘 있어

그림자 밟는 날

바로 이거다. 그리 찾고 싶었던 것이. 앞만 보고 달려 온 내게 고속질주를 하고 난 후의 기분이랄까 몹시 지치는 요즘이다. 얼마 전부터 내가 하는 모든 일에 몸이 거부를 하고 있었다. 휴일 아침, 달래야겠다는 심사로 리모컨을 쥐고 있는 남편에게 슬쩍 건넸더니 흔쾌히 승낙하며 싫지 않은 내색이었다. 당장 외출준비를 했다. 생수와 간단한 요기꺼리를 넣고 옷을 챙겨 입었다. 날씨가 어떨지 몰라 얇은 옷 몇 개를 껴입었다. 남편도 콧노래를 부르며 점퍼를 걸쳐 입는다.

목적지를 정해 놓은 것은 아니지만 자동차는 춘천 방향으로 달려가길 원하는 것 같았다. 시간에 쫓기는 날도 아니고 일단 산소가 부족한 이곳을 탈출해야 할 것만 같은 강박관념으로 어느새 톨

게이트를 지나고 있었다. 제법 적지 않은 차량이 도로 위에서 목청이 찢어져라 락을 불러 제끼고 있다. 다들 어디로 가는 걸까. 이들도 우리처럼 갈증이 난걸까. 차창 밖으로 물끄러미 시선이 잡힌 언덕엔 연녹색의 상큼한 빛깔이 앙증맞은 손을 흔들며 배웅하더니 바로 부러운 시선을 넘겨주었다. 갑자기 스스로 이동 할 수 없는 꽃가지들이 가여워졌다. 지나는 이의 눈빛 한 번 맞추려고 이곳에서 움직이지 않은 채 씩씩하게 살고 있다는 것이 여간 신통한 게 아니다. 또 보러 올께 얼마만큼 이뻐졌는지.

생각보다 도로는 실타래 풀리듯 밀려 나간다. 몇 개의 휴게소를 지나치더니 우회전 깜빡이 소리가 들린다. 아무래도 성질 급한 남편이 휴게소에 머무는 것은 담배가 고픈 탓이다. 만약 이곳이 집이라면 바가지 한 소큼은 던졌을텐데 오늘 하루 온전한 기분전환을 위해 가방 속에 잔소리를 숨겨놓는다. 아니나 다를까. 흡연 장소에서 담배를 물고 있는 모습이 보인다. 흡연자가 쉴 곳이 별로 없는 요즘, 몇 몇 꿋꿋한 동지들과 등을 돌린 채 보이는 중년의 저 남자와 살 부치고 산지가 언제인지 문득 태고부터 살아온 느낌이 든다. 햇수를 더듬어 처음 만난 날부터 손꼽으니 믿을 수 없는 시간이 나온다. 그런데 이상하다. 바로 엊그제 같은 것은 어떻게 설명해야 할지 모르겠다. 어제가 오늘이고 오늘이 내일로 연결된 장거리 달리기 선수마냥 앞만 보고 달렸다. 골인지점이 어디인줄도 모르고 무작정이란 말이 적격이다.

지켜보는 마누라의 초강력 시선이 느껴졌나 서둘러 담배꽁초와

헤어져 돌아오는 모습에 세월이 함께 손잡고 성큼성큼 다가오고 있었다. 처음 인수했던 물품과는 비교가 안 될 정도로 튼실해진 몸과 연륜의 중후함이 그리 흉해보이지 않았고 다행히 예전의 성정을 간직하고 있는 면이 많아 고마운 마음까지 들었다. 그러나 마음과는 달리 종종 내 입에선 배부른 투정이 튀어나와 언쟁이 오가기도 한다. 오늘은 참기로 하자. 이 기분으로 한 번 가 보는거야. 자동차마저 경춘가도를 향해 흥에 겨운 몸짓을 하고 있었다.

'남이섬' 을 근거리에 두고 그곳에 가면 꼭 먹어야 할 것 같은 닭갈비집에 마주앉았다. 창가 옆은 강줄기가 잔잔하게 흐르고 주변으론 꽃가지들이 어우러져 어디선가 천사들이 숨바꼭질하고 있을 것만 같았다. 갑자기 우리의 여유로운 행동들이 잠시 불안하기도 했다. 봄볕만큼 소중한 시간을 감지하며 여객선에 올라 메타쉐콰이어 길에 큼직한 발자국을 남겼다. 자전거를 타는 연인들, 연인의 무릎을 베고 벤치에 누워있는 젊음. 내 몸이 근질거린다. 부럽다. 우리도 저런 적이 분명 있었는데. 도대체 어디만큼 온거야. 여긴 어딘거야. 저 짓은 도저히 할 수 없는 일이다. 안타깝다. 멀리 오리배 타는 곳이 보인다. 남편의 얼굴을 쳐다보았다. "저걸 탈려구?" 마치 불온한 짓을 꾸짖기라도 하려는 음성이다. "우리 예전에 탄거자너 원천유원지에서. 당신 남들 안 보이는 데로 노 젓던 거 생각 안나? 아마츄어처럼 왜 이래." 쑥스러움에 뒤로 빼려는 남자를 보이는 않는 밧줄로 힘껏 잡아 당겼다. 어느새 기억의 촉수를 더듬으며 그곳으로 향하고 있었다. 뒤뚱 뒤뚱거리며.

사각놀이

사방을 둘러봐도 꽃이 지천이다. 세상이 어수선한 탓인가 변함없는 새로운 탄생의 움직임이 몹시 사랑스럽다. 고목 틈 사이로 삐쭉 고개를 내민 은행 순잎은 감탄사가 나올 정도로 황홀지경이었다. 잔뜩 웅크리고 연한 빛을 발산하는 아기은행잎은 곧 부채 살처럼 펼쳐질 것이다. 생명체의 움직임이 꼬물꼬물 자신의 존재를 알리려는 순간포착을 카메라 렌즈에 담기 바빴다. 넓은 시야로 바라보는 것보다 투명한 사각 렌즈안의 피사체들은 탄성을 삼키게 한다.

일을 보러 동사무소에 갔다. 기다리던 시간이 무료해 주민 센터에서 개강하는 프로그램 안내에 시선을 잡혔고 요가, 스포츠 댄스, 공예 등 다양한 과목 중 특히 사진반에 눈이 갔다. 예전부터 배우고 싶어 교육원을 찾았는데 폐강됐거나 신설계획이 없었다.

디지털 카메라 보급이 대중화되어 굳이 배우지 않아도 되는 과목인가 잊고 있었는데 부담 없는 가격에 기회를 주는 주민 센터를 활용하기로 했다.

내 돌날, 검소하셨던 아버지는 그 당시 고가였을 카메라를 구입하셨다고 한다. 아마 출장 사진사를 부르는 가격에 조금 보태면 사진기 하나를 장만 할 수 있었던 것이 아닌가 싶다. 절기도 좋은 봄날에 손님들도 많았고 손이 큰 어머니의 요리솜씨가 혀끝을 달달하게 했을 것이다. 그런데 필름을 잘못 끼워 많이도 찍은 사진 한 장 없어 어머니께 두고두고 원망을 들으셨다. 그 후 사진관에서 찍은 돌 기념사진 한 장이 남아 있을 뿐이다. 평상시에도 자주 찍어주셨지만 아버지는 내 생일이 되면 꼭 사진관에 데리고 가셨다. 남매가 나란히 서있는 사진이 매해 기념으로 남았고 동네를 돌며 찍어주는 말이나 배 그림이 그려있는 사진도 있다. 나이로 치면 손주 뻘 되는 우리의 커가는 모습이 애잔하셨을 실향민 아버지의 안타까운 심중을 헤아리자면 지금도 가슴에 돌 하나가 매달려 있는 듯하다.

요즘 웨딩촬영 같은 기념사진이 아닌 일반 사진관은 눈에 잘 띄질 않는다. 지금은 카메라가 거의 필수품처럼 있지만 중, 고등학교를 다닐 무렵까지 학교 앞 사진관은 호황을 이뤘다. 낡은 앨범을 들추면 네잎클로버와 '友情' 이란 글자가 옆 귀퉁이에 붙박이처럼 새겨있는 사진들이 지나온 시간을 말해준다. 약간 촌스럽지만 정감어린 추억들이다. 또한 소풍을 다녀오면 학교 정문 근처에 늘어놓은 사진 중, 본인의 사진을 찾느라 북새통이었고 찍고도 찾지 않는 학생들의 사진은 몇날 며칠 바닥에 전시 되곤 했다.

개강 날이 기다려졌다. 카메라를 챙기는 발걸음에 바퀴가 달린 듯하다. 내 연배쯤 되었을 사진작가님이 사진의 이론을 설명하고 계셨다. 요즘 필름 카메라로 촬영하는 사람은 드물고 기능이 수월한 디지털 카메라에 익숙해 있어 소홀히 촬영한다는 말을 '난사한다.' 고 하셨다. 실상 나도 그렇다. 마음에 안 들거나 흔들렸으면 바로 삭제하고 필름을 다시 구입해야 하는 것이 아니라 부담 없이 촬영하곤 했다. 사진은 누구나 찍을 수 있다. 자동기능이 설정되어있어 초등학생도 누르기만 하면 찍을 수 있지만 황금분할에 맞춘 상(象)을 작품 수준으로 촬영할 수 있어야 한다고 강조하신다. 셔터를 누를 때도 빛과 풍경, 피사체 모습 등 여러 조건을 맞춰 왼쪽 팔을 가슴에 붙여 고정시키고 최소한의 떨림을 막는 자세도 취해보았다. 미술과 사진의 다른 점은 미술은 빈 공간 백지 속에 그림을 얼마만큼 그려 넣느냐가 중요하다면 사진은 이미 채워져 있는 것을 어느 정도 빼느냐란 말에 문외한이지만 공감이 갔다. 피사체를 좀 더 부각시킬 수 있는 작업으로 인해 조화로운 사진이 매번 보아도 예술성이 살아있는 작품으로 승화되리라.

학창시절, 교양과목에 사진이 있었다. 지금의 잠실체육관 신축중인 곳으로 출사를 갔는데 곳곳은 풀숲으로 구덩이가 파이고 지저분하기 짝이 없었다. 경치 좋은 곳도 많은데 하필 이런 곳을 촬영하나 의아했다. 사진은 아름다운 것만 찍어야 한다는 개념에서 기록이요 역사라는 말을 분명 선생님이 해주셨는데 그때는 그 의미를 몰랐다. 외국의 명소나 황홀한 곳보다 지금 내가 살고 있는 수원성의 아름다움을 잊는 것과 같을 것이다. 개발되기 전 수원의 거리는 다시는 사진기에 담을 수 없다는 말씀만으로 벌써부터 그리움이 보태졌다. 팔달산에서 광교산을 배경으로 아파트나 높은 건물이 보이지 않는 사진을 갖고 있는 작가는 단 두 분뿐이라는 말씀에 단순한 사진에 대한 시야가 조금 넓어졌다. 자연도 변하고 도시자체가 서서히 탈바꿈하는 시기를 놓치지 말고 지역의 역사를 담아내는 일에 한 몫 해야 하지 않을까 하는 사명감도 갖게 한다.

공단 천으로 덮여있는 낡은 사진첩을 넘겨본다. 내게 이런 시절이 있었나 싶은 모습들이 시선을 잡고 아련한 옛 길을 떠올리면 그곳엔 익숙했던 얼굴과 사연들이 바글바글 담겨있다. 사각 테두리 안과 눈 맞추며 이젠 추억 만들기보다 작품으로 한 단계 승화시켜 깊은 의미까지 내뿜는 시선을 놓치지 않으리라. 내게 남아있는 열정을 쏟아 부울 곳이 생기고 잡념을 잠재울 수 있는 계절에 맞춰 렌즈를 갈아 끼운다. 이제 종종 카메라를 짊어진 내 모습과 무한대의 사각 안 세상이 슬금슬금 다가오고 있음을 느낀다.

신성일도 늙었다

영화배우 신성일씨가 자서전을 출간했다는데 겉표지에 머리 허연 할아버지가 있다. 혈기 왕성하던 시절 그의 모습은 그 이전, 이후로도 타의 추종을 불허하는 세기의 꽃미남이었다. 스포츠머리에 택시를 잡던 모습은 어디 가고 모차르트처럼 보글파마를 해 적어진 머리카락 수를 부풀리고 있었다. 두툼한 눈밑주름과 늘어진 얼굴에서 젊은 날의 모습을 찾으려는 건 흡사 보물찾기와도 같았다.

그는 자서전에 평생 가슴속에 품어 두었던 연애 사를 솔직담백하게 털어놓아 부인과 마찰을 빚고 있다는 기사를 본 적이 있다. 항간에는 노인네가 망령 났다는 말도 있지만 애절한 마음에서 우러난 솔직한 고백에 의미를 둔 것 같다. 이미 이 세상 사람이 아니라는 여인과의 사랑을 수영복입고 찍은 사진을 지금껏 간직 한 걸로 표현했다. 그녀는 신성일씨와 사랑에 빠져있던 40대 초반에 교통사고로 유명을 달리했다고 한다. 그녀가 없기에 사랑은 아름다운 걸까. 만약 지금까지 생존해 있다면 그 사랑은 여전히 절절한 추억으로 남았을까 라는 의문이 생긴다. 빗발치듯 난도질하는 손자 또래 아이들의 댓글은 칠십을 넘게 살아온 인생에서 그 사랑만이 소중해 간직하고 싶다는 걸 이해하려 하질 않는다.

사랑은 전부를 가져보지 않아 아름다울지도 모른다. 우린 왜 사랑이 퇴색해야만 하는가에 깊게 생각해 보았는가. 말초적인 관심보다 인간적인 끌림이 우선이어야 어떤 우여곡절도 견디지 않을까 싶다. 영화인으로 한 평생 살아 온 신성일씨는 숱한 멜로영화의 주인공이었지만 애틋한 본인만의 사랑은 주름진 기억 속에 숨겨두고 있었다. 기혼이건 미혼이건 '그것이 내 사랑이었다.' 라는 것에 누가 돌을 던질 것인가. 본인은 모든 걸 내려놓은 채, 단지 인간 신성일로 가슴 속을 내보이고 싶었을텐데 망령이라고 치부해 버리기엔 구불거리는 흰 머리카락들이 흡사 데모라도 하는 것처럼 보인다. 세월이 그의 입을 열게 한 것이다.

'차두리' 선수가 요즘 자주 인터넷에 보인다. 얼마 되지 않은 시절에 아버지 차범근씨가 축구화를 신겨주고 독일에서 함께 축구를 하던 모습이 엊그제 같은데 어느새 국가대표선수가 되었고 가정에선 어린 딸을 목욕시켜주는 자상한 아빠가 되어있었다. 차범근씨 역시 이미 국가대표감독으로 활동했고 이젠 축구계의 노장이 되었다. 선수시절, 일본과의 경기 후반전 오 분을 남겨놓고 역전을 시킨 장본인으로 차범근 선수만 나오면 안심이 되었는데 이젠 후진들을 키우고 그의 아들까지 대를 이었다. 세월이 그만큼 자라버렸다. TV에서 농구경기를 하고 있었다. '허재' 선수가 보이고 '문경은' 선수가 보인다. 난 그들이 선수인 줄 알았는데 양복을 입고 있었다. 선수들에게 지시를 내리고 있고 간혹 얼굴을 찡그리며 소리치기도 했다. 감독이었다. 모두 나름 그들의 우주 안에 신성일이었던 주인공들이 세월과 악수를 나누며 자신들의 소리 나는 시계를 지니고 있었다.

영화계에서는 말한다고 한다. 신성일씨는 1세기에 한 명 나올까 만한 배우라고. 기라성 같은 배우들이 쏟아져도 단 한 사람의 모든 걸 채우기엔 역부족이었다는 기사를 오래 전 본 적이 있다. 영화사에서 신성일씨를 닮은 배우를 공모하기도 했다. 흡사 형제 같은 준수한 외모를 가진 한 남성이 뽑혔다. '신영일'이란 이름으로 활동했지만 너무 큰 본래의 존재감에 묻혀 무언가 어색함으로 관객들의 감성을 채워주지 못한 채 눈에서 멀어졌다. 그렇게 시간은 쉼 없이 노 저어가고 있었다.

오랜만에 방송에 나온 늙어버린 여자가수의 모습에서 또 한 번 세월을 감지한다. 그녀와 청춘을 보냈던 연배라서 친구 보듯 반갑지만 세월이 지나 간 자리를 확인한 순간의 헛헛함이란. 몇 해 전까지 상가를 지나다보면 학습지 영업사원들이 달라붙곤 했다. 시험지공부 할 만한 학생이 없다 해도 핑계를 대는 줄 알고 채근하더니 요즘은 그 말 한번 들어보려고 천천히 걸어도 그들의 눈동자는 다른 곳에 바쁘다. 아이들과 다니면 엄마 맞느냐고 묻던 사람들, 딸과 옷을 사러 가도 귀가 저릴 정도로 들었던 입에 발린 말들이 개그프로에 나오는 말처럼 모두 어디 간 건지 찾고 싶어진다. 인정하지 않을 수 없는 건 오랜만에 신성일씨의 모습을 본 내 느낌과 같은 것이리라.

빗겨갈 수 없는 세월을 그나마 제대로 걷고 있는지 수시로 확인하게 되고 거부할 수 없다는 순리적인 이치에 고개를 숙이게 된다. 중요한 건 지금 이것으로 끝이 아니라는 점이다. 현재를 그리워 할 시기가 또 분명 있을 테고 우린 직진만을 할 수 있기에 자꾸 뒤돌아보게 될 것이다. 습관적으로. 그것은 어쩌면 남은 삶에 덧칠을 해주는 마음 밭의 거름이 되지 않을까 싶다. 주책없이 일렁이는 가슴 널을 도닥이고 세월 속에 나를 앉히자. 머루 알 같던 눈망울이 빛을 잃어가는 과정도 나만 겪는 일이 아니란 걸. 극장 포스터의 뜨거운 입맞춤에도 초연해지고 어느새 은빛 머리 빗질하는 마음 한 톨에 우린 그렇게 서있는 걸.

동물병원의 오후

무더위와 장마가 일상을 포박하며 습하기까지 한 날씨가 지루하게 이어진다. 사람은 땀이 나면 옷을 벗기도 하고 샤워를 할 수 있지만 강아지는 스스로 할 수 없고 길게 혓바닥만 내밀고 있을 뿐이다. 여름으로 접어들고 부터 우리 집 애완견 '지니'는 소파나 침대위에 누워있는 모습을 보기 어렵다. 아무리 불러도 안 보여 찾아보면 현관 타일이나 베란다 타일바닥에 엎드려 있다. 용케도 집안에서 시원하다고 느끼는 공간을 찾아 이용하는 녀석이 신통했고 시원하게 털을 다듬어 주기위해 동물병원에 예약을 했다. 내가 원하는 시간대가 없을 정도로 일정이 빽빽했고 겨우 늦은 오후로 택할 수 있었다.

어디 가는 줄도 모르고 외출을 한다는 것에 마냥 신이 난 녀석은 엘리베이터를 타야 밖으로 나갈 수 있다는 것을 안다. 문이 열리기를 기다렸다가 얼른 건너 타는 모양새가 익숙하다. 기쁜 표정이 넘쳐 녀석을 흥분상태로 만든다. 다른 날처럼 산책을 꿈꾸었던 녀석은 결국 동물병원 앞에 서자 들어가기 싫다는 얼굴로 변해 안고 있던 내 품에서 등 쪽으로 몸을 밀고 있었다. 여기가 어디라는 걸 안다는 것과 싫은 내색을 표현하는 녀석이 귀엽기 짝이 없었다. 더운데 시원하게 미용을 하자며 목을 쓰다듬어 주자 조금 안정이 되었고 어쩔 도리가 없다는 걸 인식한 표정이지만 그래도 내게서 떨어지지 않으려 안간힘을 쓰고 있었다.

말은 못해도 말귀는 알아들어 미용사에게 건네주며 끝날 때까지 기다린다 했는데도 입은 풀로 붙인 듯 딱 붙어있고 눈만 커져 얼굴을 돌려서까지 나를 찾는다. 매번 가는 이 동물병원은 개업한 지 얼마 되지 않았고 미용실이 오픈되어 있다. 보통은 미용실이 막혀있는 것이 대부분이다. 혹, 미용을 하며 물거나 힘들게 하는 강아지를 때리기도 하고 약을 먹인다는 말을 들은 적이 있다. 생각해보면 그 가느다란 온 몸 털을 구석구석 다 자른다는 것은 보통 어려운 작업이 아니다. 동물들도 많은 스트레스를 받는다고 한다. 지니도 미용을 하고 오는 날은 마비가 오기도 하고 사료도 먹지 않은 채 부르르 떨기만 해서 병원을 바꾸었다. 이곳은 입구 쇼윈도우에 유리 막을 해놓아 밖에서 미용하는 상황을 볼 수 있다. 십오 년을 키우면서도 그 녀석 털 깎는 모습은 못 보았는데 얼굴 반쪽이 밀려나가 있는 굴욕사진 등을 카메라에 담기도 하고 끝날 때까지 지켜보고 있어 안심 하는 듯하다.

병원을 바꾼 후로 덜 힘들어하여 다른 견주들도 공감하는지 이샵은 항상 동물과 사람으로 붐빈다. 미용하는 걸 지켜보다 한 여름 오후 빛이 너무 뜨거워 실내로 들어왔다. 무심코 '개 호텔'을 쳐다보았는데 낯익은 강아지 한 마리가 눈에 띄었다. 지난 번 보았던 녀석 같았다. 원장님께 물었더니 미용을 맡기고 찾아가지 않는 녀석이라며 맡길 때 알려준 핸드폰은 없는 번호이고 이런 일이 비일비재 하다고 했다. 다가가서 다시 보았다. 맞다 그 녀석. 이빨이 옆으로 튀어나와 있던.

지난달 일이다. 병원 안에는 미용을 마치고 주인을 기다리는 강아지들이 작은 사각보호 틀 안에 모여 있었다. 쳐다보자 두 발로 서서 안아달라고 하는 녀석이 여럿 되었다. 난 아직도 우리 강아지 외에는 안질 못한다. 만지지도 못하고 눈으로만 이야기한다. 녀석들 중에 한 마리가 눈에 띄었다. 말티즈 믹스 견으로 지니보다 두 배는 크고 이빨이 옆으로 튀어나와 있어 개도 사람처럼 뻐드렁니가 있다는 것이 신기했다. 치아에 콤플렉스가 있는 난 녀석을 쳐다보며 그리 예쁘지도 않은데 미용시키고 키워주는 주인이 참 고마운 분이라는 생각이 들었다. 애완견이 이왕이면 귀엽고 예뻐야 금상첨화인 것은 두 말할 나위없다. 그런데 이 녀석이 유기견이라니 더욱 애처로웠다.

사과궤짝만한 개 호텔이란 곳에 다행히 녀석은 긍휼한 원장님을 만나 숨을 붙이고 있었다. 분양을 원하는 주인을 만나면 좋으련만 밀리는 모양이었다. 못 생긴데다 버림까지 받았으니 쳐다보기도 안쓰러웠다. 오전 오후에 한 번씩 풀어놓고 여행으로 맡긴 주인이 있는 강아지들과 함께 놀게 한다고 했다. 혀 끓는 소리가 나도 모르게 이어졌다. 미용을 끝낸 지니를 받아드는데 녀석이 쳐다보고 있었다. 너도 네 주인이 찾아와 안고 가는 날을 고대하겠지. 부러워 할 것 같아 안고 나오는 모습을 보이기가 미안했다. 그래도 길거리에 버리지 않은 것이 한편으론 마지막으로 사랑한 것이 아닐까 싶기도 했다.

지니는 흰 털옷을 한 꺼풀 벗겨내 붉은 속살이 틈새로 비추고 내 품으로 다시 파고들었다. 여러 강아지들이 일제히 짖기 시작했다. 그 녀석도 짖었다. 다가가 머리를 쓰다듬어 주었다. 다음에 올 때 또 볼 수 있을까. 원장님이 혹여 부담스러워 할까봐 더 이상 녀석을 아는 체 안했다. 어디로 어떻게 보낼지 모를 일이기 때문이다. 덩치가 커서 사료 값도 만만치 않겠지만 다음에 왔을 때 녀석을 찾을 것 같고 그 자리에 있어주길 욕심내고 있었다. 신용카드로 결제 하려던 미용비를 현금으로 주었다. 안녕, 사료 너무 많이 먹지 말고 잘 있어. 동물병원을 나서는 어스름 해 넘어가는 하늘이 얄궂다.

도가니 속 **도가니**

세상에는 알고도 모르는 척 애써 뒤돌아보지 않고 사는 일이 꽤 많다. 범법 행위인줄 알면서 은폐하고 내려놓는 일은 주위에 허다하다. 내게 득이 되는 것도 아니고 귀찮다는 이유로 인간의 기본 양심을 저버리는 일이다. 나와 상관없다면 가슴을 쓰지 않는다. 잘못 그들을 거들었다간 더한 고통과 손실을 당하는 일을 누누이 보아왔기에 침 한 번 꿀꺽 삼키고 눈꺼풀 질끈 감아버리면 되는 거다.

비참한 영화를 보았다. 이것이 실화라는 것에 도리질을 하게하고 어떻게 인간에게 그런 악이 있는지 실제상황이라는 사실에 소름이 돋았다. 장애를 갖고 태어난 아이들은 한 번 더 안아주어야 할 천사들이다. 각박한 사회에서 살아가려면 정상인도 버거운 일을 그들은 몇 배 더 한 고통을 감수하며 버티고 있다. 그런 아이들의 약점을 이용하여 폭행이 이루어졌다는 것은 끔찍하다 못해 정신이상자라고 할 수밖에 없다. 기본 양심의 상실이란 말조차 고급스런 질타이고 인간의 탈만 덮어 쓴 말초동물이다.

얼마나 무서웠을까. 공포에 떠는 하루가 빛을 발하는 태양조차 그들은 싫었으리라. 대응할 만한 보호자가 없는 아이들을 짓밟아도 된다고 생각한 거짓얼굴들이 몸서리쳐진다. 다행히 공지영작가의 용기로 활자화되어 베스트셀러가 되고 극화된 것이다. 그들의 학대를 밝혀내는 교사와 인권보호센터의 직원 역시 현재까지 이 사건을 추적하고 있지만 이미 가벼운 형벌을 마친 피의자교사는 복직되고 현재 피해자 학생들은 무분별한 학생들에게까지 질타를 받고 있다고 한다.

인간의 성에 관한 문제는 삶과 함께 숨을 내려놓을 때까지 공존하는 과제이긴 하다. 하지만 최소한의 양심과 지적 능력이 있는 인간이라면 해야 할 일과 해선 안 될 일을 구분 할 수 있어야 한다. 인지능력이 바로 그것이다. 그것을 실종한 이가 어찌 교사를 자청 할 수 있으며 더군다나 일반 학생도 아닌 장애를 갖은 아이들 교육을 맡을 수 있는지 묻고 싶다. 온갖 관련 되는 부서를 매수하여 입을 다물게 하는 거머리수법은 치가 떨린다. 주변에서도 그런 사람을 보아왔다. 엄청난 실수를 자행한 사람을 용서해주며 그것을 약점 잡아 심복으로 만드는 일이다. 잘못 된걸 제대로 말 할 수 없게 입을 막는 수법처럼 잔인한 것은 없다.

아무리 세상이 달라졌다 해도 성에 관한 일은 불문율처럼 되어있어 아름답다고 강조하는 강사가 나올 정도지만 아직까지도 음지 속에 가려진 부끄러운 일로 젖어있다. 그런 심리를 악용하여 지금도 어느 곳에서 약자의 입을 틀어막고 있을지 모를 일이다. 살면서 크고 작은 기억하고 싶지 않은 일이 있을 수 있다고 본다. 서로 좋은 감정이 있는 사람과의 행위는 큰 상처로 남진 않을 것이다. 전혀 모르는 사람이나 내 의지를 무시한 채 강제성을 띤 행동은 아직 미성숙한 여성성을 무참히 짓밟고, 아무리 아름답고 위대한 성이라 강조해도 수용할 수 없는 공포로 이어질 것이다.

맞벌이 부부의 혼자 집을 지키는 유치원생 여아를 할아버지뻘인 경비아저씨가 조각내질 않나, 친 딸의 성을 건드리는 아버지까지. 세상이 미쳤다. 미치지 않고서야 점점 더 강도가 심해지는 어긋난 삶들을 어찌 설명 할 것인지 입은 필요 없는 도구일 뿐이다. 몰상식도 아니다. 실제 영화 속의 그들은 고등교육을 마친 사람이고, 특별한 교인이고, 교육을 책임지는 위치에 있다. 인간은 실수의 동물이다. 누구나 실수 할 수 있다. 단지 인정하고 다시 반복하지 않아야 한다. 하지만 끝까지 장애 아이들에게 죄를 덮어씌우고 결백을 주장하는 비열함은 혀를 내두르게 만든다. 그들이 약간 낮은 지능을 가졌다고 어리다고 누르는 심리, 강자가 지닌 권력과 인맥으로 야비한 일을 서슴지 않고 알면서도 도와주는 이들은 가슴을 경매 붙인 말라버린 껍데기들이다.

봄날의 새순 같은 쳐다보기도 아까운 성을 무자비하게 앗아간 어른들을 그들은 어떤 시선으로 볼까. 안타까워하면서도 부서지고 다친 영혼을 끝까지 따스하게 잡아 줄 사람은 또 얼마나 될까. 결코 여성의 삶은 녹녹치 않은데 시작이 몹시 뒤틀어져 뭐라 할 말이 없다. 도저히 건네줄 말이 생각나질 않는다. 조금 더 자란 후에 조심스레 들려주고 싶다. 그들은 정에 굶주린 가엾기 짝이 없는 악마였다고, 너는 그 악마를 용서하기 위해 태어난 천사라고.

개그콘서트 팬입니다

휴일저녁, 즐겨보는 TV 프로그램 중 하나가 '개그콘서트' 이다. 일명 '개콘' 으로 불리는 이 프로는 현 시대 풍자를 절묘하게 찾아 재현하는 상황전개로 웃음을 자아내게 만든다. 여러 코너가 있지만 특히 개그맨 '최효종' 이 나오는 '애정남' 과 '사마귀 유치원' 이 흥미롭다. 최효종은 '봉숭아학당' 에서 '행복전도사' 로 처음 눈에 띄었는데 소재가 기발해 매주 최효종을 보러 아니, 행복에 전염되고 싶어 방영 시간을 기다리곤 했다.

그가 처음 행복전도사 코너를 했을 때, 상류층의 실상을 당연한 것처럼 들려주며 물질만능주의 사상을 살짝 꼬집기도 했다. "다들 현금 10억씩 통장에 넣고 계시잖아요?" "뚜껑 열리는 외제차 몇 대 있잖아요?" 우리 모두 행복해 질 수 있다고 외치며 선뜻 비유

하지 못할 역발상 소재로 웃음을 전달했는데 아마 모두 나와 비슷한 공감을 했는지 최효종은 상종가를 올리게 되었다. 후에 그는 재벌가 여자 친구를 사귀고 있어 그녀에게 아이디어를 얻는다고 고백해 또 다시 관심을 끌었다. 일단 부유층의 단면을 소개한 뒤 서민들의 일상으로 번복해 웃음을 쏟아내게 만드는 각본이 신선했다. 그동안 코미디는 맞고 넘어지고 어눌하면서 엉성한 말투와 몸짓으로 웃음을 주었다면 개그콘서트는 이치에 맞는 논리성을 펴가며 고정관념을 부순 현실감이 우수하다. 매 프로마다 실망시키지 않는다. 그래서 그 시간을 기다리게 되고 브라운관 앞에 정좌하게 된다.

'사마귀유치원' 은 얼마 전 모 국회의원사건으로 유명해진 코너이다. 판단능력이 미성숙한 어린이들의 궁금증을 이해하기 쉽게 설명하는 시사성 강한 프로로 매주 이슈가 되는 사건을 그동안 등장하지 않았던 일수꾼이란 직업으로 분한 최효종의 꼬집는 시선이 매섭다. 엄청난 사건을 어린이 눈높이에 맞춰 단순하게 풀어가는 과정에서 웃음이 터지게 만든다. 능청스럽기도 하면서 신랄하게 풍자하며 어렵지 않게 결론을 내준다. 국회의원 되는 법을 악수만 잘하면 된다고 했는데 국회의원을 희화해 모독했다며 처음엔 법적대응 할 강경한 자세를 취하다가 결국 최효종에게 사과했다고 한다. 개그가 정치판을 평정했다. 어린이에게 일단 어렵지 않다고 희망을 주는 긍정적인 사고와 사회의 가려운 곳을 긁어주어 갸우뚱하면서도 개운해지는 매력이 있다.

'애정남' 의 인기는 폭발적이다. 처음엔 애정남이라 해서 사랑을 품은 남자로 알았는데 애매한 사건을 정리해 주는 남자라고 한다. 연인에 대한 관심과 집착의 차이라던가 헤어진 연인들이 다시 새로운 상대를 만날 수 있는 기간도 조목조목 따져가며 정해준다. 마트에서 시식이 몇 개까지 되는지 네 번 이상 집어먹으면 구매해야 된다는 결론은 시식할 때 마다 떠올라 멈추게 만든다. 일상생활에서 쉽게 지나치는 일들을 짚어가는 개그맨들의 두뇌가 경이롭다. 그들의 설명에 흡수되어 고개를 끄덕이게 되는데 꼭 단서를 붙인다. 안 지켜도 경찰 출동 안하지만 나름 보이지 않는 약속을 정하는 것에 어찌나 공감이 가는지 합법적인 착각 속에 신정보도 얻고 안 웃을 수가 없다.

그 외, 서울말투를 익히려는 경상도 청년들의 노력 또한 가상하지만 외모에서조차 시골티가 흐르는 모습을 보는 순간부터 얼굴이 화훼 탈로 변한다. 억센 경상도 사투리를 감추려고 강하게 발음해야 하는 모음을 무조건 약하게 하질 않나 촌티가 나면 무시당할까봐 애쓰는 모습에서 현 사회가 읽혀진다. 개인적으론 사투리가 정감 있고 특이해 인간관계에서 장점이 될 수 있다고 생각했는데 그들에겐 엄청난 콤플렉스라는 걸 알게 되었다. 그중 서울말을 조금 빠르게 터득한 친구는 부러움의 대상이다. 그러나 결국 급한 상황엔 어김없이 사투리가 튀어나와 또 한 번 크게 웃을 수밖에. 누가 그랬던가. 서울말을 잘 쓰려면 매일 서울우유를 먹으면 된다고.

웃음은 동물 중 사람만 할 수 있는 행위라고 알고 있다. 웃으면 엔도르핀이 솟아나 건강해진다는 말을 수없이 듣고도 우린 서늘한 마음 평수는 늘이고 웃음을 아끼는 편이다. 한국인은 표정이 없는 국민으로 유명하다. 더군다나 체면과 쑥스러움에 감정을 감추는 일이 유교적인 교육을 받아서인가 점잖은 사람이 과묵해 보이고 예의바르다고 느끼기에 아직도 대부분 웃음에 인색하다. 사진을 찍을 때마다 웃으라고 강요하는 일은 몹시 익숙하다. 사실 헤프게 웃으면 경망스럽게 보일 때도 있지만 웃음 담긴 얼굴이 예쁘다.

사라지는 것 중 하나가 웃음이라고 한다. 웃음은 만병통치약이라며 박장대소하는 법을 일부러라도 하라고 한다. 실상 심하게 웃어본 사람은 배의 통증까지 느껴보았을 것이다. 그 통증이 인체의 혈액을 순환시키기에 웃음보약 먹으러 방영시간에 맞춰 일주일간 긴장을 쥙어진 얼굴을 풀어 줄 준비를 하고 있다. 이렇게 개그를 보며 즐거워하는 우리는 분명 웃음을 알고 행복이 뭔지 아는 사람들이다. 웃으라고 애써 강요 안 해도 자연스럽게 웃음이 터지는 개그콘서트를 그래서 난 즐겨본다. 이렇게 애청하는 개그콘서트는 2011년 방송 최우수 아이디어상을 받았다. 당연하다. 늘 믿는 금도끼에 나무 한 짐 지고 가니까. 오늘 끝났는데 벌써 다음 주가 기다려진다. 하핫!

그릇

설거지하다 접시 하나가 또 미끄러졌다. 절대 깨지지 않는다고 광고하는 제품의 그릇을 벌써 수도 없이 깼다. 인지능력이 떨어져서일까. 나이 탓만은 아니고 젊은 시절에도 자주 그랬다. 고무장갑을 낀 둔한 손놀림의 음률에서 이탈한 것이다. 바로 몇 분 전까지 음식을 담아 정갈하게 품위를 지키던 모습은 사라지고 날카로운 이빨을 드러내고 공격태세다. 모두 내 실수이다. 아까운 마음보다 미안한 마음이 앞섰다. 아름다웠을 꿈을 내가 가해자가 되어 종결짓다니 흩어진 잔해를 하나하나 들어내며 혹여 나의 육신에 조금이라도 스칠까봐 그제야 신경을 곤두세운다.

미끈하던 실체는 원래의 모습을 상상하기 어려울 정도로 싱크대 바닥에 누워 원망의 눈초리를 보내고 난 차마 그와 눈을 마주치기가 버거웠지만 너와 나의 인연이 여기까지라고 치부하려 애쓰고 있었다. 반듯한 모습에서 흉한 몰골로 사라지는 친구의 모습을 본 다른 그릇들은 설거지통에서 젖은 몸으로 불안에 떨고 있는 듯하다. 내 손길을 두려워하진 않을까 우려하며 조금 더 부드러운 손놀림으로 정성스레 세수를 씻겨주니 금세 밝아진 얼굴로 애교를 피려 한다. 건조대에 올려 진 그들은 안도의 숨을 내쉬며 조금 전 아찔한 순간을 목격한 증인이란 걸 까맣게 잊어버린 듯 제 빛을 한껏 발하고 있었다. 앞으론 조심 할께요. 그들의 목숨은 내 부주의와 연관된다는 걸 새삼스레 깨닫게 되었다.

신접살림을 차렸던 주공 아파트는 연탄아궁이가 있는 집이다. 아파트에서 연탄을 땐다는 것이 희한했지만 주택 구조처럼 주방이 두 계단 내려가야 있었고 바닥은 타일로 되어있었다. 싱크대는 지금 사용하는 면적의 일부분인 단 하나의 찬장이 매달려 있었는데 그 안에 우리 두 사람이 사용하는 그릇이 모두 들어갔다. 움직이지 않고도 동선이 짧아 서 있는 자리에서 팔을 뻗으면 손에 잡히는 그런 공간이다. 타일바닥이 강권이었다. 신부의 키가 크다고 높게 달아놓은 싱크대 선반에서 그릇을 꺼내다 각도가 어긋나면 재고의 여지가 없었다. 늘 친정을 그리워하며 몸을 비틀던 시절이라 어머니의 손길이 하나 둘 사라지는 것 같아 가슴이 아렸다. 하지만 아파트 구조상 그릇들은 이사 가기 전까지 내 손끝에서 멀어졌다.

요즘은 설거지 량도 많지 않아 예전처럼 빛나가는 상황이 적다.

며칠 전 다른 그릇을 꺼내려다 앞에 놓인 작은 그릇을 가볍게 생각하고 손을 뻗다 앞으로 쏟아져 산산조각이 났다. 도자기 상가에서 장만한 찻잔이었는데 매번 뒤에 있던 물건을 꺼내면서도 용케 건드리지 않아 무사했기에 당연히 이번에도 쉽게 꺼내려다 일을 당했다. 소주 잔 정도 크기로 작고 깊어서 그동안 한 번도 자세히 보지 못한 속내를 훤히 내보이며 엎어져 외치는 모양새에 발가락이 오므라들 지경이었다. 찌그러진 눈으로 마지막 정을 나누는 시간이 안타까웠지만 서둘러 숙달된 모습을 보여줄 수밖에는. 다른 것과 달리 하나밖에 없는 거라 내내 서운했다. 부주의한 자신을 책망하며 귀찮아도 내려놓고 꺼낼 걸 하는 후회가 몰려온다. 이미 고고했던 도자기의 위풍은 비닐에 담겨져 재활용통에 넣어졌지만 싱크대 문을 열면 어제처럼 그 자리에 있어주면 좋겠다는 생각을 떨칠 수 없었다.

서서히 내 곁을 떠나는 것들이 많아졌다. 아직도 친정에 가면 돋보기를 끼고 책을 보고 계실 것 같은 아버지. 그리움이 장마 비 개울처럼 불어나면 납골당으로 향한다. 아버지의 납골함은 대리석문으로 닫혀있어 겉에서 보이질 않아 더 먹먹하다. 규칙상 절대 열 수 없다며 단호하던 관리인 주머니에 지폐를 넣어주면 쇠고기 먹은 얼굴로 변해 슬며시 공구를 들고 온다. 드라이버로 나사 두 개만 풀면 아버지의 방에 들어 갈 수 있다. 난 갈 적마다 아버지를 산책 시킨다. 조금 더 가까이 만나고 싶어서. 오늘은 울지 말아야지 모질게 다짐을 해도 작은 항아리에 담겨진 모습을 뵈면 온 몸의 피가 시신경에 몰려들고야만다. 이미 흩어졌지만 영원히 이어질 퍼즐같은 존재임을 확인한다. 아버지의 바람과는 달리 보잘 것 없는 작은 유리그릇에 불과한 나를 세상구경 시켜준 조물주 이상이라는 사실을 왜 그땐 좀 더 깊이 몰랐을까.

누구나 살면서 자신의 그릇을 빚고 있다. 아버지처럼 이젠 우리 곁을 사라진 경우도 있고 제법 성한 모습으로 혹은 실금이 간 상태로 또는 귀퉁이가 살짝 눈에 띄지 않게 튕그러져 나간 형태로 말이다. 완벽한 인간의 모습에서 우린 되도록 더딘 몸짓으로 조각나는 과정을 거칠 것이다. 얼마만큼 조심하며 다루어야 덜 다칠 것을 알면서도 자신의 틀만은 영원하리라는 이중심리로 묘하게 해묵은 감자자루처럼 버티고 있다. 누가 누구를 질타 할 수 없다는 것조차 알면서 행한다는 것은 참으로 아이러니다. 쉽게 깨질 것 같은 작은 유리그릇도 조심스레 다루면 고유의 투명함을 잃지 않고 자신만의 맑은 우주를 유지하리라. 문득, 어린 시절 마당 한쪽에 자리 잡고 있던 장독대에 반질반질한 된장 항아리, 간장독의 넉넉하고 푸짐한 엉덩이를 쓰다듬고 싶어진다.

약속

인간은 한 평생 살아가며 수많은 약속을 한다. 희로애락을 담은 무수한 약속은 서로의 노력에 따라 깨어지기도 하고 이루어지기도 한다. 마음을 헤아리는 좋은 친구와의 만남은 만나는 날까지 심기가 고양된다. 기다리는 하루하루조차 즐기며 그날을 기대하고 잠까지 설치는 나의 유별난 애정은 나이가 들어도 여전하다. 우리는 거미줄처럼 엉켜있는 이런저런 보이지 않는 약속세계에 살고 있다고 해도 과언이 아니다.

약속이란 것처럼 설레는 것이 또 있을까싶다. 누군가와 만나 밥을 먹고 가슴 속 이야기를 나누는 것은 더께 진 그릇을 말갛게 닦아내는 것처럼 개운하다. 여러 명보다 둘만의 만남을 즐기는 편이다. 한 동안 소식을 전하지 못했어도 바로 어제 만난 듯 서먹하지 않아서 좋다. 각자의 이야기를 충분히 할 수 있고 들을 수 있어 좀 더 친밀한 관계가 형성되어 돌아오는 길엔 태산을 지고 오는 느낌이 들기 때문이다.

일단 입 밖으로 내뱉은 약속은 일종의 공증 계약서와 같다고 본다. 구두 상으로 약조 한 일도 엄연한 약속이다. 약속을 이행하지 않으면 다리 뻗고 잠을 잘 수 없어 내가 나를 괴롭혀 안 지킬 수가 없다. 개인적인 일도 그렇지만 특히 공적인 일이나 제 삼자가 관련된 약속은 신의로써 지키려 애쓴다. 얼마 전 철썩 같이 약조를 해놓고 유치원 아이보다 못한 행동을 한 사람이 있었다. 그 쪽에서 채근하여 중간에 내가 소개한 일로 일단 구두 상 계약이 성사되었는데 약속날짜에 일언반구 없이 계획을 바꾸었다. 그조차 내게 연락을 취해 주지도 않았다. 내 입장은 난감 그 자체였다. 그녀는 눈앞에 보이는 작은 이익만으로 인간관계는 뒷전이었고 수화기 너머로 들리는 미안하다는 겉치레 말에 이미 진정성은 사라져 버렸다. 딱하다는 생각으로 위안 할 수밖에 없었고 내 손은 가위표를 그리고 있었다.

가수 '싸이' 가 미국 빌보드 차트 1위를 앞두고 있는 시점에 국내 대학축제에서 노래하는 영상을 보며 깜짝 놀랐다. 한 두 곳도 아니고 경기도와 지방까지 내려가 대학생들과의 선약을 지킨 것이다. 미국에서 지대한 관심과 인기를 끌고 있는 시점에 입국한 이유가 그 약속 때문이라니 성공한 이유를 알 것 같았다. 우리 집 근처까지 온 걸 알았더라면 달려가 박수라도 쳐주었을텐데 하는 아쉬움과 피곤한 스케쥴을 이행한 그가 얼마나 멋져보였는지 모른다. 세계적인 스타가 되어 있어 약속을 취소해도 이해할 법 한 일이었는데 지방 구석구석을 찾아다닌 그의 겸손함이 존경스럽기까지 하다. 국가적인 차원으로 마련 된 시청 앞 대공연도 성황리에 끝나고 목이 메어 무릎 꿇고 감사해하던 그. 듣는 순간, 기분을 순식간에 상승시켜주는 노래 한 곡으로 대한민국을 알린 월드스타의 그간 살아온 원칙이 작은 약속의 소중함이었던 것을 두 눈으로 확인하며 다시금 잘 살아가는 방법을 깨우친다.

숱한 약속을 이루기도 하고 모래성처럼 허물기도 하고 그렇게 우리는 늙어간다. 무언의 약속에 이미 익숙해져있는 몸짓들로 아침을 맞고 잠재우며 하루를 마감한다 해도 과언이 아니다. 어느 누구와의 약속보다 나와의 약속이 가장 두렵다. 내 안에 두 사람이 살고 있는 듯 아직도 의견대립으로 고민하다 결론을 짓게 된다. 유야무야한 모습을 가진 그것들은 나를 계속 성장시킬 것이 분명하기에 오늘 또 다시 손가락을 건다.

새벽 예찬

우리 가족은 모두 야행성이다. 난 시골 농부마냥 초저녁잠이 많은데 그건 이유가 있다. 연세 많은 아버지의 새벽 거동소리에 잠이 달아나 오래된 습관으로 보통사람보다 일찍 하루를 마중한다. 대부분 새벽 다섯 시정도면 어김없이 눈이 떠지고 아무리 더 잠을 자려해도 늘어지기만 하여 얼른 일어나 아침기운을 받는다. 아직 여명이 트기 전이라 깜깜한 집안에 불도 켜지 않은 채 베란다로 향한다. 사라진 별들 대신 멀리 번쩍이는 수원역 전광판과 아침인사를 나누고 종교는 다르지만 교회 십자가를 향해 목례를 올리기도 한다. 오늘이란 또 하루를 주신 조물주께 감사하는 마음이 날이 갈수록 더함을 느낀다.

새벽이 좋은 것 중 하나는 맑은 정신으로 글을 쓸 수 있어서이다. 남편이 출근하는 시간까지 나만의 시간으로 온전히 자판을 두들기고 있다. 늘 자정이 넘어야 잠자리에 드는 남편과 그 시간이면 잠자는 안방마님으로 살아왔다. 만약 누군가 수면을 방해했다면 꼬박 날밤을 새워야 한다. 다음날 일정에도 지장을 주기에 휴대폰도 무음으로 돌려놓고 상쾌한 새벽을 맞을 준비를 한다. 간혹 무음으로 하지 않은 경우 걸려온 전화 주인공은 밤새 얕은 꿈길에 동행하곤 한다.

새벽은 내게 많은걸 안겨주었다. 우선 가물가물한 기억들을 두레박으로 퍼 올려 추억속의 나와 재회한다. 혼자 웃기도 하고 손을 뻗어 휴지를 찾기도 한다. 멀리 떨어져 있는 아이들과의 소통지인 가족 카페에 일찌감치 엄마의 기상을 알린다. 그리고 초안을 잡아두었던 파일들을 하나하나 열어본다. 정해놓은 제목은 많은데 마무리 못한 작품들이 얼른 옷을 입혀 달라고 보채지만 그날의 나와 영적 교감이 되는 글감을 만나기는 쉽지 않다. 다행이 삼박자가 맞아 떨어지는 날은 술술 막힘없이 머리와 자판이 상의하여 빈 문서를 채울 수 있다. 얼마나 개운한지 모른다. 부족하나마 하나의 글을 완성시키고 나면 아침밥이 달달하다.

솔직히 글을 써야한다는 부담을 갖고 싶지 않은 날이 더 많다. 그런 날은 인터넷서핑이나 남의 글들을 읽어본다. 좋은 말씀이나 사건들, 새로운 뉴스들도 모두 글감이 되기에 쉽게 넘기지 않으려한다. 지나온 내 기억에 얹을 수 있는 사건킬러가 되어 눈을 부릅뜨지만 그분께서 오시는 날은 극히 드물다. 어떤 날은 음악을 크게 틀고 반복해서 듣기만 수십 번일 때도 있다. 새벽을 음악으로 열면 온 종일 그 노래가 입안에서 되새김질을 한다. 게임도 한다. 잘 풀리는 날도 있고 쪽박신세가 되어 극과 극의 희열을 즐긴다. 어찌 인생살이와 그리 같은지 이기고 나면 세상을 다 가진 듯 하고 패하면 기운도 없고 초라하기가 이를 데 없다.

시간이 흐르지 말았으면 하는 억지감성의 발상을 할 때 새벽은 둘도 없는 절친한 친구가 된다. 회색빛의 새벽길에 만난 겹겹 기억 속의 벗들과 어울리며 지나온 단상의 주체에 아우성이 일기 시작한다. 문득 산소를 먹고 있음에 포만감을 느낀다. 또 하루를 마음껏 즐기라고 내어 준 도화지에 무엇을 그려야 하나 막막하기도 하다 어느 날은 서둘러 크레파스를 쥐게 된다. 가슴 속에 서서히 불이 지펴지는 느낌이 올라온다. 따듯하다. 뜨겁다. 그 분이 웃고 계신다. 뜨거운 체온을 녹일 시간이다. 천천히 하나하나 짚어가며 합방을 한다. 마치 신들린 무당처럼 기억을 뜀박질한다. 비워내기 시작하는 작업은 미치도록 개운하다. 새벽 공기만큼이나.

가끔은 혼자 새벽을 즐기는 것이 안타깝기만 하다. 나와 생채리듬이 맞지 않은 가족들로 인해 스트레스를 받기도 한다. 수면에 방해를 주지 않기 위해 작은 소리도 안으로 감추고 새색시걸음을 흉내 내고 있다. 하지만 그깟 일은 새벽과 친구하기에 감수할 만한 일이다. 꼭 내게만 주어진 시간 같아 소중하고 특별한 기운을 받으려 안간힘을 쓰기도 한다. 보리알처럼 지극히 소박한 품새로 나와의 대화를 채색하고 내면의 여백을 산책하는 일은 가장 행복한 순간이기 때문이다.

어느새 날은 밝아오고 그제야 크게 기지개를 편다. 베란다 장 가득 그려놓은 푸른 '여기산' 은 분명 어제와 다른 두근대는 모습으로 올라와 앉아 있다. 백로들이 옹기종기 모여 하얀 풀밭을 만들어 놓은 작은 움직임들의 기운이 전해져 온다. 바로 얼마 전까지 부풀어있던 가로등은 아침을 만나 반갑게 수다를 떨고 있다. 어제 이어 오늘 또 새 날을 맞는 마음 역시 감회롭긴 마찬가지다. 일상에 맞춰 흡사 기계처럼 움직이는 몸짓들로 우린 익숙해있다. 각자의 계획과 의무감으로 서서히 솟아오르는 아침에게 대화를 이어받는다. 그즈음, 귀에 젖은 가족의 움직임이 들린다. 내일을 기약하며 사라지는 새벽 뒷모습을 향해 손을 흔든다.

누나를 부탁해

그동안 내 품에만 끼고 있을 줄 알았던 딸을 이젠 보내야겠다고 생각하면서도 너무 멀리 떨어져 사는 것이 싫어, 해만 보내고 있었는데 그러면 사랑의 유효기간이 지나 저도 엄마 근거리에 사는 것이 더 좋다고 생각할 줄 알았는데 나날이 확고해지는 %.

음력 1월이 그들에겐 최고의 달이라고 하여 그 안에 보내고 싶은 마음으로 서둘러 큰일들을 해결했다. 만년손님이 인사오고 상견례하고, 예식장 계약하고 한복 맞추고, 예물 맞추고 예단 보내고 폐백음식 맞추고, 다행이도 친구들이 앞뒤로 결혼을 시켜 상호 도움이 많이 되었고 사실 카드 한 장만 있으면 쉬운 일이고 재미나는 일이다. 신혼집도 그곳 신축 아파트로 전세계약하고 난 간간히 홈쇼핑을 보며 필요한 물품을 구입하고 어차피 먼 곳이라 그곳에서 장만해야 한다는 생각도 있고 마음만 바쁘지 그게 서두르지 않고 있었다.

결혼소식을 알리자 지인들이 울보엄마 울 거부터 묻는데 난 안 울 거다. 그런데 요즘 혼자 운전하다, 청소를 하다, 문득문득 왈칵하는 경우가 생긴다. 혼자 있을 때라 얼른 가장 빠른 시간에 해결하는 눈물제거 방법을 연습하는데 성공률이 높다. 지난번 예비사위랑 식탁에서 밥을 먹는데 전날 밤 아들과 술 한 잔 했다기에 '상훈이가 누나한테 잘못하면 가만 안 있는다고 할걸?' 했더니 '우리 누나에게 잘해주세요.' 공손히 부탁했다고 한다. 그냥 누구나 할 수 있는 말인데 난 그 말을 듣고 갑자기 울컥해서 미처 못 꺼낸 다른 반찬을 챙겨야하는 것처럼 일어나 냉장고 문을 열고 말았다.

딸이 다섯 살 되던 해에 아들을 낳았다. 보통 첫 애가 돌이 지나면 둘째 아이가 생겨 두 살 터울이 많은데 비해 소식이 없어 불임센터를 다녔다. 세살 딸아이를 데리고 상담을 받으면 담당의사는 "애는 누구냐?"고 묻기도 했다. 한 번도 출산하지 않은 부인들이 다니는 곳에 자문을 구하며 아들이 태어났다. 전날까지 아기 같기만 했던 딸을 산부인과에서 팔뚝만한 아들을 데리고 집으로 왔을 때 나야말로 "애는 누구냐?"했을 정도로 큰 아이로 보였다. 그날부터 딸은 어른대접을 받아야했다. 그래도 "네가 젤로 예쁘다."며 동생을 잘 돌봐야한다고 '누나' 라고 주입시켰다.

산후 조리하느라 누워있는데 연립주택 1층 베란다에는 기저귀가

펄럭이고 그곳에서 놀던 딸은 지나가다 묻는 동네아줌마들에게 "우리엄마 아들 낳았어요! 고추 있어요." 똘망한 음성이 지금도 들린다. 네 살 터울에 학년으로는 세살 차이다. 아기 때부터 누나의 존재를 여자라고 넘겨 볼 수 없게 올려놓아 주었다. 내가 병원에 입원했을 때도, 요양 차 절에 가 있었을 때에도 누나가 엄마니까 말 잘 들어야 한다고 했고 덩치는 커도 누나 앞에선 고분고분한 양으로 지금도 누나를 '우리 집 장남' 이라고 소개하며 의지한다. 자신은 '막내딸'

자라면서 내 말엔 토를 달기도 하고 "엄마는 모른다."고 면전에 대놓고 말하면서도 누나의 결정엔 의심을 갖지 않았고 한 번도 누나 말엔 거역하는 일이 없었다. 지금도 딸은 수시로 동생에게 용돈을 주고 또, 이번 유학 가는 비행기 표 값도 내주었다. 내가 국문과 편입을 했을 때도 입학금을 내주고 지난해 결혼 삼십 주년 기념으로 가스렌지가 건강에 안 좋다고 전기렌지로 바꿔주었다. 첫 번째 수필집을 냈을 때도 투자했다.

아빠 친구들도 결혼한다는 소식에 축가를 부르겠다고 자청했다. 젊은이들이 부르는 노래보다 아기 때부터 보아왔던 자영이 결혼식에 머리 허옇고 대머리에 배나온 아빠친구들이 빨간 넥타이 메고 합창을 준비 중이라고 한다. 딸은 너무 좋아한다. 지금은 모두 커버려 다들 모일 수 없지만 아이들 어릴 때는 매년 크리스마스를 함께 보냈다. 한 집에 두 명씩, 누가 누구네 자녀라고 굳이 밝히지 않아도 DNA가 나타나는 샘플들을 모두 일렬로 세워놓으면 딸이 가장 컸다. 실상 나이도 제일 많아 '도레미파솔라시도~' 형상이다.

그중 큰 사업장을 가진 남편친구는 꼭 아이들을 만원씩 주었는데 딸은 누나라고 두 장씩 주었다. 중학교에 입학하고 갔을 때 아이들은 모두 초등, 유치원생이었다. 그 친구 왈, '자영이 누나가 중학교란 곳에 입학을 했다. 너희들과는 차원이 다른 누나 노래를 들어보자'고 해 보고 있던 나도 걱정이 되었다. '솔베이지의 노래? 보리수? 가고파? 가곡을 알려나…' 박수를 치고 모두 딸의 입을 쳐다보는데 딸이 부른 건 '비 내리는 호남선~ 남행 열차에~' 아빠들 모두 흥이 나 함께 부르며 기차를 탄 기분이 되었다.

세월이 너무 많이 가버렸다. 인쇄된 청첩장을 보니 그동안 남의 것만 보다 내 이름까지 넣어 있는 묘한 기분과 격세지감을 느낀다. 친정엄마도 매일 전화해서 물으신다. '고것이 벌써…' 라는 말에 내 인생이 큰 걸음을 한 듯하다. 하지만 솔직히 아직은 모르겠다. 그동안 조카들 결혼식에 가듯 한복을 입고 머리를 가지런히 묶어 올릴 것이다. 아, 혼주 어머니 특별화장을 한다고 한다. 나 못 알아보시면 들 어쩌나.

난, 잘있어

자박자박 소리 없이 내리는 봄비가 옴팡지게 마음을 때리는 날이다. 어렴풋이 현관 문 버튼 누르는 소리가 들린다. 누굴까. 강아지가 귀를 쫑긋 세우듯 온 신경은 그 쪽으로 집중한다. 조금 전 선명하게 들리던 기계음소리는 사라지고 적막함이 머문다. 다시 혼자다. 아니 아무도 지금 이 시간에 우리 가족만이 아는 비밀번호를 누르고 들어 올 사람은 없다는 걸 알면서 이젠 환청까지 듣다니 뇌 회로가 잠시 한 눈을 판 듯싶어 고개를 가로 흔든다. 조금 전 정리하려던 구문지를 차례로 모아 재활용통에 넣는다. 냉장고를 열어 머그잔에 홍초를 담고 생수를 가득 부어 희석한다. 새콤한 맛이 칼칼했던 목젖을 타고 흐른다.

딸이 혼인한 지 한 달여 시간이 흘렀다. 이미 떨어져 살고 있어 크게 실감나지 않지만 -그립다- 라는 말이 온 혈관을 타고 흐를 때가 종종 있다. 막상 결혼식 날은 크게 서운함을 몰랐다. 계획되어 있는 행사요원의 일원으로 하나하나 관문을 무사히 치루기 만을 바랬고 화장은 잘 되었나, 한복은 촌스럽지 않나 등으로 실수하지 않을 것에만 치중하다보니 사소한 감정을 떨칠 수 있었던 것 같다.

얼마 전 딸이 혼인신고를 해야겠다고 서류에 도장을 찍어 달라고 했을 때 난 둔기가 스쳐 지나간 듯 멍했다. 혼인은 시켰지만 아직 우리 가족구성원에서 뺀다는 것이 몹시 서운했다. 현재 딸은 결혼하고도 몇 달 더 회사를 다닌다고 하여 주말부부로 지내고 있다. 가을에 함께 살 때 하면 어떻겠냐고 했더니 사위가 근무하는 회사에서 결혼축의금이 나오는데 합가한 주민등록등본이 필요하고 결혼식 후 한 달 안에 신청해야 한다고 했다. 축의금을 내가 주더라도 미루고 싶었다. 어차피 한 집에서 살지 않는 부분에선 인정하고 있지만 내 손으로 직접 출생신고를 했던 아이를 다시 빼내야 한다는 건 상처부위에 소금을 뿌리는 듯 했다. 엄마가 아직 마음준비가 안 되어서 좀 미루자고 했더니 딸도 더 이상 채근하진 않았지만 사위가 서운해 한다는 말을 건넸다. 아직 사위로 인정 안 하시는 건가라며.

전화를 끊고 내 입장을 이해해 주리라 생각하며 남편에게 말했더니 어차피 해줄 서류 그냥하지 그러냐고 한다. 동조를 구하려다 나만 이상한 사람이 되어버렸다. 결혼식 끝난 저녁, 신혼여행 가기 전에 짐을 두고 가려 들렀던 딸을 껴안고 그렇게 울더니 그걸로 마음정리를 끝냈나보다. 부럽다. 그 사람의 정신세계가. 신경구조가. 그런데 난 갑자기 가슴에 구멍 하나가 점점 커지며 텅 빈 느낌으로 내가 목숨처럼 지키던 것을 아무런 대응조차 하지 못하고 힘없이 내줘야하는 심경이랄까. 이건 뭘까. 허전한 마음이 갈피를 못 잡고 있었다.

나를 잘 아는 친구에게 전화를 걸었다. 가느다란 실만큼이라도 공감대를 얻으려 주절거렸다. 내가 봐도 난 이상한 엄마가 되어있다는 걸 알면서 합리화시키려 애쓰고 있었고 친구는 웃었다. 서운한 마음은 알겠지만 어차피 해줄 건데 사위입장도 생각하고 서류에서 옮겨진다고 네 딸이 아닌 건 아니지 않느냐며 배우자 수당도 받는다는데 지금 말할 때 기분 좋게 해주라고 한다. 딸과 한 통속이다. 전화를 잘못 걸었다. '버리고 갈 것만 남아서 좋다' 시던 박경리 선생님의 시어가 아직은 내게 다가서질 못하는 걸까. 왜 쓸데없는 감정소모인지 자신을 질책하면서도 웅크리고 끈을 놓지 않으려는 모정을 이 세상 누군가 단 한명은 이해해 주리라.

첫 번째 애마였던 '프라이드' 자동차를 그 당시 같은 아파트에 살던 논술교사가 50만원에 팔라고 했을 때 난 거절했다. 무생물이지만 정이 들었고 그로 인해 위안 받고 보냈던 시간들을 생각하니 저 녀석이 고마웠고 돈 받고 팔기엔 매정한 주인이었다. 무사고 차량인줄 알기에 몇 번이나 졸랐지만 난 한 달 생활비였던 액수를 포기했고 몇 달 후 단골로 다니던 카센터에 거저 주었다. 그 대신

되팔지 않는다는 단서를 붙였다. 지나며 들여다보고 차 정비하는 동안 만져보고 서서히 마음을 떼어냈었다.

대부분 지인들에게 이야기하면 서운함은 알겠지만 나약한 어미라는 화살이 돌아오는데 프라이드 이야기를 하면 그나마 쉽게 이해된다고 한다. 친정엄마의 부질없는 지병을 잘 설명해 주라고 딸에게 부탁했는데 알겠다고 하면서 딸마저 과하다 싶은 음색이 수화기에 남아 나를 더욱 공허하게 했다. 내가 안 해준다고 한 것도 아니고 가을에 해준다는데 그것도 처음엔 아기 낳으면 해주겠다는 걸 당겼는데…

만 하루를 고스란히 울적하게 다녔다. 면사포까지 씌우고 어차피 해줄 서류인데 또 축의금도 받고 배우자 수당까지 나온다는데 잘살라고 기분 좋게 해주자란 또 하나의 내가 고갯짓 하고 있었다. 보통사람들은 이해 안 되는 말로 미루고 있다는 것이 객관적으로 봐도 타당치 않지만 그게 나인걸 어쩌란 말인가. 그렇게 하루를 휘청거리다 딸에게 전화했다. 주민등록등본 100통 떼어놓고 서류 가져가라고. 큭큭대는 웃음소리가 들려오더니 엄마가 생각 많이 하고 결정한 걸 아는 딸은 차분한 음성으로 "엄마, 고마워요" 라고 했다. 바보같이 눈가에 별이 또 반짝거렸다. 곧이어 서류에 친정 부모님 사인이 들어가야 한다며 이번 신혼집 방문하러 오실 때 해달라고 다시 전화가 왔다. 원적지를 물어보러 또 전화가 오고 내가 승낙하니 일이 착착 순조롭게 가나보다. 본적지 번지수가 머릿속에 엉켜 이건가 저건가 헷갈려하니 "가르쳐 주기 싫구나.

우리경선이~” 기분이 참 좋아 보이는 딸의 음성에 내 품만을 찾는 강아지를 끌어안았다.

서류에 도장도 찍어줄 겸 남편과 딸의 신혼집을 1박2일로 갔다. 강아지를 이틀 꼬박 혼자 두기엔 마음이 안 놓여 함께 가기로 했고 딸도 보고 싶다고 데리고 오란다. 개 싫어하는 사위까지 강아지 꼭 데리고 오라는데 강아지 짐을 챙기다보니 문득 애들 어렸을 때 기저귀가방 챙기던 생각이 났다. 사료에 간식 등 용품을 챙기고 얼러가며 목줄을 매는 남편이 안쓰러워 보였다. 삼십년 넘게 집안이 바글바글 했는데 텅 빈 집안에 강아지와 몸집 불은 두 사람만 남았다. 목줄을 매면 외출하는 걸 알아 좋아하다 못해 흥분상태인 강아지를 휴게소에서 쉬도 시키고 안고 다니니 그 녀석만이 우리를 떠나지 않고 유일하게 남아 즐거움을 주는 자식이었다.

생각보다 빠른 네 시간 만에 통영에 도착했다. 새 아파트에 새 가구로 꾸며진 집안은 자상한 사위가 딸을 행복하게 만들어주고 있어 안심이 되었다. 두 사람이 차린 눈으로도 예쁘고 맛있는 신세대 점심상을 맛있게 먹고 나들이를 갔다. 글 쓰는 장모라고 박경리 문학관과 묘소, 김춘수 유품전시관 등을 일정표에 넣은 것도 고마웠다. 무거운 것은 절대 들지 못하게 하며 딸의 가방과 기본적으로 무거운 내 가방까지 들고 다닌다. 융숭한 대접을 받으며 서류를 가져오라고 했다. 부모 중 아무나 한 분이 하면 된다는데 남편에게 미루었다. 결재서류 사인으로 착각하나 싶을 정도로 미끈하게 펜이 굴러간다. 다음 날, 사부인께서 우리 것까지 챙겨주신 김치와 반찬을 싣고 사위가 저렴한 셀프주유소에서 주유를 하라고 일러주었다. 자동차 기름통을 가득 채우면 오천 원 정도 할인된다고 에스코트를 한다. 우린 오천 원 할인받고 그들은 오천 원 기름낭비를 했다. 다른 것에 아끼지 않던 남편에게 그냥 가다가 넣지 오천 원 때문에 애들 힘들게 한다고 했는데 아마 남편도 잠시라도 딸과 더 있고 싶었나보다.

수원에 도착하여 월요일 오전에 주민등록등본을 인터넷으로 신청해서 열 장을 떼었다. 우리 가족 네 명이 균형 잡힌 구성원의 모습을 갖추고 있어 흐뭇했다. 다음날은 일찍 외출하느라 못 떼고 수요일에 신청하면서 혹시 그새 빼내갔으면 어쩌나 했는데 복사기를 들여다보니 세 줄이 인쇄되고 있었다. 사위가 대위로 전역해 남보다 군 생활을 더한 탓인지 정리정돈이 기본으로 되어있다던 딸 말을 예사로 들었는데 옷장 안에 각이 잡혀있어 놀랐고 서류조차 이렇게 신속처리 하다니. 이미 각오 한 일이지만 싸한 겨울바람이 머리위로 지나갔다. 딸에게 전화했더니 미리 100장을 복사해 놓았고 아예 스캔을 떠놓았다고 그걸로 엄마 방 도배하라고 한다. 아직 내 손에 들어오진 않았고 주말부부로 이젠 수원행이 아닌 통영행으로 방향을 돌리는 딸도 적응 되어가고 있다.

이미 작은 이별연습을 많이 해서인지 서서히 익숙해가고 있는 반면 매일 시간나면 하던 전화도 기다리게 할 만큼 줄었다. 혹 생각이 나도 바쁜 시간일까 싶어 참는다. 대신 친정엄마가 생각난다. 동료의식 등으로 그 엄마도 내 전화를 기다리실 듯싶어 버튼을 누른다. 동병상련이지만 난 신참이고 엄마는 달인이라 딸 목소리만 들으면 마치 내가 종합병원 의사인양 여기저기 아픈 곳이 튀어나온다. 무심했던 시간을 고대로 돌려받는다.

오늘은 일요일이다. 대체적으로 휴일이면 안부문자나 전화를 하는 유학중인 아들. 그나마 하루에 한번은 목소리 듣는 딸. 이젠 이렇게 살아가는 건가보다. 우린 다시 원위치로 되돌아온 듯하다. 머리 빛깔 바래고 둔해진 몸으로 변신해 지구 한 바퀴를 크게 돌은 느낌이다. 문자도착 음이 울린다. '어무이' 로 시작하는 아들의 안부다. 바로 답을 넣는다. "내 새끼, 밥 잘 먹고 건강조심해라. 난 잘 있어."

기준에 대한 **덧셈**과 **뺄셈**

가끔 하늘을 나는 새를 보고 감탄 할 때가 있다. 정 가운데 대장을 기점으로 양쪽 새들의 날갯짓은 눈대중으로 올려다 봐도 간격이 정확하고 같은 속도로 움직이기 때문이다. 누구에게 배운 것일까. 신기 할 뿐이다. 무릇 그것뿐이랴. 어디서든 기준이 있다. 여고시절 교련시간이나 체육시간에도 '기준!' 은 엄청난 구호였다. 기준을 중심점으로 모든 일은 자연스럽게 진행되고 정확히 구분되기도 한다.

딸의 혼인 날짜를 잡고 급한 일 중의 하나가 청첩장을 건네는 일이었다. 친척이 꽤 많은 것 같았는데 실상 손꼽아보니 얼마 되지 않았고 꼭 알려야 하는 사람들을 선별하기 시작했다. 청첩이란 것이 나의 여식을 혼인시킨다는 뜻도 있지만 하객으로 모셔 축하해 달라는 요청도 되기에 이름을 쳐다보며 망설여지곤 했다. 근래 공식적으로 축의금을 받지 않는 예식도 있지만 뒤로는 받는 걸 여러 번 보아왔다. 딸의 혼인은 31년째 결혼생활에 접어든 우리 부부에게 가장 큰 거사였다. 시부모님은 결혼 전 돌아가셨고 친정아버님이 돌아가셨을 때도 가까운 이들에게만 알렸는데 준비과정에 청첩장을 보내는 기준이 가장 어려운 일인 것 같았다.

솔직히 그동안 지출된 경조사비가 엄청나다. 남편은 일용직 현장 직원들의 애경사까지 남들보다 더 축하를 해줘야 했고 그로 인해 관련된 인맥들이 뿌리에 매달린 고구마 같았다. 하지만 이름을 적으며 괜히 미안한 마음이 들기만 했다. 우리에겐 경사스러운 일인데 만약 이 청첩장을 받고 지갑의 가벼움을 탓한다면 어쩌나 싶은 것이 문제였다. 선배에게 이런 느낌을 상의했는데 알릴 건 알려야하고 못 받으면 서운해 한다며 앞으로 축하객 애경사를 잊지 않고 챙기면 된다는 말에 힘을 얻었다. 청첩장 명단을 작성했다. 아무래도 남편의 연고가 많았고 아른거리는 얼굴들을 헤아리기 시작했다. 부담 없이 초대하는 게 아니라서 주소를 쓰는데 자꾸 삐뚤거렸다.

우편으로 발송했는데 글로벌 시대에 시간 절약되는 문자메시지를 넣어달라는 분도 계셨다. 그러나 대부분 성함을 적어 전달하는 경우를 택했다. 즐거운 일이지만 건네 드리는 손이 쑥스러웠고 선뜻 먼저 달라는 분들이 무척 고마웠다. 경황이 없어 몇 사람을 빼놓았다. 그들은 개인적으로 간간히 연락하고 지내는 사이인데 잊고 말았다. 이미 몇 해 전 그 댁 혼사에 참석했는데 내가 갔으니 오라는 느낌도 들어 조금 미루던 것이 예식을 치루고 나서야 생각났다. 그런데 이들이 매우 서운해 했다. 가깝다고 생각했는데 아니라는 걸 확인한 그런 느낌이었나보다. 당황스러웠다. 청첩의 기준박사가 있다면 묻고 싶었고 혼인 전후 남편의 퇴사문제 등등 복잡했던 상황을 설명했는데도 쉽게 이해하지 못하는 것 또한 나 역시 서운했다. 하지만 친분의 기준이란 틀에서 벗어나 있다는 것이 속상한 그분들에게 충분한 사과를 해야 할 것 같다.

예식을 끝내고 어느 정도 정리를 한 후 방명록을 살펴보았다. 한 분 한 분 소중한 분들이다. 모처럼 쉬는 휴일, 예복을 차려입고 온전히 우리 혼사를 위해 발걸음을 재촉한 분들이 얼굴 없는 두꺼운 봉투보다 더 없이 감사했고 두 손 잡으며 가슴이 달궈져왔다. 특히 다리재해로 입원 중이던 직원이 퇴사한 남편에게 힘을 주기 위해 목발을 딛고 나타났을 땐 세상은 우리에게 등 돌리지 않았다는 확인에 힘이 솟았다. 당시 남편은 소속이 공중에 있던 때라 하객이 적을까 우려했다는 말을 나중에서야 듣게 되었다. 경사스러운 일엔 내 일처럼 기뻐해주고 슬픈 일 또한 마음을 나눠가지며 힘을 실어주는 것이 함께 살아가는 순리라는 걸 절감했다.

어떤 일이든 넘치지도 말고 부족하지도 않게 기본 틀을 잡아가는 것이 중요하다. 딸의 혼사를 치루며 살풋한 정이 오고가는 보이지 않는 관계의 기준이 있다는 걸 알게 되었다. 예식에만 치중하느라 몰랐는데 많은 축하객으로 붐볐다고 한다. 백골난망이다.

우리나라 정서상 아직은 묵과 할 수 없는 혼례방식이지만 내 여식을 위해 귀한 시간 내 주신 분들의 고마움은 새겨두고 갚으려한다. 무엇이든 경험이 필요하다. 큰일을 앞 둔 혼주에겐 어떻게 하는 것이 편안한지 이젠 안다. 지인의 딸이 혼인날을 잡았다고 한다. 청첩장을 빨리 달라고 보챘다.

남은 인생의 첫 날인 오늘을
흠결내지 말고 받아들여야겠다.
고아한 빛과 섞이고 싶다.

02

여한 없다

강릉소나타

수세미

빚쟁이의 어설픈 푸념

여한 없다

나의 길을 가련다

사용설명서

떠나버린 아이

메이드 인 차이나

십년 후

일촌사돈

이렇게 좋은 선물

미안한 왼발에게

강릉 소나타

"우리 이번 여름휴가 강릉으로 갈까?" 35년 전, 스물한 살 남자가 스무 살 여자에게 묻는다. 강릉이란 말에 동공이 나팔꽃처럼 벌어지고 그새 바닷물이 눈에 가득 차오른다. 곧, 두 남녀가 찻집에서 머리를 맞대고 종이에 필요한 것들을 적고 하루하루 일정을 구상하고 있었다. 스산한 가을 녘 낙엽을 밟으며 만나 교제를 시작하고 처음 맞는 바캉스를 남들처럼 보내보고 싶은 마음 간절하였다.

그동안 여름휴가래야 부모님과 한강변에 가 본 것 뿐 수학여행 외엔 가족 모두 멀리 여행을 가 본 기억이 없다. 나이 차이가 많이 나는 아버지와 다니는 걸 좋아하지 않으셨던 어머니는 길을 걸어도 아버지와 몇 발자국 뒤에 내 손을 잡고 다니셨고 어린나이에도 난 그게 무척 싫었다. 사실 그 시절에야 가장의 위치가 대통령과도 같아서 어느 집이건 아버지의 위상은 법이었던 시절이기도 해 외출 시 뒤따라 다니던 것이 정상적인 행동이 아니었나 싶다. 나는 엄마와 손을 잡고 걷고 아버지는 남동생 손을 잡고 앞에 걷고. 난 절대 나이 차이가 없는 사람과 결혼 하리라. 어머니에게 이런 심정을 말하면 엄마가 혹 슬퍼할까봐 몰래 내 자신과 새끼손가락을 걸었다.

스물한 살의 이 청년은 초등학교 시절부터 축구선수를 했던 근육질이었고 허벅지가 당시 내 허리둘레와 같은 24인치로 나의 온 마음을 움켜쥐고 있을 때였다. 나도 강릉에 가고 싶었다. 바캉스라는 것도 가고 싶고 강릉이란 꿈의 도시도 가고 싶고 특히, 내가 좋아하는 이 남자와 멀리 여행을 가보고도 싶었다. 엄격한 아버지가 문제였다. 예쁘지도 않게 낳아주시곤 왜 그리 걱정을 하시는지 엄마는 어찌하면 허락을 받아 낼 수도 있는데 저녁에 늦게 귀가라도 하면 야단을 맞아 요령이 생기기까지 했다. 친구들과 놀다 늦는 날이면 집에 들어가면서부터 먼저 골을 내고 들어가거나 엄청난 일이 생긴 시무룩한 표정을 지으면 아버진 그제야 내 눈치를 보셨다. 학교에서 가는 거라면 뒷말이 없으신 아버지께 학교핑계를 대기로 했다. 가기 싫은데 다들 가야해서 준비하는 것처럼 투덜대는 연기로 예순 중반 아버지의 허락을 받아 낼 수 있었다.

우리를 강릉에 데려다 줄 고속버스를 타기로 하고 반포터미널에서 그를 만났다. 휴대폰이 없던 시절에도 용케 시간 맞춰 잘 만나고 지내온 걸 지금 생각하면 신기할 정도다. 난 옷 보따리 가방을 들었고 그의 손엔 그 시절 유행에 맞게 카세트 라디오가 들려 있었다. '정말 여행을 떠나는구나.' 싶어 가슴이 설레었고 강릉 바다를 본다는 것 하나로 그 외 부수적인 염려사항은 묻혀버렸다. 땀이 흘러 터미널 화장실에서 세수했다며 수건으로 머리를 터는 그의 모습이 지금의 장동건 저리가라로 보였다. 휴가비가 두둑한 지갑을 보여주자 기분은 더욱 고조되고 우린 이래저래 공범이 되어가고 있었다. 일정표를 짜며 3박을 하는 것에 '여관' 이란 곳이 적혀있었는데 난 그런데선 안 잔다고 했더니 그럼 어디서 자는지 고민하다 바닷가 텐트촌에서 숙박하기로 했다. 내 생각엔 바로 옆에 옆으로 텐트들이 쳐있어서 잠을 자다 혹시 어떤 급한 일이 생기면 도움을 청할까 싶어서였다. 그 하와이 같은 멋진 휴양지에서 누가 나를 보호해줄까.

금빛 햇살이 모래알을 비추는 경포대 바다에 우린 새로 장만한 수영복을 입고 멀리 물에 들어가지도 못하면서 바다를 만지고 놀았다. 어른을 어린아이로 만들기에 바다는 시간을 끌지 않았다. 과감한 비키니와 그동안 상의조차 탈의한 몸을 전혀 못 보다가 수영복을 걸친 그의 모습이 환경 탓인가 당연하게 보였고 그다지 쑥스럽지 않았다. 손을 잡고 모래사장도 거닐고 왕족의 후예처럼 바다같이 돈을 썼다. 저녁이 어스름해 질 때도 몰랐다. 택시를 타고 시내 불고기 집에서 저녁을 먹고 텐트로 돌아오니 양쪽 옆집 텐트들도 모두 깜깜했다. 갑자기 말문이 닫히고 걱정되기 시작했다.

준비해간 양초를 켜고 텐트 쪽문을 열고 있는데 그도 어색한지 카세트를 켰고 녹음해 온 정태춘과 박은옥의 노래가 흘러나왔다.

'소리 없이 어둠이 내리고 길손처럼 또 밤이 찾아오면...'

우리가 그동안 즐겨 듣던 노래를 엎드려 서로 흥얼거리는데 시간은 자정을 넘기고 있었다. 언제까지 이 노래만 들을 것인가. 노래는 이제 그냥 흐를 뿐이고 귀로 들으면서도 앞으로의 시간은 어떻게 다가오는 걸까. 조금 걱정이 되었다. 그동안의 만남으로 봐선 함부로 하진 못 할 것이란 확신을 가졌기에 여기까지 왔지만 그의 심정까진 모르겠고 자연스럽게 행동하자는 생각이 들었다. 정태춘 목소리가 할아버지 창으로 들릴 쯤 애써 태연한 음성으로 각자자리에서 잠을 자기로 합의를 봤다. 하지만 잠자리라는 곳이 지금 우리 집 화장실만한 텐트 안이다. 난 그동안 입고 있던 청 미니스커트 안에 청바지를 껴입고 옷핀을 지퍼 고리에 꽂아 허리춤에 연결하자 그는 놀란 표정으로 "잠을 자는데 더 벗질 못할망정 더운 청바지는 왜 입느냐?" 고 아버지처럼 야단치는 음성이었다. 누군 입고 싶어서 입으랴.

텐트 가운데를 휑하니 놔두고 벌레가 입맞춤하려 달려 들 것 같은 끝 모서리에 코를 박고 돌아누웠더니 조금 후 원래의 목소리가 아닌 흔들리는 그의 음성이 들렸다. 잠이 싹 달아났다. 난 그가 호랑이 숨소리를 내리라곤 생각 못했다. 거부하면 어찌 나올까 두려워 어느 정도 그의 말을 듣기로 했다. 그동안 영화에서 보던 두어 가지를 실습했다. 그러나 아침까지 청바지의 지퍼는 처음 그대로 있었다. 어머니가 늘 말씀하시던 고전적인 지침이 방패막이 되어 선천적으로 귀가 얇은 난 강릉 경포대 바다 앞에서 모든 걸 결혼 뒤로 미루자고 부탁했고 그도 승낙했다. 다음날 동이 트는 모습은 어제와 분명 다른 그런 세계였다.

그 후, 35년이 흐른 지금 강릉 바다는 더 깊고 넓은 색채를 잃지 않은 채 많은 연인들 가슴속에 머물며 지켜주고 있다. 그 사이 야밤에 동해바다를 보자고 무작정 출발 한 적도 있었고 왠지 사랑이 고플 때면 강릉의 그날 밤이 떠오른다. 이젠 튼실한 허벅지 치수가 복부에 달라붙은 그도 가끔 강릉 텐트 안 이야기를 한다. 지나고 보니 별 것도 아닌 걸 옷핀까지 동원했다는 농담과 아마 쉽게 허락했으면 결혼까지 이어졌을까하는. 강릉은 사람의 마음을 설레게도 하지만 바다 넓이만큼이나 차분하고 현명하게 만드는 혜안을 준다는 생각이 든다. 아 갑자기 그리운 강릉의 그때 그 남자, 그 여자!

수세미

온 서랍을 뒤져 코바늘을 찾았다. 실로 오랜만에 만져 보는 도구를 들고 마트에서 구입한 빨강색 극세사 실 뭉치를 쥐어 든 채 자리를 잡고 앉았다. 서투른 손놀림으로 우선 코를 스무 개 정도 잡아 대충 길이를 대어보니 그 정도면 설거지하기에 적당했고 손에서 편히 움직일 수 있는 크기일 듯 했다. 평소 해 본적이 없는 뜨개를 하는 모습이 내가 보기에도 낯설 정도였는데 한 코 한 코 잡아가며 왠지 마음이 차분해지는 느낌이었다.

연립주택에 살던 시절이다. 대부분 선호하지 않는 1층 사이드 집이었는데 앞 베란다에 좁고 기다란 화단을 사용 할 수 있는 특혜가 있었다. 같은 동에 사는 할머니들이 그 땅을 가만 놔둘 리 없었다. 상추며 고추, 쑥갓 등 재미가 쏠쏠해 보였지만 아이 둘을 키우느라 경작을 돌보기까진 여력이 생기기 않았다. 1층이라 여름이면 열어놓은 베란다 문으로 거실 안이 들여다보여 덩굴화초를 심어야겠다고 생각하다 수세미 씨를 얻게 되었다.

아이들과 구덩이를 조금씩 파고 납작한 수세미 씨앗을 하나씩 심어 발로 콩콩 밟게 했다. 아이들은 물뿌리개로 낑낑대며 물을 주기도 하고 베란다 창을 열고 뿌리기도 했다. 얼마 지나 새순이 돋고 잎이 퍼지고 줄기가 뻗어나기 시작했고 위층의 양해를 얻어 그 집 베란다에 줄을 매달아 타고 올라가게 했다. 거실 창으로 수세미 줄기가 손을 뻗어가고 있었고 누가 더 빨리 올라가나 내기를 하고 있었다. 매일 하루가 다르게 변해가는 모습과 거실 문을 열면 보이는 초록의 세계는 삼림욕장이 따로 없었다. 잎사귀만으로도 충분한데 꽃이 피더니 자그마한 뭉치가 달리고 그것이 점점 자라는 과정은 경이로울 정도였다. 손가락 마디만 하다가 작은 오이 같기도 하다 점점 더 커지면서 수세미 특유의 길고 두툼한 완벽한 연출을 보여주었다.

수세미 잎은 크고 호박잎처럼 쉽게 시들지 않아 늦가을 녘까지 가리개 역할과 눈을 충분히 황홀하게 했고 수세미 열매를 탐을 내는 분들에겐 나눠주기도 했다. 몰래 따가는 사람도 있었다. 눈으로 익혀 어디에 사는지 다 아는 녀석들의 부재가 보이면 너무 놀라 아이를 잃어버린 듯 했지만 좋은 용도로 쓰이기에 쉽게 잊을 수 있었다. 다 자란 수세미는 아래 꼭지를 잘라 병에 세워두면 수액이 빠지는데 미용에도 좋아 마사지를 한다는 사람도 있었다. 수

액이 모두 빠지면 껍질을 벗긴다. 정교한 그물망이 촘촘히 엉켜있는 모습은 신비롭기까지 하다. 적당한 크기로 잘라 말린 후 설거지용 수세미로 주방에 등장했고 주변 분들에게 나눠주면 너무 신기해했다. 어릴 적 생각이 난다며 판매하는 수세미보다 부드러워 설거지하기가 재미있다고 매년 수확시기를 기다리곤 했다. 그렇게 그 곳에서 오년을 살았다.

이사를 간 후 수세미를 키우던 일은 고향 같은 이야기가 되어버렸다. 얼마 전 친구가 직접 짠 수세미와 실 한 뭉치를 주었다. 극세사 실 성분이 주방세제를 쓰지 않고도 잘 닦인다며 친환경으로 유행처럼 번진다고 했다. 오래전 수세미를 키우던 일이 떠오르며 그 기분으로 수세미를 짜기 시작했다. 실로 스무 해가 훨씬 넘은 것 같다. 코바늘을 잡고 뜨는데 코를 잘못 세워 정사각형이 아닌 마름모 형태로 점점 넓게 벌어지고 있었다. 나만 쓸꺼라 딱히 손재주도 없거니와 그다지 모양이 필요치 않은 수세미라 신경이 안 쓰였다. 한 뭉치에 세 장을 만들 수 있었다. 한 장은 내가 쓰고 두 장은 보관하고 있었는데 딸의 혼수 속에 함께 넣어 보냈다. 모두 구입한 거라면 수세미 하나는 그나마 어미 손의 움직임으로 만든 거라 속마음으론 의미가 있었지만 내색조차 할 수 없는 초라한 폼새였다.

딸에겐 예쁜 극세사 수세미가 있었다. 웨딩촬영을 할 때 도우미에게 팁을 주자 고맙다며 딸기모양의 몇 가지 색이 어우러진 수세미를 주었다고 한다. 내가 만든 것과 비교하자니 정말이지 내 것은 감춰두고 써야 할 볼품없는 실 뜨개 조각이었다. 결혼식이 끝나고 한 달 만에 딸의 신혼집에 갔다. 거리가 멀어 마음처럼 쉽게 올 수 없어 정신없이 사 보낸 혼수들이 제대로 있나 둘러보는데 주방에 내가 만든 못 생긴 수세미가 집게에 걸려있었다. 예쁜 딸기모양을 놔두고 어미가 준 걸 먼저 쓰고 있는 걸 보자 마음이 제대로 전달된 것 같아 찡했다.

결혼 후 딸은 주말부부로 지내다 다음 주면 퇴사하고 사위와 한 집에서 살게 된다. 미처 못 보낸 물건들을 마저 챙겨 보내며 여유분의 수세미를 만들어 줘야겠다고 생각했다. 보잘 것 없는 단순한 모양새지만 매일 딸의 손에 잡혀질 걸 생각하니 깡마르고 키 큰 딸 닮은 코바늘이 고맙기만 하다. 지금보다 더 멀리가면 자주 볼 수 없을텐데 매일 밥을 먹고 나서 어미가 설거지해준다고 생각하라면 어불성설일까. 순식간에 코바늘이 우렁각시처럼 다섯 장을 만들어 대령했다. 짐 속에 촌스런 수세미를 꺼내 보이며 잘 쓰라고 했더니 얼른 사위에게 건네주며 오빠용품이란다. 수세미들이 크게 웃는다.

빚쟁이의 어설픈 푸념

가방에서 서류 뭉치를 꺼낸 남편은 아무런 부연설명 없이 내 인감날인과 친필서명을 하라고 한다. 갑자기 심장이 발등으로 떨어지는 소리가 온 신경을 구타한다. 심장을 제자리에 옮겨다 놓을 새도 없이 받아 든 흰 종이는 잘 찢어지지도 않을 재질 같았다. 연필로 사인해야 하는 곳을 미리 친절하게 표시해 놓은 서류는 기술지원금 신청서였다. 며칠 전, 조마조마하게 기다리던 서류가 통과되었다고 귀청 울리게 전화하며 남편이 말하던 바로 그것. 일의 진행을 위해 기쁜 소식이긴 하지만 배우자 보증인의 서명 란을 보자 건망증이 심해 한글을 까먹어 못 쓴다고 떼쓰고 싶었다.

올 봄, 새로운 공장계획을 세우며 상당금액 부족한 액수에 손을 놓고 싶었다. 세를 얻어 하는 방법도 있지만 이동거리가 멀면 직원들의 출퇴근도 문제가 되어 근거리의 토지를 매수하게 되었다. 겨우 땅 구매 가격정도만 수월할까 나머지가 문제였는데 거래처의 수주계약서로 지원금을 받을 수 있다는 걸 알게 되었다. 국가에서 저리지원으로 법인세 공제도 받고 분할상환이라 심사에 통과만 되면 자금 걱정 없이 공장 신축이 가능한 것이다. 그곳 조사단이 현지 시찰과 그동안의 거래 내역 등을 검토하여 예상보다 단시일에 통과되었다고 기뻐하는 남편처럼 난 똑같을 수만은 없었다. 반백의 머리와 갖가지 우려가 앞섰기 때문이다.

자금을 지원 받기까지 신경을 곤두세웠을 부분보다 굽실거리며 다녔을 걸 생각하니 안쓰러웠다. 염려만 넘치는 무력한 마누라의 미안함도 있었다. 마지막 절차서류를 챙겨들고 함께 지원공단에 날인하러 갔을 때 난 남편이 그렇게 말이 많고 웃음이 헤픈지 처음 알았다. 딸 나이와 비슷해 보이는 담당여직원에게 휴가는 다녀왔느냐며 반달눈가에 온 주름이 잡혀있는 익숙하지 않은 표정이 다른 사람을 보는 듯 했다. 통과가 되어도 우리가 원하는 금액을 한꺼번에 주는 것이 아니라 기계구입 시마다 은행에서 지불해 주는 그런 형식이었다. 은행에선 남편 명의로 된 집 담보를 요구했다. 장롱 안에서 동면중이던 등기부등본이 쾨쾨한 냄새를 풍기며 우리의 대변인으로 외출하던 날은 내 몸 장기 안이 텅 비어 구슬픈 피리소리가 들려왔다. 혹시라도 잘못되면 저 집은 어찌되는 걸까. 불안한 꼬리를 물고 늘어지자니 뒷머리에 투포환 하나가 매달려 있다.

젊어서 고생은 사서도 한다고 하기에 원 없이 했지만 빗겨간 세월이 야속하기만 했다. 애초에 지원금을 약속했던 일본의 한 거래처는 여러 가지 조건을 내세웠다. 다른 거래처보다 우선순위로 우대해 줄 것과 총 지원금에 대한 이자는 물론이고 앞으로 매 계약시 할인혜택까지는 이해 할 수 있었지만 남편의 생명보험을 요구했다. 오래전 보험이 처음 나왔을 때 사망보험료에 대해 달갑게 받지 않던 그 기분 고대로 전달받은 남편은 몹시 흥분하고 있었다. 그러나 하루가 지난 후 그들의 조건을 받아 들여야겠다고 했다. 다른 거래처에 광고효과도 되고 혹여 비상시 변제 건에 대한 부담을 긍정적으로 해석하기로 했다고 한다. 내 생각도 전날과 다르게 치밀한 일본인들의 깊은 배려라고 인정 할 수밖에 없었다. 매일 저녁마다 우리가 나누는 대화는 지원금 건과 공장 진척상황이 대부분이라 요즘은 남편이 직장동료 같은 생각이 들곤 한다.

언젠가 지인에게 남편업무로 인한 속상한 일을 털어놓게 되었다. 그녀의 말이 걸작이었다. 동네 모퉁이에서 조그만 구멍가게를 하며 하루 왼 종일 붙어 앉아 있어야 할 사람이 남편 같이 바쁜 남자를 만난 건 엄청난 실수라는 거다. 제품이 들어오면 조근 조근 정리하고 소박한 도시락을 나눠먹으며 라디오에서 흘러나오는 음악이나 들어야 할 사람에게 주어진 현실은 각박하다고 한 방에 날려버린다. 일주일에 밥 한 끼를 함께 먹는 회수도 손 꼽아야하고 마주보고 있는 시간은 몸과 마음이 지쳐있는 상태가 대부분이다.

이젠 내 힘으론 절대 해결하지 못할 뭉치까지 얹어져 잠깐 사이 십년은 늙어 보인다. 어떤 날은 이왕 빚진 거 쓰고 보자는 심리도 작용해서 스스로 놀란 적이 있다. 외상이면 소도 잡아먹는다는 옛말을 공감하게 될 줄은 정말 몰랐다.

대출을 받아 시작하는 남편은 돈을 벌겠다는 목적도 있지만 거래처의 신의를 지키자는 의미도 큰 비중을 차지했다. 남편에게만 맡기겠다는 제품들이 멈춰버려 거래 선에서 혼동을 겪고 있는 터였고 실상 그 일은 남편의 스펙이기도 하다. 엄청난 고액의 빚은 등짝에 달라 붙어있지만 변제 할 수 있는 수주계약서가 있고 믿고 따라주는 직원들이 있어 슬며시 희망에게 손을 내밀어본다. 그 덕에 초라한 내 몸값이 갑자기 올라갔다고 생각하련다. 줄기차게 내리던 비가 멈춰 공사가 하루가 다르게 진척되고 있다. 하나하나 눈에 보이기 시작하자 씨앗을 움 틔운 것처럼 뿌듯하고 빚에 눌려 있던 내려앉은 마음이 공기와 친숙해진 향수처럼 조금씩 엷어져 가고 있다. 어디선가 모래더미를 담보로 외국에 차관을 빌려 썼다던 카랑카랑한 고 정주영회장의 음성이 심란한 마음을 다독여 주는 듯 울려온다.

여한 없다

이른 아침, 휴대폰 알람소리가 요란하다. 아들은 이미 깨어 샤워를 하고 있고 남편 역시 출근 준비를 하고 있는데 아들 방에서 울리는 경쾌한 음률이다. 얼른 달려가 침대 모서리에 놓여진 아들의 휴대폰을 건드려준다. 울다 사탕 받은 아이처럼 뚝 그친다. 다른 집보다 일찍 아침을 맞는 우리 집은 강아지까지 새벽잠이 없다. 온 집안이 환하다.

주방에선 연신 녹즙기가 돌아가고 이 쪽 저 쪽으로 비타민이 목을 넘기는 소리를 담으려는 젊지 않은 여자의 부스스한 모습이 분주하다. 강아지는 여인의 둔한 몸짓을 따라다니며 남아있는 애교를 부려 그들의 얼굴에 미소를 심어준다. 두 남자가 같은 시간에 같은 장소로 출근을 한다. 내 아들은 결코 힘들게 살지 않게 하리

라. 넌 네가 하고 싶은 일을 찾아 칼 퇴근하고 달력에 빨간 글씨 모두 쉬고 몇날 며칠 여행도 즐기는 여유를 가졌으면 했건만 어쩔 수 없이 우리의 업보를 받아야겠다. 미안하다. 내가 네 아버지의 아내를 자청했듯이 너 역시 아버지의 아들로 태어난 탓인걸.

실상 어미의 좁은 우려일 뿐 아들은 자신의 진로를 확정짓고 아버지를 의지하며 뿌리를 내리려 한다. 함께 출근하는 부자의 뒷모습에 만감이 스치곤 한다. 내 팔뚝만한 몸에 주름진 얼굴로 울음을 터트리며 신생아 바구니에 담겨있던 모습, 등에 업으면 튼실함에 주체 못하고 흘러내려 포대기를 추켜세우던 일, 홍역 예방주사를 맞힐 시기에 감기가 걸려 미루다 걸린 홍역은 머리끝부터 발끝까지 온 몸에 열꽃이 돋아 아이를 잃는 줄만 알았다. 열꽃이 검은 빛으로 변해 온 몸은 불에 데여 벗겨지기라도 한 듯 바둑이가 되었다. 병원에 데리고 가면 괴물 보듯 쳐다보던 아기엄마들 앞에서 변함없는 재롱을 보여주던 어린 녀석이 이젠 제 아버지를 모시고 운전을 한다.

남들처럼 아들과 목욕탕 갈 시간도 축구공을 건네지도 못한 남편대신 내가 함께 축구를 했었다. 나보다 못한다며 의기양양 해하던 녀석이 발로 차는 공만 따라다니기도 바빴다. 남편에겐 축구놀이가 중요한 게 아니었다. 삶과의 경기가 늘 우선이었다. 무려 삼십년 만에 독단적인 터전을 잡을 수 있었다. 처음엔 겁도 났는데 청사진이 내려앉고 하루하루 변신하는 모습에 감춰두었던 꿈을 얹었다. 엄청 무덥고 긴 장마가 이어지던 2011년 여름은 평생 잊지 못한다.

남편은 현장에 매일 들려 일일이 시적하녀 도면을 다시 수정하고를 반복했다. 연배가 비슷한 현장소장이 귀찮아 할 정도였는데 공군 동기라는 덕이 컸다. 공사장에 이렇게 매일 오는 건물주는 처음 본다고 할 정도로 우린 간절했다. 횟집주방장의 소원은 일식집을 꿈꿀 것이고 포장마차 주인은 번듯한 식당이듯 우리에겐 제품을 가장 안전하고 편리하게 생산 할 수 있는 공장이었기 때문이다. 현장구조를 직원들이 일하기 수월한 방향으로 설계하고 모든 직원이 기숙할 수 있는 공간도 넣었다. 근무할 장소를 둘러보던 직원들 역시 얼른 이곳에서 제품을 만들고 싶다며 남편어깨를 꼿꼿하게 잡아주었다.

무던히도 압박 받던 일은 이젠 잊고 싶다. 하루에도 몇 번씩 심경의 기복이 심한 남편의 형제는 계약조건을 아예 무시하고 업무방해하는 일은 매일 여러 형태로 이어졌다. 일이 바쁜 걸 몰라라 하며 자신들이 일하는 날만 하라고 하질 않나 그동안 쉼 없이 일하던 주말과 휴일까지 근무를 못하게 훼방을 놓았다. 우리의 매출이 높으면 자재 값을 인상했고 할 말 있으면 법으로 하라고 했다. 그럴까봐 공증까지 받았던 서류는 무지 앞에서 무용지물이었다. 유치할 정도로 텃세를 부렸다. 얼마 전까지 소속이 같았던 직원들이 분리되어 남과 북의 형상으로 매일 눈에 쌍불을 켜야 했다. 하루가 다급한 우리에게 공장전체 여름휴가를 열흘이상 쉬게 한 것은 야비했다. 우리 직원들은 여름휴가 절반을 신 공장으로 출근하여 지켜보며 빨리 완공되기만을 기다렸다. 올 여름 그 아무 곳에도 가질 못했지만 하루가 다르게 완공되는 모습은 그 어느 바다보다 멋졌다.

하루빨리 공장이 지어져야 하건만 비는 하염없이 내리고 납기를 못 맞춰 잘못하면 신용도에서 거래처를 잃을 수도 있었다. 남편은 악조건에서도 무너지지 않고 오뚝이처럼 매번 일어섰다. 급한 일은 외주를 주고 사무동보다 현장일이 시급했기에 남편은 현장가동을 예상보다 한 달을 앞당기게 했다. 사무실은 임시 콘테이너 박스 안에 서류들을 쌓아놓고 책상 두 개만 놓았다. 서류 하나를 꺼내려면 그 좁은 공간에서 라면박스에 담겨진 것들을 모두 옮겨야했다. 쳐다보면 암담한 상황이었다. 화장실이 없어 한 달 이상 여직원은 자동차를 타고 나가야 했다. 그래도 마음껏 일할 수 있는 공간이 생긴다고 직원들 얼굴엔 보름달이 떠 있었다.

기계 설비가 하나 둘 들어오고 전기로가 처음 시운전 하던 날, 아직 외부사람을 초청할 상황은 아니었고 직원과 형제들만 모여 조촐한 고사를 지냈다. 막걸리와 돼지머리를 놓고 전기로 앞에서 절을 했다. 어찌 그리 찬바람이 부는지 아직 현장 문을 달지 않은 상태라 맞바람은 치고 먼지를 뒤집어써도 좋은 날이었다. 열세 명의 직원들과 새로 맞춘 제복을 입고 인사말을 하는 남편이 결국 울먹였다. 시뻘건 쇳물을 입안으로 꿀꺽꿀꺽 삼키고 있었다. 이젠 직원 수도 늘어 스물여덟 명이 되었고 서서히 체계를 잡아가고 있다. 약을 먹어도 치솟던 남편의 혈압은 정상을 찾았고 납기에 동동거리던 밀린 숙제도 모두 마쳤다. 아버님 사진을 인화해 책상위에 얹어놓고 거래처직원에게 '우리 아버지' 라고 보여주는 남편의 얼굴이 천상 막내다. 그 사진을 놓고 많은 수주가 들어왔다. 아버님이 보내주신 듯하다.

통상 한 시간정도 걸리는 출근길이 멀게 느껴지지 않고 가까이 다가갈수록 가슴 벅차오른다는 남편과 우리 가족은 모두 한 마음이다. 멀리서 공장을 쳐다보면 마치 꿈을 꾸었거나 요술방망이 위력 같기도 하다. 이젠 사무실까지 옮겨 갈 수 있어 어설프지만 제 모습을 갖추고 있어 다행이다. 서류들도 라면박스에서 책장 속으로 찾아보기 쉽게 꽂혀있다. 샤워 실도 더운 물이 콸콸 쏟아지고 개인별 옷장도 맞춰놓았다. 식당 역시 꾸미느라 발품을 꽤 팔았다. 기숙사 침대나 이불모서리에 우리의 꿈이 매달려 있다. 그 어느 것도 겁나지 않다. 25년 전, 첫 일본 출장을 갈 때 출국절차를 밟고 아빠가 사라지자 데굴데굴 구르며 따라간다던 네살박이 아들이 아버지의 오른 팔을 자청했다. 그렇게 수십 장의 달력이 넘겨졌다. 이제 새로운 터에서 그동안 무수히 그려왔던 그림을 새롭게 마음껏 그리려 한다. 살아가는 것이 호랑이보다 무서웠던 시절에 잊고 살았던 것과 잃어버린 많은 걸 되찾으려 한다. 가슴을 짓누르던 크고 작은 돌덩이들이 서서히 녹아내린다.

나의 길을 가련다

'My Way' 를 우리말로 번안하면 '나의 길을 가련다.' 라는 뜻이다. Frank Sinatra의 대표 음악으로 원곡을 들으면 온갖 잡념을 떨친 초연한 자세로 묵묵히 나만의 세계로 향한다는, 잔잔하지만 후렴부분에선 높은 파도가 몰아쳐도 동요되지 않는 꿋꿋한 심경을 나타내는 듯하다. 가슴 속이 후련해지는 느낌이랄까. 팝송이라기보다 경건하여 성가처럼 들리기도 한다.

주말 오후, 독거노인처럼 앉아있던 남편이 영화를 보러가자고 한다. 요즘 상영하는 몇 편중 내용도 모르고 선택한 영화 제목이 '마이 웨이' 였다. 상영시간이 두 시간 반의 전쟁영화로 중국배우 '판빙빙' 과 일본배우가 함께 출연하는 300억 제작비가 투자된 거작이라고 한다. 오래 전 흥행성공을 했던 '태극기 휘날리며' 의 강제규 감독의 작품이다.

식민지 시대, 농부아들 장동건 역의 '준식' 과 일세점령자 아들인 '하츠오' 는 초등 시절부터 마라톤으로 대결하고 청년기엔 일본의 침략전투에 함께 참전하게 된다. 몇 번이나 남의 나라 군복을 걸치고 청춘을 보내는 상황을 보며 지금 우리는 얼마나 행복한지 알게 된다. 준식은 괴롭힘을 당하면서 위기상황에 도와주고 결국 영화 말미부분에서야 인간의 정을 느끼게 되는 하츠오. 최악의 환경에서 우정을 나누며 서로를 보호하게 된다. 탈출을 시도하다 결국 준식은 하츠오 품에서 죽게 되며 준식의 이름으로 마라톤에 참가해 우승해달라는 유언을 남기고 하츠오는 그 약속을 지킨다는 내용이다.

영화는 영화일 뿐이라고들 한다. 흔히 말하는 '주인공은 절대 죽지 않는다.' 라는 고루한 영화를 비난하는 말이 있는데 난 주인공이 장동건인줄 알았다. 영화를 보는 내내 폭탄이 날라 오고 탱크에 깔려 죽게 되는 상황이 와도 눈만 질끈 감고 있으면 장동건이 다시 보였다. 장동건과 함께 끌려 온 고향친구들이 차례로 죽음을 맞이해도 장동건이 죽으리라곤 생각 못했다. 결국 하츠오가 주인공인 셈이었다. 또한 영화 내내 일본어로 상영하여 갸우뚱했고 한국말 자막이 끝까지 나왔다. 우리나라 감독이 제작했지만 투자자가 일본인이라 그들의 요구대로 따른 듯하다. 영화도중 일본과 거래하는 남편에게 자막 안 봐서 좋겠다고 할 정도였다.

일본의 식민지였던 우리는 일본이라면 무조건 분개부터 하고본다. 그들이 행했던 위안부사건이나 학살 사건들은 자료를 통해 무수히 보아왔다. 당대 자신이 겪은 일이 아니라서 액면 그대로의 고통은 받지 않지만 대한민국 국민이라는 점으로 통탄해한다. 긴 상영시간을 지루하지 않게 보았다. 그리고 시대를 잘못 만난 선조들께 위안을 드리고 싶었고 지금 자유로운 소소한 일상이 고귀했다. 개인적인 면으론 큰 수확이긴 하지만 영화관에선 전개되는 장면을 따라가느라 크게 느끼지 못했던 부분들이 하나 둘 걸려오기 시작했다. 일본인은 도대체 누구인가?

작년, 공장 신축 건으로 일본 거래처에서 선뜻 지원금을 주겠노라 제안을 해왔었다. 은인을 만난 듯 했고 어떤 조건을 내세워도 모두 수용해야하는 실정이었다. 남편은 몇 번이나 바쁜 시간을 쪼개 매번 늘어나는 서류들을 챙겨 새벽이슬을 타고 날아갔었다. 그러나 끝내 그들은 약속을 지키지 않았다. 줄듯 말듯 반복되는 상황에서 남편이 먼저 거절의사를 밝혔다. 오히려 마음 편하다고 했다. 그동안 거래하던 은행에서 까다롭지 않게 대출을 해주었다. 그래도 다행히 수주는 보내오고 있었고 가동이 되자 그쪽 직원들이 출장을 왔다. 완공된 공장을 보고 엄지손가락을 치켜세웠다고 한다.

마침 난 회사에서 일을 도와주고 있었는데 직원에게 내가 누구냐고 물었던 모양이다. 인사하게 해달라며 내 앞에 왔다. 송구스러울 정도로 정중하고 겸손한 태도로 고개를 숙인다. 직원이 '잘 부탁한다.' 라고 해석 해주었다. '李상(남편), 좀 많이 도와주세요.' 나도 모르게 굵은 허리가 반으로 접혀졌다. 남편의 기술을 인정한다지만 적지 않은 금액을 내주긴 쉽지 않았을 것이다. 지원을 해주자는 사람들과 반대의견을 가진 사람들의 갈등이 시간을 소모시켰다고 했다. 충분히 이해한다. 공장 신축사진을 들고가 그렇게 보여줬어도 의심을 가진 그들을 미워할 순 없다. 기실 일본과 한국의 관계를 떠나 자금문제이기에 더더욱. 완공현장을 실제로 확인하고서야 그들은 주저했던 부분을 수주계약서로 대신했다.

그날 저녁, 회식이 있었다. 남편은 일단 술로 그들을 이겨버리고 아들 역시 부전자전이었다. 다음은 노래방. 일본인들이 한국가수에게 열광하는 것은 많이 보아왔다. 남편도 박자를 맞출 줄 안다. 아들 역시 오디션제의를 받았었다. 아들이 부르자 앵콜을 연발했고 가수로 나가야 할 집안이라며 추켜세웠다고 한다. 다음 주 일본 출장이 있었다. 아들을 데리고 가는 첫 출장에서 또 다시 술로 이기고 가라오케 옆 테이블 일본인들까지 아들에게 곡을 부탁했다고 한다. 아들은 간간히 카톡을 보내왔다. 아버지가 술에 약한 모습 보이지 말라는데 '내 간을 보호해주세요.' 라고. 다음엔 또 눈짓을 하기에 목에 깁스를 해야 할 정도로 노래를 불렀다고 한다. 반응은 예상대로였다.

32년째 한 길을 택한 남편과 또 그 뒤를 따르겠다고 한 아들은 그 역시 '마이 웨이' 다. 자정을 넘긴 시간에서야 호텔로 돌아 온 남편은 처음으로 아들이 대견스럽다고 내가 생모인줄 모르고 자랑했다. 일도 일이지만 우선 인간관계를 좁혀놓았고 술과 음악으로 경쟁력을 인정받은 흥분이 채 가시지 않은 음성이었다. 일본인들의 가늠할 수 없는 심리와 보이는 겉의 두마음을 따라잡기 위한 몸짓은 이제부터다. 어린 자식 앞세워 수입 얻으려는 앵벌이 같다고 했지만 나도 그들의 '마이 웨이'에 동참하고 싶다.

사용설명서

새로운 물건, 특히 가전제품을 구입하면 상품과 함께 들어있는 사용설명서를 볼 수 있다. 제품을 안전하게 사용할 수 있는 방법을 상세히 적어놓았지만 실상 찬찬히 들여다보는 경우는 드물다. 이상이 생겼을 경우 급하게 서랍을 뒤져 그때서야 이 제품을 어떻게 써야했는지를 확인하며 후회하곤 한다. 간단하게 서비스센터를 이용하여 고쳐 쓰는 방법도 있고 간혹 새 것으로 장만하는 경우도 생기곤 한다.

결혼 초부터 전자제품을 장만하며 동봉된 사용설명서 책자를 모아두었다. 현재 우리 가정에서 사용하는 기구 전부라고 하면 맞을 듯하다. 서랍 한쪽에 차례대로 쌓아두었지만 필요한 경우가 생겨야 정독을 하지 일부러 꺼내보는 일은 없었다. 무심코 서랍을 열어보다 발견한 설명서에는 그 제품을 만든 회사에서 딸을 시집 보내는 마음처럼 '이렇게 사용해 주셔야 합니다.' 라고 상세히 적혀있음을 재삼 의미 있게 보게 되었다.

몇 해 전일이다. 기업세미나에서 '인간시장' 으로 유명한 김홍신 작가의 강연을 듣게 되었다. 그때 주제가 '인생 사용설명서' 였는데 인간의 삶도 분명 세상에 태어날 때 이렇게 살아야 할 것이란 신의 부탁 내지는 청사진이 있지 않을까 라는 내용이었다. 작가는 마침 그 제목으로 출간한 후라 대충 어떤 이야기를 할 것인지 감이 잡혀왔다. 알면서도 실행 못하는 것들을 작가의 예리한 족집게로 하나하나 예를 들어가며 잘 살아가는 방법론을 들려주었다.

강연 중, 유명작가에서 국회의원을 지내고 인간시장의 주인공인 '장총찬' 처럼 보이던 그의 어깨가 작아 보이는 순간이 있었다. 얼마 전, 아내와 사별했다며 딸애가 이것저것 챙겨주어 지내고 있다는 말과 함께 부부로 지낼 때 부디 행복하게 잘 살라는 말을 축축하게 던졌다. 분명 행복하게 살려고 왔을 인생을 본인 스스로 망가트리고 있다며 내 영혼에 박힌 가시 같은 번뇌와 망상은 잡초를 뽑듯 수시로 뽑아내라고 목소리를 높였다. 그렇다. 난 지나온 일에 후회와 상처를 긁어 되새김질 하는 버릇이 있다. 지금 고민한다고 아무런 해결이 되지 못할 일인데 내 스스로 생채기를 내는 일은 습관적이었다. 또한 발생하지 않은 불길한 일을 예언가라도 되듯 미리 걱정하는 것은 추리력이 높아서라기보다 병적인 수준이다.

모두 내게 적합한 지침이라 가슴에 와 닿았고 단신인 낫에 언단에 사각 틀 하나를 올려놓은 위에서 시작한 강연은 작은 체구를 전혀 느끼지 못할 정도로 커보였다. 내 마음을 내가 다스리자. 힘든 것도 긍정적으로 받아들이고 내가 왜 이 세상에 왔을까 하는 존재감에 촉수를 맞히자. 인간으로 태어나는 것도 쉽지 않은데 멋지게 살다가자고 마음먹는다. 돌아서면 또 현실에 엉켜버릴 테지만 그 순간만큼은 디딜방아처럼 마음을 곧추세울 수 있었다.

건강검진을 했다. 염려하던 부분에서 가차 없이 유소견이 나왔다. 상담을 받으러 가는 발목에 쇠줄이 매달린 듯 힘겨웠고 솔직히 두려웠다. 늙으면 모두 생기는 병이라며 의사는 당연하게 받아들이라고 안경을 치켜 올리며 말했다. 난 약을 잘 먹지 못한다. 감기약을 먹고 호흡곤란이 온 적이 있어 어지간하면 피하려는데 사면초가를 맞이한 셈이다. 그동안 마음고생 한 탓일까. 심신을 괴롭힌 주변사람들이 가해자인 듯 원망만 하고 있었다. 대범하게 넘기지 못하는 성격으로 결국 내 몸에 생채기를 낸 일이 어디 한 두 번이던가. 잠 못 이뤄 가슴을 꽁꽁 묶어야 했을 정도로 온 몸을 떨던 일등. 그때 좀 더 마음을 가라앉힐 걸 하는 안타까움만이 나를 지배하고 있었다.

의사가 처방한 약을 먹지 않고 다시 병원을 찾았다. 말 안 듣는 귀찮은 환자를 친절하게도 의사선생님은 자신도 이런 약을 먹고 있다며 모두 꺼내 보여주었다. 술, 담배도 하지 않는데 난 너무 억울하다고 했다. 결국 선생님은 칭얼대는 아이처럼 약을 먹지 않겠다는 환자에게 한마디로 입을 다물게 했다. '노화를 인정하세요.' 난 선생님의 눈을 쳐다보았다. 아무리 잘살아도 세월을 이기는 자 없다며 우리 몸은 서서히 기능이 약해지고 더 좋아지진 않는다는 서글픈 말씀을 들려주신다. 아무리 잘 사용해도 정해진 생명력이 있다는 것. 나도 이미 점심 식사한 오후시간에 머물러있다. 티타임 정도일까. 그러면 앞으론 어떻게 살아야할까.

처방전을 받아들고 약국 문을 여는 내 모습이 싫었지만 약을 먹고 살 수 있다는 것 또한 얼마나 감사한가. 다행이 유 소견이었던 결과는 두 군데 대학병원의 정밀검사 후 스트레스로 밝혀져 다시 태어난 듯 했다. 검사받는 한 달 동안 암울했던 심경은 벼랑 끝에 선 느낌이었기에 못난 나의 장기가 되어 준 이들을 혹사시킨 대가를 받는 건 당연한 일이다. 하루하루 감사하는 마음으로 즐겁게 남을 탓하지 말고 살아야 한다는 것이 말처럼 쉽도록 행해야겠다는 생각이다. 이제 남은 인생의 첫 날인 오늘을 흠결내지 말고 받아들여야겠다. 무거운 중년의 쓰나미 같은 자책은 다른 동네로 홀가분히 이사 보내려한다. 고아한 빛과 섞이고 싶다.

떠나 버린 아이

한 아이가 먼지처럼 사라졌다. 반 친구들로부터 소위, 왕따 이상의 행위를 견디다 못해 스스로 목숨을 끊었다. 아파트 난간에서 투신하며 절절한 가족에 대한 애정과 그간 고통 받았던 일들을 상세히 적어놓은 것으로 마무리 지었다. 얼마나 하루하루 지내기 힘들었을까. 자신보다 연배가 높은 것도 아닌 같은 반 학생들의 고문과 모독행위를 받아가며 유서에는 자신보다 가족을 염려하고 있었다. 자신이 사라져야 가정이 행복할 것이란 착각으로 일을 저지르고 말았다. 그 순간 하느님은 더 다급한 일에 출장 가셨나보다. 왜 부모에게 말해 도움 받을 용기를 주지 않으시고 내려다보면 아찔한 난간을 뛰어 넘게 하셨을까. 뒷덜미라도 독수리에게 부탁해 집안으로 낚아 채이게 하지 않으시고. 아직 자아가

형성 안 된 어린 학생의 유서가 상처부위에 소금이라도 뿌린 듯 아리다.

언제부턴가 자살이란 단어에 크게 놀라지 않는 자신에게 더욱 놀라며 사회의 한 단면이라는 생각까지 들게 되었다. 최고의 인기를 누렸던 연예인들이 하나, 둘 그들만의 아픔을 뒤로 한 채 가버린 탓인가. 스스로 목숨을 끊어야 하는 이유에 둔감해져 가고 있었다. 오죽하면 그랬을까 라는 안타까움만. 이번 대구 중학생 자살사건이 방송되었을 때 공부에 지친 아이의 나약함이라 생각했다. 헌데 이 경우는 자의가 아닌 타인으로부터 받은 폭력의 공포감이 더 이상 버틸 수 없는 지경에 이르러 택한 일이라 애련하기만 했다. 죽음보다 더 무서웠던 그들의 협박으로 어린 중학생이 가야 할 길이었을까. 가엾다. 너무 가여워 표현할 단어조차 생각나질 않는다.

단순히 돈을 갈취한 것도 아니고 구타를 한 것이 아닌 인간이하의 행위를 서슴지 않았고 날이 갈수록 수위가 높아졌다. 유서에 보면 부모를 존경하고 가족을 사랑하는 착한 아이이다. 유서라고 하기도 싫은 그 나이에 써놓은 일기에는 너무 여리고 선한 마음이 들어있다. 얼마나 무서웠을까. 이유 없이 맞아야 하고 물이 채워진 세면대에 얼굴을 넣는가 하면, 전기 줄에 목을 묶어 끌고 다니며 짐승처럼 부스러기를 주워 먹게 했다는 건 단순 폭력이 아닌 정신적 결핍 내지는 기괴한 일이다. 어찌 그 나이의 아이들이 생각할 수 있는 일인지 유구무언이다. 당하는 아이는 얼마나 비참하고 무서웠을까. 또 그 부모는 얼마나 억울할까.

공교롭게도 자살한 아이의 어머니는 중학교 교사라고 한다. 아직까지 막내아들을 '아가' 라고 부르는 어머니는 아들을 잃은 심정을 절제하고 앞으로 더 이상 이런 일이 없어야 한다는 담담한 교사의 모습과 가해학생을 용서하게 해달라고 기도한다는 기사는 더욱 아리게 했다. 유서에 가해학생들이 할머니의 칠순잔치 사진을 보며 비웃었다는 대목이 있다. 결손가정이거나 자신보다 월등한 환경이라 여기고 불만의 타겟으로 이 아이의 인격을 내려놓는 행위를 함으로써 묘한 희열을 느꼈던 걸까. 인간의 심리 중 나보다 잘난 사람 보는 것을 체질적으로 견디기 힘들어하는 사람들을 심심치 않게 보아왔다. 좋게 해석하면 자아발전의 요소가 될 수 있어 선의의 경쟁심으로 바뀌었다면 좋았을 것을 가해자 역시 두 어린 중학생이 수갑을 차고 구속되는 장면은 혀를 차게 한다.

비참한 악연이다. 한 아이는 견디다 못해 꿈을 버렸고 가족에겐 수 갈래 아픔을 문신으로 남겨 두었다. 가해자의 부모는 입이 백개라도 제대로 숨조차 쉴 수 없을 것이며 평생 쇠줄을 끌고 다니는 고통이리라. 뉴스에선 교사들의 지침을 거부하는 아이들로 인해 도덕성 윤리성 운운한다. 교실은 이미 붕괴되었다고도 말한다. 수직관계도 아닌 또래집단에서 상상 할 수도 없는 사건은 몽상가의 소설 한 편을 읽었다고 생각하고 싶다. 어떤 이는 요즘 식단이 성장기 아이들을 난폭하게 한다는 학설도 주장했다. 단지 우리나라뿐만이 아니라 세계적인 추세로 도저히 용납 못 할 일들이 뉴스하이라이트로 접하긴 하지만 이번 일은 몹시 아픈 사건으로 기억되리라.

개인적인 시선으로 분석해보면 빈부의 차이가 가장 큰 원인이 아닐까 싶기도 하다. 이럴 땐 사회주의를 부르짖던 마르크스가 존경스럽다. 인간의 실타래같이 엮인 신경 선을 모두 통합하여 누구를 특별히 부러워 할 대상이 없다는 점 하나로 말이다. 더욱 인간과의 관계나 소통에 대해 생각해 보게 된다. 자살하는 사람에겐 단 한 사람만이라도 그의 말을 이해하고 들어주려 했다면 그는 절대 죽음을 택하지 않는다고 한다. 혹자는 운명론을 펼치기도 하지만 내가 아닌 제 삼자의 일을 도마 위에 올려놓아도 이미 죽은 자는 더 이상 눈조차 깜빡 일 수 없다는 것이 먹먹하다.

괴롭히던 녀석들이 세상 누구보다 무서웠던 아이는 지금 매 맞지 않고 부모에게 거짓말하지 않아 편안할까. 정신적 맷집이라도 강했으면 좋으련만. 착한사람 바보 만들어 고립시키고 결국 가족들 곁을 떠나야만 했던 아이는 마지막으로 집을 지키기 위해 현관 도어 록 비밀 번호를 바꾸라고 여러 번 강조하고 있다. 또 한 번 가슴을 헤집어 놓는다. 결국 그 어머니도 교사를 내려놓고 어머니로 아들의 억울한 죽음을 중벌로 다스려 줄 것을 법정에서 눈물로 호소했다고 한다. 그러나 또, 얼마 후 이 사건은 수면 아래로 사라지게 될 것이고 가족들만이 호흡이 다하는 그날까지 그리움과 아픔을 자물쇠로 꼭 잠가 둘 것 같다. 미안하다. 얼굴 한 번 본 적 없는 가엾은 아가야!

메이드 인 **차이나**

요즘은 도통 우리나라 제품을 찾기가 쉽지 않다. 제품의 원산지를 명시해 놓은 것을 보면 거의 중국산이 많다. 전 세계 인구의 엄청난 퍼센트를 차지하는 중국은 인력이 풍부해 인건비가 저렴하여 중국시장에서 생산되는 제품은 우리 생활에 밀접해졌다. 의류나 그릇 등 생활용품 대부분을 뒤집어보면 '차이나'로 적혀있어 들었다 내렸다를 반복하게 된다. 어쩌다 우리나라 제품을 만나게 되면 마치 이국에서 만난 것처럼 반갑고 믿음이 간다.

오래되지 않은 시절엔 외국제품을 선호하고 부러워했다. 우리나라 제품을 하등시하고 무조건 다른 나라 기술이 좋아보였다. 언젠가 중국여행 중 가이드의 말이 떠오른다. 우리나라 국민들이 기술뿐만 아니라 성품에서도 꼼꼼하고 섬세한 부분이 있어 중국인보다 시간관념이나 생활태도가 허술하지 않다는 말을 하였다. 우리로선 상상하지도 못할 비행기 연착이 보통 한 시간정도라는 것과 제품의 품질을 거론하는 과정에 차이가 나기 때문에 '차이나' 라고 하여 조금은 공감하며 웃었던 적이 있다. 그렇다고 중국을 무시하는 것이 아니라 긴 세월 공산권에서 자유로운 생활도 배제되었고 이제 서서히 문화에 첫 발을 내딛는 과정이란 생각이 든다.

십년도 넘은 일이다. 대학에 입학한 딸이 중국으로 유학 갔을 때 일부러 패키지 구성을 그곳으로 맞추어 4박 5일 가족여행을 떠났다. 중국이란 나라가 크다보니 우리가 도착하는 공항으로 딸이 경비행기를 타고 두 시간정도 와야 한다고 해서 여간 불안한 게 아니었다. 우린 정확한 시간에 맞춰 도착했는데 딸이 탄 비행기는 도착을 못해 안절부절 했다. 우리 가족만 이동하는 거라면 얼마든지 기다릴 수 있지만 단체여행이라 개인적인 일로 차질을 줄 수 없는 상황이었다. 가이드가 북한말을 쓰는 듯한 여행사 남자직원을 공항에서 기다리게 한다는데 움직여지지 않는 발걸음으로 관광버스를 타야했다. 로밍도 없는 시절이었고 가이드가 가진 핸드폰에만 온 신경이 쏠려 그 다음 여행 장소는 무얼 보았는지 기억나질 않는다.

어려서부터 야무지다곤 했지만 남의 나라 공항에 스무 살 어린 처녀가 헤메이다 납치되는 건 아닐까. 연계되어 있다지만 그 나라 여행사 직원조차 믿을 수 없었다. 여권분실도 많고 여기저기 구걸

하는 사람들이 많아 괜히 왔나 싶을 정도였다. 딸은 여행코스에 맞춰 시끄럽고 불안한 경비행기를 탄 거였고 예정대로라면 딸이 먼저 공항에 도착해 우리와 합류했어야 했다. 우리나라에선 특별한 일이 아니곤 있을 수 없는 일이다.

관광지로 이동하여 배도 타고 이곳저곳 따라다녀도 온통 걱정이 머리에 그득했고 내색 안하려고 하니 더 힘들었다. 아이는 또 얼마나 놀라고 겁나할 것인가. 우리나라에서도 잃어버린 적이 없는데 국제미아가 되는 건 아닐까. 안내하는 음성이 딱따구리 같은 조선족 여인을 쳐다보는 내 눈빛은 핸드폰을 확인해 달라는 표정만 짓고 있었다. 피가 마르고 혈관이 좁아드는 느낌이 입안까지 젖어 들 즈음, 가이드가 딸의 전화를 바꿔주었다. 내색 못하고 얼마나 보이지 않게 온갖 불길한 상상을 했는지 모른다. 또랑또랑한 음성이 안심되었고 이미 너무 멀리 이동 되어있어 아예 저녁에 투숙할 호텔로 데려다준다고 했다. 어쩌면 그것이 더 나을 것 같아 구경이고 뭐고 얼른 호텔로 가고 싶었지만 단체 활동에 지장을 주면 안 되기에 떨어지지 않는 발을 옮겼다. 중국이란 나라에 정신적 손해배상 청구를 하고 싶을 정도로 화가 났는데 딸이 중국어를 표준어로 쓴다며 칭찬하는 가이드의 한 마디로 조금 용서가 되었다. 근래 안 일이지만 호텔까지도 딸이 혼자 찾아왔고 무책임한 직원들로 혹 엄마가 마음 상할까 숨겨두었다고 한다. '코리안 타임' 이란 말을 누가 만들었는지 중국과 바꿔야 한다고 생각한다.

나야 어미라는 이유로 안달이나 했지만 남편과 아들은 처음 온 가족여행 시작부터 걱정이었다며 그제야 재삼 혈연관계를 확인했고 끈끈해졌다. 호텔입구로 버스가 진입하는데 벌써 어둑해진 저녁시간이었고 버스에서 일어나 환하게 샹들리제가 달린 로비 안을 기웃거리며 찾고 있었다. 몇 달 사이 그새 허리춤까지 내려온 긴 머리에 중국이란 나라를 상징하는 느낌의 빨간색 쉐터를 입은 딸을 만나자 중국 여인 냄새가 났고 내 딸이 아닌 듯 잠시 서먹했는데 함께 온 패키지 식구들이 박수를 쳐주었다. 우리만 가족이고 모두 동창들 모임에서 온 아주머니들이었다. 갑자기 우리는 행복한 가족으로 칭해 부러운 시선을 받게 되었고 여행 내내 그들의 롤 모델에서 어긋나지 말아야했다. 외국에 오면 애국자가 된다는 말이 있듯이 자신의 딸인 양 애틋하게 챙겨주던 대한민국 어머니들이 무척 고마웠다.

그 사이 하루 관광 일정이 끝난 저녁에 우린 딸만 믿은 채 택시를 타고 시내구경을 나갔다. 거부와 걸인의 차이가 하늘과 땅 만큼인 나라의 빈부는 실로 엄청났다. 관광을 마치고 차에 오르려면 관광버스 앞에 할머니 무릎에 앉아 재롱이나 떨어야 할 네 살 정도 여자아이는 '천원만' 을 입에 달고 두 손을 받치고 있었고 난 가여워 자꾸 지갑을 열었는데 가이드는 주지 말라고 당부했다. 반면에 북경 광장엔 거부의 자녀가 우리나라 소형차보다 약간 작은 장난감 자동차를 운전하며 놀고 있었다. 동전의 앞과 뒤를 보는 듯했다. 백화점엔 온갖 명품들이 우리나라 가격보다 높은 가격으로 판매되고 있었고 영화배우 같은 모습의 젊은이들은 떼구름처럼 몰려다녔다. 이른 오전 광장을 가득 메운 어둡고 짙은 의복을 입은 사람들이 아침 체조를 하는 모습은 머릿수만큼 위압감으로 나가왔다. 몸이 움츠러들어 곧 달팽이가 될 것 같았다.

하루하루 일정대로 여행하고 떠나기 전 날, 자유 시간에 딸의 기숙사를 방문했다. '서안'에 있는 사범대학교로 딸이 일부러 번화한 도시를 피해 선택한 조용한 교육의 도시다. 그곳은 외국인 기숙사를 따로 마련해 놓은 것 빼고는 우리나라 60년대 형상이었다. 도로는 비포장으로 학교건물도 초라했고 주변 건물들은 낮고 암흑의 도시였던 기억밖엔 없다. 딸이 시간나면 들려 소식을 전해주던 PC방 불빛만이 손을 흔들고 있었다. 마트에서 학생들이 함께 먹을 수 있는 간식을 사들고 한국에서 준비해온 것들로 파티를 열었다. 다행이 두 명이 함께 쓰는 기숙사는 침대 두 개와 좁지만 음식을 조리해 먹을 수 있는 주방이 있고 양변기를 갖춘 구조라 안심되었지만 냉기가 스며드는 창문 틈새를 헝겊으로 메워놓은 걸 보곤 온 힘을 다해 꾹꾹 눌러 줄 수밖에 없었다.

대학 일학년, 한창 멋을 내던 아이가 한국에선 입지도 않던 두꺼운 목 폴라 셔츠를 입고 잔다는 말에 당장 데려가고 싶었다. 우리가 가진 것을 아낌없이 주고 싶을 정도였는데 아이에게 주려고 준비해 간 달러를 팁으로 모두 상납해 속상했다. 1인당 정해진 패키지요금만 내면 여행을 할 수 있다고 믿었던 우리는 하루에 두 명의 가이드에게 4인분의 팁을 어김없이 줘야했고, 예정에 없던 특정장소를 간다며 4명의 입장료를 받았다. 닷새 동안 하루에 한

번은 그런 일이 꼭 포함되어 있어 아이에게 주고 오기는 커녕 딸의 생활비를 쓰게 하는 상황이 되었다.

중국 가이드가 우리나라 화폐는 인정해주지 않았다. 엔화조차 거부하고 달러와 중국 화폐만을 받았다. 마지막 날은 어쩔 수 없이 남편이 갖고 있던 엔화를 엄청 낮은 시세로 환전해 받았다. 딸에게 용돈을 주고 오지 못할망정 아이 돈을 쓰게 할 줄은 전혀 예상 못했다. 딸은 서운해 하거나 화 한 번 안내고 고스란히 자기 지갑을 열어 괜찮다고 내 주어 더욱 미안했다. 여행 이튿날 찻집과 진주 상점에서 산 것들이 후회되었다. 카드도 통용 안 되던 시절이고 돌아오는 날은 국제거지가 따로 없었다.

다음날이 여행 마지막 날이라 패키지 아주머니들도 남은 간식과 컵라면, 고추장등을 걷어 딸에게 챙겨주는 모정을 보여주었다. 성곽관광 후, 버스는 공항으로 출발하고 딸은 기숙사로 돌아가야 한다. 남편과 아들이 내려앉은 얼굴로 인사를 나누는데 난 딸을 쳐다볼 수가 없었다. 어미를 잘 아는 딸은 이미 상태를 파악하곤 내 곁에 오지 않았다. 마이크를 잡고 조심히 가시라며 인사를 하곤 버스에서 내렸다. 버스가 출발하고 딸은 무채색 옷을 입은 중국인들이 우글거리는 도로에서 손을 흔들고 있었다. 눈물은 흐르지만 딸까지 울게 할 순 없어 애써 웃으며 손을 흔들었다. 아주머니들도 눈물을 훔쳤다. 정이 없어 보이는 나라에 내 아이를 떼어놓고 오려니 함께 데리고 가지 않는 거라면 괜히 왔다 싶었다. 며칠 수업도 못 받고 첫날 공항에서부터 놀라게 하고 용돈마저 벼룩

이 간을 떼어먹고 가질 않나, 공항까지 가며 휴지를 쥐고 있었다. 후에 들으니 딸도 많이 울었다고 한다. 철칭으로 가려진 불통한 중국기사가 물을 정도로.

지금도 그 순간을 생각하면 눈시울이 뜨겁다. 딸이 고등학교 무렵 무속인에게 신점을 보았는데 멀리 떨어져 산다는 말을 했다. 당시에는 그럴 일이 없다고 했는데 중국과 호주유학으로 그리워하며 살았고, 직장 때문에 떨어져 지내다 혼인도 먼 곳에 사는 사람을 택했다. 자주 못 본다고 부모자식관계가 멀어지는 것은 아니지만 많이 서운하다. 그나마 외국이 아니고 같은 대한민국에 살고 있다는 것으로 위안해야 할까.

중국도 이젠 그 옛날의 중국이 아니다. 그 사이 올림픽도 개최하고 우리나라를 찾는 관광객 수가 나날이 늘고 있다. 인구의 5%가 거부라고 하는데 계산하면 우리나라 인구 이상이 거부인 셈이다. 거부 여행자들의 큰손 여행은 이미 유명하다. 중국은 세계 각국에서 지사를 두지 않는 곳이 없을 정도로 대강국이 되었다. 이젠 중국에서 만든 제품도 품질이 좋아져 알면서도 구매하곤 한다. 차이가 나서 '차이나' 라고 했던 가이드가 요즘은 어떻게 소개를 하고 있을지 지난 시간을 돌아보며 몹시 궁금해진다. 중국은 현재까지 가족 모두 함께 떠난 첫 해외여행지라 의미 깊은 추억으로 남아 있다.

십년 후

세월은 잔잔하게 음미할 틈도 없이 빠르게 지나고 있다. 한 주, 한 달이 고속도로를 주행하는 것처럼 지금 서 있는 자리를 확인하려면 벌써 또 저만치 먼저 와 있곤 한다. 미래에 대해 막연한 꿈을 갖던 시절에는 실상 시간의 소중함을 크게 느끼지 못했다. 얼른 시계바늘이 돌아 성인이 되고 싶었고 나이만 많아지면 모든 일이 자동으로 해결되는 줄 알았다. 지금과 달리 십년 후란 의미는 까마득한 기간이었고 그 많은 시간이 흐른다는 것에 대해 솔직히 상상조차 할 수 없는 숫자였다.

대학시절 종로에 즐겨 다니던 카페 상호가 '십년 후' 였다. 당시 간판은 통속적인 상호가 많았는데 거리에서 마주친 간판을 보는 순간 온 몸에 피가 혈관 한 바퀴를 회전하는 신선한 충격이었다.

주저 없이 문을 밀고 들어갔다. 현재도 알 수없는 모호한 하루하루에 십년 후란 단 세 마디의 의미는 이제 막 성인대열에 다가서는 내겐 심오하고 그 카페에 가면 십년 후의 삶을 멋지게 설계 할 수 있을 것만 같았다.

상호만 그렇지 그곳에서 십년 후의 인생에 대해 조언해주는 이는 없었는데 우린 시간이 나면 그 카페에서 머리를 맞대고 있었다. 상호가 그래서인지 보통 찻집과는 다른 화두로 십년 후에 우린 어디서 무얼 할까 라는 추측으로 말을 이어갔다. 그때는 예언조차 할 수 없는 아득한 훗날이라는 생각이 컸지만 상상의 나래를 펼쳤다. 막연한 호기심은 이스트를 품은 밀가루처럼 부풀어 올라 설레기도 하고 들떠 있었다.

그리 길게만 다가서던 십년을 벌써 다섯 번이나 보냈다. 그동안 어떻게 살았는지 돌아보려니 목이 돌아가질 않는다. 마치 뒤돌아보고 싶지 않은 것처럼. 분명 내게는 지나온 흔적들이 하나 둘 남아있지만 십년 전, 이십년 전이라 하기보다 바로 엊그제 같은 날들이다. 다시 그 시절로 돌아간다면 살아갈 수 있을까 라고 반문하지만 대답은 쉽게 떨어지지 않는다. 행복했던 날보다 힘겨운 나날이 많다는 증거다. 아니면, 모르고 지나온 세월과 느껴 본 후에 알고 다시 시작하는 것에 대한 선입견이 앞설 수도 있다.

우여곡절 십년의 세월들이 몇 번 덮어진 채 올해가 결혼 삼십주년이다. 내 삶인데도 숫자범위에 당사자인 내가 의아할 정도다. 결혼 초, 먹어도 살이 붙지 않아 퀭한 얼굴로 친정에 가면 혀를 끌

끌 차시던 어머니는 이것저것 차려주시느라 분주했다. 등에 업은 아이는 힘에 부쳐 묶어도 흘러내리는 통에 세 발짝도 못가 다시 잡아매야 했고, 바쁜 남편을 둔 덕에 매번 혼자 친정행사에 가느라 안쓰러워 하셨던 쓸쓸한 아버지 얼굴. 동네에서조차 남편이 사우디에 갔느냐는 소리까지 들으며 그래도 희망을 등에 업고 포대기 끈을 조여매가며 살았다. 대그룹에 입사한 아버지친구 자제의 맞선 자리를 듣는 자리에서 거절하며 선택한 결혼 탓에 힘들어도 힘들다 말 못하고 좋은 일만 부풀려 전해드렸다. 이젠 보태서 말씀드리지 않아도 내려다보고 계신 아버지께 눈 가리고 아웅 할 수도 없다.

가늠 할 수조차 없을 정도의 멀기만 했던 세월을 여러 번 포개고 돌아보는 곳에 그나마 오래전 꿈을 잃지 않은 중년의 여인이 보인다. 겁도 많고 인내에 익숙한 여인이었는데 이젠 제법 목소리가 건반을 탄다. 호랑이로 변한다는 노래가사를 닮아가고 있다. 더 늦기 전에 존재감을 찾으려 분주한 모습이 레이더망에 포착되기도 한다. 또 십년 후, 점칠 수 없는 미래를 향해 최소한 후회란 단어는 숨기고 싶어 현재 모습에 발 돋음은 계속 될 것이다.

십년이면 변한다던 강산이 요즘은 오년주기로 바뀌었다고 한다. 세월조차 가속이 붙었나보다. 지금까지 지나온 것처럼 그렇게 흐를 것이다. 앞으로 또 알 수 없는 십년 후를 상상해본다. 주어진 나만의 삶에 마음껏 그림을 그리자. 타임캡슐을 묻었던 예전의 진솔함을 곱씹고 자신에게 중요한 버팀목은 많은 세월이 흘러도 절대 변하지 않는다는 생각이 걸맞았으면 좋겠다. 사실 크게 달라질 것 없는 십년 후 일지도 모르겠다. 유턴 없는 삶을 인지하면서 초로의 여인으로 또 다시 다가 올 십년 후를 향해 더 바쁜 척 할 것은 분명하다. 오늘따라 하늘이 청소기를 돌렸는지 구름 한 점 없이 맑다.

일촌 사돈

휴대폰 메시지 도착 음이 맑다. '박순자님께서 보내신 택배가 오전 중에 배달될 예정입니다.' 에구, 또 뭘 보내셨나. 박순자님은 바로 딸의 시어머니인 사부인이시다. 조금 후 사부인의 전화번호가 휴대폰 액정에서 경쾌하게 노크를 한다. 항상 밝고 예의바른 음성으로 막내 동생과 연배가 같다는 내게 경어를 쓰며 두루두루 안부를 물으신다. 제 철에 나오는 먹거리가 좋아 보여 별것도 아닌데 외출도 못하게 귀찮게 한다며 본인의 성의를 바닥에 내려놓으신다. 내가 부담을 갖을까봐 매번 별것을 별것 아님으로 강조하는 부분도 잊지 않는다.

사돈이 생긴다는 생각은 얼마 전까지 피부에 와 닿지 않았다. 내겐 평생 시댁과 친정만 있을 뿐이었다. 딸이 과년해지고 친구들이 자녀 청첩소식을 알리고 그렇게 서서히 내 주변에 새로운 관계들이 이루어지는 걸 보며 묘한 인생의 맛을 기대하고 있었다. 무엇인지 모르고 어설프게 시작한 결혼의 덫에서 조금 물러나 있는 시점에 어느새 내가 그 덫의 방향을 쥐고 또 다시 어설픈 어른 배역을 맡게 되는 정말 재미난 인생살이라는 생각이 들었다.

상견례로 처음 사돈어른들을 만난 날은 드라마에서나 보던 일이 현실로 다가오자 긴장이 되었다. 마치 내가 시집가는 것처럼 그 댁 어른들이 시부모님으로 보이는 착시현상이 순간순간 일어났다. 어느새 날 닮은 딸이 나의 전철을 밟아가려고 배시시 웃고 있는 것이 보였고 아이는 엄마보다 또 다른 보호자가 필요한 것임을 알게 되었다. 그건 피차 마찬가지였다. 내 몸에서 출발했지만 성년이 되어 서로의 둥지가 필요했고 가장 자연스러운 절차이며 우리부부에겐 최대의 거사인 셈이었다.

사위가 첫 인사 오던 날이 생각난다. 꽃바구니와 케익을 들고 오는 줄 알았는데 손과 마음이 큰 사부인의 엽엽함에 입이 딱 벌어졌다. 농사를 짓는 것도 아닌데 찹쌀, 맵쌀, 콩, 팥, 참깨 등 다섯 곡식을 대나무 함지박에 각각 담아 보자기에 싸고, 영양 떡 바구니와 특수부위 쇠고기를 둥근 채반에 꽃바구니처럼 장식하여 보내셨다. 찰 지게 참깨 향 풍기며 액땜 물리치고 잘 살라는 사돈의 염원이 전달되었다. 솔직한 심정으로 말하자면 이걸 받아먹고 거절은 못하겠다는 생각이 스쳤다. 첫날 이렇게 여러 번 엘리베이터를 오르내리며 옮기는 사위를 보자 먹는 것에 인심 난다는 말도 있지만 이 정도 마음 씀씀이시면 내 딸을 혼인시켜도 되겠다는 안도의 마음이 들었다.

손도 작고 첫 아이를 혼인시키는 나와 세 번째 막내아들 혼사를 치루는 베테랑사돈의 시작부터가 이렇게 달랐다. 각자 다른 공간에서 성장한 남녀의 한 가정 이루기 준비과정은 두 번 다시 하라면 꾀가 날 정도로 신경 쓰이는 일이 많았다. 그 단계 단계에서의 표현을 사부인은 정성이 묻어나게 하셨고 난 건성으로 흉내만 내고 있었다. 그래도 매번 작은 나의 표현에 감사인사를 보내셨고 신세지는 걸 심적으로 부담스러워 하기만 하는 난 아무리 용을 써도 황새를 못 따라가는 뱁새사돈 일 뿐이었다.

오래전 딸을 낳은 대가를 세월이 흘러 그 댁 어른들께 보상받는 느낌도 들었다. 손이 많이 가는 김치종류와 생강식혜는 홀짝 먹기에는 아까운 예술품이었다. 전주지방이 맛의 도시라는 건 알고 있었지만 지금도 냉장고를 열면 사부인의 웃는 얼굴이 보인다. 직접 담근 마늘, 양파장아찌. 홍매실, 복분자, 오가피 엑기스 등 양파한 개를 다듬어도 눈이 매운데 마늘도 일일이 까서 간장에 달여 보내신 마음을 생각하면 맛있게 잘 먹는 것이 고마운 일이려나 싶다. 딸에게도 올 때마다 신 김치 통을 새 걸로 바꿔가라 하셨고 우리 몫까지 챙겨주신다.

사돈이 아니라 친정엄마 같다고 했더니 넉넉하게 웃으며 그럼 엄마하자고 하신다. 그저 우리 식구나 굶어죽지 않을 정도의 음식을 하는 난 결코 쉬운 일이 아니라는 것만 확실히 알고 있을 뿐이다. 음식 만들기를 아무리 즐겨한다고 해도 귀찮기도 하고 오죽 신경 쓰며 하실까. 사돈에게 받은 것은 저울로 달아 그만큼 해드려야 한다는 말이 있다. 언제나 난 그 댁 냉장고를 채울 수 있을까. 마음만 동동거리고 염치없어 할 뿐 위장에 새겨두고만 있다.

예전에는 처갓집과 화장실은 멀수록 좋다고 했는데 요즘은 반대라고 한다. 화장실이 멀면 얼마나 불편한가. 사부인은 그러신다. 가까이 살면 요것저것 보내고 싶은데 택배로도 부칠 수 없는 것들이 많다고. 어찌 보면 피를 나눈 형제보다 자식을 나누어 가진 인연이 각별하다. 사돈이란 거리감 느껴지는 단어보다 정으로 이어가는 온 마음을 닮고 싶다. 박복하다 생각한 내게 요즘 들어 복이 촉촉하게 스며드는 느낌을 받는다. 진정 가슴까지 배부르게 해주셨던 순간들은 잊지 못할 것 같다. 그중 사부인이 내게 보내주신 첫 번째 고마운 것을 꼽으라면 그건 부족한 내 딸과 가장 잘 맞는 심장 하나이다.

이렇게 좋은 선물 - 덧버선 두 켤레

하늘에서 쏟아지는 빛은 마치 유리알 같다. 다른 해보다 올해는 한 달이나 이른 추석을 앞두고 있는 날, 약속장소로 향하는데 시간보다 먼저 도착했다는 후배의 전화를 받고 부리나케 움직였다. 만나기로 한 장소는 백화점 안에 있는 샐러드 바였는데 난 얼른 주차를 하고 늦었다는 생각에 급하게 에스컬레이터를 탔다. 명절 전이라 사방천지 보이는 것은 선물코너였지만 눈에 들어오지 않았다. 선물을 고르고 포장하는 일이 요즘 내 일상에서 멀리 떠나 있었기 때문이다.

유럽풍의 샐러드 바 실내는 마치 내 일상이 모두 이런 우아함으로 연결 짓는 것처럼 나를 안아주었다. 고급스런 내부가 신분상승과 기분까지 승화시켜주어 입구에서부터 이곳에 걸 맞는 손님이 될 준비를 마쳤다. 유채꽃을 얹어놓은 듯한 테이블에서 활짝 웃는 후배가 보인다. 한동안 만나지 않았어도 어제 본 듯 친근함이 편안하다. 반가운 얼굴만 바라보는데 보랏빛 포장을 한 네모상자를 선물이라며 건넨다. 순간 당황했다. 받아서 좋은 것보다 선물코너를 무수히 지나며 그냥 온 것이 미안했고 아예 선물준비를 생각 못한 부분이 더욱 미안했다.

예전의 나는 선물 주기를 좋아했다. 조그만 일에도 챙겨줘야 속이 개운했기에 어떤 행사가 있으면 마땅한 선물을 찾으려 기웃거렸다. 특히 명절에는 시댁 형제들에게 적당한 가격으로 매해 선물을 준비하곤 했다. 나 외에 따로 준비해 주는 사람은 없었지만 습관처럼 작은 마음을 전달했다. 여행을 가도 가까운 지인들에게 줄 선물을 고르는 것은 여행만큼이나 재미난 일이다. 가이드와의 약속시간을 어겨가며 적당한 선물을 찾는 즐거움은 미지의 나라를 알아가는 과정 같기도 하다. 곁에서 채근하는 남편의 눈초리를 감수하며 이걸 받고 환해질 얼굴들을 그려보기도 했다.

여행을 다녀오며 그렇게 조그만 선물을 지인들에게 하나씩 나눠 주었는데 다음에 듣게 된 소리는 선물로 사람을 매수하려 한다는 말이었다. 진심을 왜곡하는 충격이었다. 그 이후로는 어디를 다녀와도 선물을 사지 않는다. 각박한 세상이라고 하지만 챙기기 좋아하는 성격을 매도하는 시선에 어이가 없었다. 보잘 것 없는 것이라도 받는 것보다 주는 것을 좋아한다. 내가 가져서 좋은 것도 있지만 나보다 더 어울리고 필요한 사람에게 줄 때의 희열. 그런 순간이 행복하다. 아니 혹 내가 즐기는지도 모른다. 그 후, 의례적인 인사 외에는 일체하지 않게 되었다.

선물 고르는 것을 잊고 살았다. 그런데 나를 생각하며 선물을 준비한 후배가 미치도록 고마웠다. 진심으로 고마워하는 내게 정말 작은 선물이라며 실망하겠다고 하지만 난 선물보다 그 마음이 고마웠던 거다. 나를 떠올렸다는 그 자체가. 누군가의 가슴 뜨락에 내가 앉아있을 자리가 마련되어 있다는 것을 확인하는 순간인데 얼마나 행복한가. 밥을 안 먹어도 포만감이 느껴졌다. 그리고 커다란 몸만 지니고 부리나케 나타난 내가 미웠다. 왜 그깟 한 사람의 망언에 원래의 내 모습을 숨기고 살았는가. 난 어떤 보답을 원하고 선물을 내민 적이 없었는데 액면 그대로 믿어주지 않는 사람이 잘못 된것이다. 나와 같지 않기에 아마 그 사람은 선물의 의미를 그렇게 사용했는지 모르지만 난 절대 아니었는데 왜 쉽게 그 한마디에 나를 내려놓았을까. 후회가 되었다. 이렇게 아름다운 황홀한 느낌을 나눠 가질 수 있는 멋진 행위를.

포장을 풀자 후배가 작은 거라 강조한 덧버선 두 켤레가 마치 대청마루 댓돌위에 놓여 진 모습처럼 가지런하였다. 분홍과 보라, 연두색이 들어가 있고 눈에 봐도 폭신한 발싸개였다. 여러 번 다친 애련한 발을 보호할 미끄럼방지가 되어있는 덧버선이다. 내가 너무 좋아하자 쑥스러워하는 후배로 인해 고맙다는 말을 실컷 하지 못하고 절반은 남겨두었다. 집에 데리고 와서도 쳐다만 봐도 좋아 열어보고 또 열어보았다. 지금껏 부담스럽다는 이유 하나로 받는 것보다 주는 것이 좋다고 말해 왔는데 솔직히 받는 기분이 열배이상으로 더 좋았다. 서로의 마음을 헤아리는 매개체란 생각에 아직도 덥석 신지 못하고 눈에 보이는 곳에 두고 흐뭇하게 바라보고 있다.

이렇게 감동하는 이유를 생각해본다. 딱히 명절이라 해서 나만의 선물을 받은 기억이 없었던 것 같다. 모두 우리 가족들이 공유할 먹거리가 대부분이었다. 어릴 적, 명절이라고 새 옷을 받은 그 느낌이어서 일까. 평상시 내 용품을 사면서 나 자신에게 주는 선물이라고 도닥여 줄 것을. 한동안 내 의식세계에서 자제되었던 감정들이 어수선하게 들썩이는 것을 느낄 수 있었다. 거두절미하고 선물의 의미는 '정'을 고운 빛깔로 포장한 표현이라고 본다. '당신은 내게 소중한 사람입니다'라는.

미안한 왼발에게

광이 나는 눈길도 아니고 백화점 주차장이라 잘 걷고 있다고 생각했는데 갑자기 바닥이 흔들거린다. 그냥 그대로 넘어지면 그나마 나았을까. 버둥대다 여러 번 다친 내 몸의 아킬레스건인 왼쪽 발이 또 임자를 만났다. 온 신경에 번개가 지나가듯 아찔하더니 통증이 한 곳에 쏠린다. 왼발이 아프다. 그 순간, 이건 또 뭘까. 또 최소한 한 달간의 칩거인가 두려움과 앞서 이런 현실과 자신에게 화가 났다. 십년 전 그때 처음 왼쪽 발에 골절을 입어 통 깁스를 한 이후, 발의 수난은 간간이 이어져 벌써 네 번째 부상이다.

그동안 사고로 주위사람들의 혀 끓는 소리에 조심한다고 했는데도 자꾸 왼발만 다치는 것은 무슨 조화인가. 작년 초봄에도 깁스로 싸매고 있었건만 찔뚝대며 자동차까지 움직이는 발걸음에 제발 이번만은 며칠의 통증으로 넘어가기를 빌었다. 다행이 왼발이라 운전과는 무관하여 집으로 향했다. 모임에 가야하는데 굽 높은 구두를 벗어놓고 낮은 구두로 바꿔 신을 참이었다. 병원을 가는 것보다 내가 미뤄 날짜를 잡은 모임이라 몇 시간의 고통을 참기로 했다. 욱신거리는 발의 통증이 몹시 기분 나쁘다. 신경 하나하나를 톡톡 건드리며 도미노처럼 서서히 무너뜨리는 것만 같았다. 품이 넓은 양털부츠로 갈아 신으려 보니 왼발 복사뼈에 이미 작은 열매 하나가 매달려 있었다. 이번엔 그 누구에게도 말하지 말자고 다짐했다. 그간의 경험으로 사람들은 자신에게 닥치지 않은 일엔 몹시 비판적이다. 어쩌다 그랬느냐며 위로의 말은 하면서도 뒤따라 붙는 말은 그렇게 운동신경이 없느냐는 질타와 더불어 칠칠맞다는 소리까지 감수해야 한다.

다친 그날은 어둑한 새벽 첫 비행기로 남편이 출장을 떠난 날이기도 하다. 식민지에서 벗어난 듯 나만의 휴가 첫날의 부상은, 출장이 잡힌 날부터 쾌재를 부르며 약속을 빼곡하게 잡아놓은 내겐 소박한 자유 박탈이 통증보다 더한 상실감을 얹기에 충분했다. 반갑게 만난 지인들의 오가는 말속에 섞이지 못하고 왼발에만 신경이 쓰였다. 내색 안하고 한 두 마디 거들어야 하는 것도 힘들었다. 그 좋은 입맛도 놀란 신경 탓에 사라져 밥알만 세고 있었다. 그나마 수다가 밥보다 맛있어 버틸 수 있었는데 한 발짝 옮기는 것이 바위하나를 옮기는 것 같았지만 그들의 눈에 굼뜬 모습을 보이지 않기 위해 맨 마지막으로 입장과 퇴장을 하는 연기를 해야 했다. 결국 찻집으로 옮겨 끝에 앉았다가 가까우니 물 좀 더 가져오라는 말에 실토를 하고 말았다. 진작 얘기하지 그랬냐며 만약 모임을 또 나 때문에 지연했으면 구시렁거렸을지도 모를 여인들이 안타까운 눈빛으로 빨리 병원에 가라며 흩어졌다. 칠칠맞다는 말이 듣기 싫어 참다 미련하다는 말까지 듣게 될 판이었다.

눈길 사고가 빈번하다는 뉴스를 보며 이번만큼은 내가 일조하지 않기 위해 마치 돌잡이 걸음처럼 신중했었다. 왼발이 잔인하게 꺽일 때 신었던 구두를 뒤집어 보니 압정이 박혀있었고 그 철제 성분이 스케이트 날처럼 내 몸을 강타 한 것이다. 이 악재는 받아야 할 상황이었다. 퉁퉁 부운 왼발은 참혹했다. 오른쪽 발과 비교해보니 코끼리 발 같아 보였고 멍이 든 빛깔은 하루하루 다른 빛으로 강해지다 얄밉게도 예쁜 보랏빛이 물들어 있었다. 주인 잘못 만난 왼발이 가여웠다. 이번 다치기 전에도 복사뼈는 몇 번 다친 후유증으로 반대편보다 조금 튕그러져 있었고 요가나 스트레칭도 신경이 당겨 하질 못했는데 다시 고통의 시간을 인정해야 한다는 것이 속상했다.

우리가 잊고 사는 자신의 신체에게 고마워해야 한다는 강사를 만난 적이 있다. 그분은 마디가 굵어 진 자신의 손과 다리에게 '내 손과 발이 되어 주어 정말 고맙다.' 라는 말을 실제로 하면서 어루만지라고 했다. 토닥토닥 매만지며 내 손이 되어 주어 집어 먹을 수 있고 글을 쓸 수 있고 가족을 위해 음식을 만들게 해주어 고맙고, 다리 역시 마찬가지였다. 다리, 네가 있어 어디든 편히 갈 수 있고 내 몸을 지탱하느라 애쓴다며 쓰다듬자니 갑자기 눈물이 핑 돌았다. 그냥 내 몸이니까 당연하게 여길 뿐이었는데 나와 함께 살아온 가장 고마운 분신이었다. 주인인 나의 불찰로 내 발은 또 다시 고통을 맞고 있어 어찌나 미안하던지 애틋하게 정성껏 보듬어 주었다.

남에게 위로받아야 한다고 생각한 사고에서 내가 나를 치유하는 과정의 충만감은 상상외로 감동이었다. 내 몸을 지탱하는 신체에게 고마운 마음을 전하라고 했을 때는 솔직히 멋쩍고 이해하지 못했는데 특히, 다쳐보고 나니 너무나도 소중했다. 미안해, 미안해라는 말이 절로 나왔다. 부모에게 받은 신체는 귀하게 보존해야 하는 것도 효도라는 말이 새삼 젖어든다. 나쁜 기억이 좋은 기억을 덮지만 또 다시 다친 발로 조심스레 내 딛어야 한다. 고통을 품었던 시간만큼 난 또 귀한 것의 의미를 깊게 음미할 여유를 얻었다고나 할까.

03

하얀비가 말한다

거짓은 거짓을

즐겨찾기

『초당 신봉승 예술기념관』 탐방기

하얀 비가 말한다

거래처

이 장금, 출두요

정인숙 선생님

화장

콜롬보 미스 리

죄, 이전에

원룸 토크

소화가 잘 되는 식당

한번만 더

거짓은 거짓을

한 여자 연예인이 도마 위에 올라 누웠다. 그녀는 미스코리아 출신으로 일류대를 졸업하고 아나운서까지 된 화려한 이력을 갖춰 재벌가 며느리가 되었다. 그리고 곧 이혼을 한다. 크게 관심은 없었지만 재벌가의 시집살이가 만만치 않은 걸로 생각했었다. 시간이 흐른 근래, 그녀는 다른 이성을 통해 적나라하게 공개되었다. 찰방지게 보이던 여성성이 산산조각 났다. 곳곳에 그녀의 이름이 빨래처럼 걸려있다. 동거한 남자의 보복이었다. 그 남자의 탄원서 같은 글이 내 눈에 꽂혔다. 늘 사람을 속인다고 한다. 거짓말을 일삼는다는 거다. 치명적인 말이다.

거짓말이라는 것은 몇 가지 형태로 분석 할 수 있지만 입을 통해 내뱉는 언어가 생판 다른 뜻을 내포한 단어로 뒤바뀐다는 걸 말한다. 인성의 문제다. 거짓말을 밥 먹듯이 한다는 말이 있다. 습관처럼 일반적인 허세가 덧붙여지는 경우를 종종 본다. 확인 할 수 없는 사실을 능청스럽게 말하며 마음을 훔치려는 사기꾼과 무엇이 다르랴. 선의의 거짓말 정도는 누구나 건네며 살고 있다. 고의성과 무관한 일들은 하늘의 별만큼 많지만 거짓말은 사람을 충분히 매도할 수 있으므로 인증되지 않은 발설은 결국 부메랑이 되어 돌아오는 걸 누누이 보아왔다.

아이들 초등학교 때 일이다. 한 자모가 헤실거리며 다가왔다. 특히 내가 다니고 싶었던 H대에서 산업디자인을 전공했다며 좁은 집에서 미술을 가르치고 있었다. 에어콘도 없이 생활비를 버는 그녀가 안쓰러워 소문을 냈다. 시댁이 큰 건물을 갖고 있고 남편도 대기업을 다니다 병이 들어 지금은 작은 공장에 다닌다고 했다. 도움을 주지 않는 깐깐한 시댁 탓이라는 말도 액면 그대로 믿었다. 그녀는 혀에 참기름을 바른 듯 했다. 잘 나가던 사람이 내려앉은 모습을 들려주는 진솔함에 기꺼이 팔을 걷었다. 유명인들의 학벌논란이 되는 경우를 심심치 않게 보아왔지만 거짓이란 생각은 추호도 품질 않았다. 학벌에 의심 가는 일이 여러 번 있던 차에 우연찮게 그녀의 동창을 만나 같은 H대냐고 묻자 어색해하며 함구하던 표정으로 모든 것이 내 달팽이관 앞에서 차단되었다.

이 정도의 거짓말은 본인의 자존심을 버리는 일로 사회적인 책임은 없지만 차원이 다른 어마어마한 일은 주의에 많은 듯하다. 뉴스를 보면 억울하게 옥살이를 하고 나온 사람들이 만기 형을 치루고 나서야 진실을 찾고자 재수사를 요청하는 일은 종종 있는 일이다. 얼마 전 '부러진 화살' 이라는 영화를 보았다. 사법부의 부당한 판결을 상대로 재판을 벌이는 실제상황이라는 이 영화는 피해자가 헌법 조항을 찾아가며 진실을 찾으려하지만 권력으로 무너지기를 여러 번 반복한다. 가해자인 판사를 보호하려 무모한 사람에게 형을 뒤집어씌우는 거짓판결이 정의를 추구하는 사법부란 곳에서까지 말살되는 현실에 손이 떨렸다. 이런 사회에 숨을 쉬고 있다는 것이 두려울 정도였다. 올곧은 피해자는 감옥에서 법전공부를 한다. 기각시킨 재판을 법 조항을 따져가며 누구도 대응 할 자 없던 판사에게까지 의무 불성실이라는 피고인의 자격으로 고발하는 장면은 통쾌했다. 거짓에 두껍게 옷을 입히고 있는 상황에 거짓을 벗기려는 피고인의 노력은 안타깝기 짝이 없었다. 아직까지 외로운 투쟁을 하고 있다고 한다. 거짓은 절대 용서 할 수 없기 때문이다.

거짓은 자존심과 연계성이 있다고 본다. 누가 나를 무시하지 못하게 일종의 방어벽을 쌓는 식인데 거짓말을 하는 그 자체는 자존심이 상하지 않는지, 묻고 싶다. 모 연예인의 전 연인처럼 정체성을 알 수 없으니 아무리 미모가 뛰어나고 재력이 넘쳐도 인생의 동반자로는 손을 내밀 수 없었을 것이다. 거짓말을 하려고 꾸미려는 자체만으로도 무섭다. 남이 아닌 먼저 내 자신을 속이는 일이기에 그 얼마나 비참할까. '부러진 화살' 영화 역시 거짓 판결을 내린 사법부는 진실을 알면서도 왜곡하고 있다. 권위가 한 개인의 자존감은 무시해도 된다고 생각하는 거짓 이상의 오만까지 동반한 채, 다윗과 골리앗의 싸움처럼 끈질긴 진실 찾기로 이어 질 것 같다. 알고 실행하는 행동과 모르고 하는 것엔 엄청난 차이가 있다. 건조해진 양심에 듬뿍 물을 주자. 그리고 풀 한 포기 정성스레 심어주자.

즐겨 찾기

유난히 겨울다웠던 계절이 지나고 후끈한 봄바람이 마음 밭에 헤집고 들어와 앉았다. 칼바람이 코끝을 물들이고 옷깃을 여미게 하더니만 요즘은 봄볕이 작렬한 서호 천변을 돌며 비타민을 흠뻑 마시고 오기 일쑤다. 움츠렸던 세포들이 서서히 녹녹해지며 무언가 원함을 느낄 수 있었다. 내가 즐겨하는 재미난 일이 무얼까 생각해보았는데 가장 매력 있고 신나는 것은 사람만나는 일이었다. 일주일 내내 거의 일정이 잡혀 있어 바쁘다는 핑계로 소홀하다 갑자기 묵은 그리움이 솟구치는 날 버튼을 누르면 언제고 변함없는 음성으로 맞아주는 벗뿐인 듯싶다.

그동안 운동 하나정도는 해야겠다고 정기적으로 다니기도 했다. 매일 갈 수 없는 상황이라 일주일에 두 번 정도 연습장을 찾으면 운동도 운동이지만 익숙한 얼굴들의 건강한 웃음 속에 머물다 오곤 했다. 사람 사는 일이 뭐 그리 대순가 싶다. 커다란 보람을 느낀다면 더한 기쁨이 없겠지만 살아가는 이야기를 듣고 풀어내면 무덤덤했던 얼굴이 돌아올 때는 불콰하게 바뀌어 있는 걸 종종 느낀다.

요즘은 감정이 메말라서인지 어지간해선 유쾌하지도 않고 쇼킹한 사건이 아니면 놀라지도 않는다. 사람으로 태어나 즐겁고 행복하게 살아야하는 일을 의무로 생각하자고 마음속으로 다짐을 하지만 매번 좋은 일만 있을 수는 없다. 재미난 일을 만들어보려 여러 가지를 생각해보았다. 특별한 일은 없고 매번 반복되는 일상이다. 낯선 것을 힘들어 하는 성격이라 뭐든 익숙한 게 좋다. 하물며 식당을 가거나 찻집을 가더라도 늘 가던 집만 찾는다. 누군가 손님접대를 해야 한다고 좋은 장소를 알려달라고 물으면 순간 멍하다. 마당발인줄 알고 명쾌한 답을 얻으려던 그들에게 실망까지 줄 수 있을 정도로 몇 군데밖에 꿰차고 있질 않기 때문이다.

여행을 가도 그렇다. 보통 안 가본 여러 곳을 찾아다니며 즐기는 것이 여행의 목적이기도 하겠지만 난 갔던 곳을 또 가는 것을 좋아한다. 그동안 어떻게 변했는지 그대로 잘 있는지 궁금하고 내가 기억 할 수 있는 일을 끄집어 내 다시 회억하는 것을 즐긴다. 간혹 새로운 세상이 궁금하기도 하다. 또 다른 무언가가 있을꺼란 기대감 내지는 특별한 자양분을 얻을까 싶지만 호기심보다 앞서는 것은 익숙함 바로 편안함과 연결된다. 어차피 여행이란 그곳에서 생활할 게 아니라 며칠 쉬다 오는건데 긴장하고 싶진 않다. 사람의 성향이 모두 제각각이겠지만 약간의 지역 코스를 바꾸고 볼거리 등을 변경하면 멋진 휴식이 될 수 있기 때문이다.

우물 안 개구리 같은 습성으로 살아서인지 사용하는 휴대폰 역시 마찬가지다. 난 신상제품의 무료 스마트폰을 주겠다고 해도 거절한다. 우선 낯선 것이 두렵다. 손가락으로 물결치듯 건드리면 화면이 뜨는데 새롭게 익히려면 주름살 하나와 교환해야 할 듯싶어 사양하고 있다. 지금 사용하는 폴더 폰은 단종 된 기종이지만 내 몸처럼 익숙해서 좋다. 휴대폰 상점에서 하도 바꿔준다기에 지금 사용하는 것과 똑같은 걸로 바꿔달라고 했더니 욕심에 매욱한 사람 보듯 다시 쳐다본다. 대부분 말랑말랑한 새 것으로 바꾸는데 답답하다는 표정이다. 손에 쥐고 있으면 내 피가 함께 도는 느낌이 들고 운전 중에 문자도 보낼 수 있는 편안한 폰의 기능을 다시 바꾼다는 건 내겐 엄청난 과제물을 던져 주는 것과 같기 때문이다.

앞으로 난 특별한 경우를 제외한 더 이상의 인연을 만들지 않을 꺼란 생각이 든다. 서먹한 것이 남의 옷을 걸친 것처럼 불편하니까. 지금 알고 있는 지인들과 변함없이 연결고리를 이어 갈 것이다. 내 나이도 어르신들이 보기엔 젊다고 하시겠지만 통계적인 기준으론 결코 적은 나이는 아니다. 새롭게 시작하는 상황이 버겁고 조금은 주춤하게 되는 그런 연배이고 다만 삶의 자세가 헤프지 않을 거라 생각한다. 인간으로 태어나 즐겁게 잘 살다 떠나는 이가 몇이나 될지. 사람이 바꿀 수 있는 것은 현재 뿐이라는 생각이 든다. 각자의 마음에 달려있다. 이제라도 인지하고 내가 하고 싶은 것을 찾아 눈 감을 때 잘 살다 간다는 말 한마디 남길 수 있어야 할텐데. 오늘도 내가 좋아하고 즐길 수 있는 곳으로 난 직진 할 것이다. 컴퓨터에 자주 찾아가는 곳을 즐겨찾기에 넣어두고 바로 클릭하여 이용하듯이.

『초당 신봉승 예술기념관』 **탐방기**

뜨거운 기운이 등줄기를 지나 온 몸으로 거침없이 받고 있는 요즘 동해바다가 그립다. 내 고향은 엄연히 다른 곳인데 강원도는 언제 들어도 설레게 하는 요소가 충분하기 때문이다. 때맞춰 1박2일의 일정으로 '솔향 강릉' 을 방문 할 기회가 주어졌다. 푸르름이 그득한 날 발길은 강릉시립중앙도서관으로 향했다. 그곳에 가면 문학과 역사의 만남이 있다. 강원도 강릉시 강릉대로 448번지 중앙도서관 3층에 마련된 '초당 신봉승 예술기념관' . 도로 옆에 위치한 도서관은 작약 꽃이 한창 물이 올라 오가는 이의 입가를 올라가게 해주고 있었다. 엘리베이터가 있었지만 우리나라 역사대통령이라 해도 과언이 아닐 신봉승선생의 기념관을 간다는데 엄숙한 예를 갖추고 싶어 천천히 한 계단씩 올라가기로 했다.

제법 넓고 정숙한 분위기인 3층에 기념관 안내표시가 보인다. 드라마작가. 평론가로 유명세를 타신 분이기에 약간의 설렘과 기대감을 동반한 채 초당선생의 향취가 스며나는 곳을 따라 움직였고 솔향 짙은 입구에 선생의 시가 손을 잡고 어서 오라고 반겨 주었다. 봄 끝자락 오후 빛을 거침없이 받고 있는 기념관엔 지난 50여 년 동안 선생이 쓴 육필원고, 자료수집 과정의 노트, 인물구성표, 기록문서, 사진 등 예리한 작가정신이 담긴 귀중한 자료들이 전시되어 있었다.

기념관 입구 왼쪽에 걸려있는 초당 신봉승 선생의 연보를 정독하기엔 다음 일정에 차질이 생길 정도로 길었다. 자동차가 강릉을 향해 달려온 거리만큼이나. 그러나 최소한 선생의 굵직한 발자취는 알아야 할 것만 같았다. 1933년 강릉시 옥계면 현내리에서 출생한 선생은 1953년 강릉사범학교를 졸업하고 옥계초등학교에 부임하여 교직생활을 하던 중 시작에 몰두하고 그 다음해 시나리오 공부에 전념하게 된다. 1961년 시나리오 '『두고 온 산하』가 당선되면서 거금 3백만환의 상금을 받게 되고 강원도 문화상을 수상한다. 이후 서울로 진출하여 시나리오『사랑은 주는 것』이 영화화되며 문화공보부 영화과로 전근하게 된다. 문학평론에도 정열을 쏟고 있던 시기였고『월급봉투, 맨발로 뛰어라』 등 다수의 시나리오가 영화화 되고 라디오 방송극과 TV드라마를 쓰기 시작한다. 1965년 한양대학교에 강사로 출강할 즈음 『저 하늘에도 슬픔이』

란 영화가 영화예술상을 수상하게 된다. 1967년 첫 저서『 시나리오 기법』을 상재하며 수많은 시나리오가 영화화 되고『산 불』로 청룡상 수상을 거머쥔다. 1972년 한국시나리오작가협회 회장직과 영화평론집 '『 영상적 사고 』가 출간된다. 만 40세, TV드라마에『사모곡』을 시작으로 역사드라마에 관심을 갖게 되어 이후 대종상 영화제 심사위원장을 지내고 1983년 MBC『조선왕조실록 오백년』시리즈를 시작으로 한국역사드라마에 새 장을 열며 근 8년의 기간으로 롱런을 하게 된다. 그 사이 1985년 일본의 월간지에 논설을 발표하고 동경방송에『세월이여 왕조여』5부작의 시나리오를 쓴다. 1988년에는 한일합작으로『망향』을 집필하며 일본의 야쿠자 대부의 논픽션 책을 출간하고 일본에서 취재기자로 활동하면서 한국과 일본의 관계를 문학으로 좁혀놓았다. 1991년 강릉 예총 회장직에 피선되며 1999년 강원국제관광엑스포 총감독과 2001년 추계영상문예대학원 대우교수로 임명받게 된다.

선생의 왕성한 활동 중 우린 선생을『조선왕조 오백년』의 극작가로 가장 깊고 가깝게 기억하고 있다.『조선왕조 오백년』이 바로 선생을 대신 할 수 있을 만한 대작으로 TV 대하드라마를 장장 7년 9개월간 집필한 흔적이 기념관 구석구석 자리를 잡고 있었다. 축소한 사극의 셋트장에선 역사 인물들이 살아 움직이는 듯 했고 선생은 '역사는 미래를 관장하는 신이다' 라는 신념아래 역사는 지나간 과거가 아니라 미래로 이어지는 맥락이며 역사에서 배울 것이 없으면 버릴 것을 배우라고 까지 하셨다. 선생은 그 많은 역사

드라마에 정사사료(正史史料)를 주축으로 하며 정통사극의 전형을 제시하더라도 재미있고 유익한 드라마를 보여주는 것에 초점을 맞추신 듯하다.

드라마 작가로 유명한 선생의 첫 문학의 발은 시인이었다. 기념관에 전시되어 있는 『이슬』의 친필 원고는 청마 유치환선생의 추천으로 문예지 '현대 문학' 천료 작가로 눈길을 끈다. 각종 시화전 팜플렛에선 세월의 흐름과 함께 엄청난 이력 뒤에 감춰진 선생의 노력은 기념관 곳곳을 둘러 볼수록 고개가 끄덕여졌다. 새로운 정보를 얻으려 수없이 취재한 해외여권과 항공권도 전시되어 있었고 역대 대통령으로부터 받은 상패와 훈장, 백상 예술 대상, 각본상 등의 각종 트로피는 이미 알고 있는 선생의 업적을 재확인 하는 기회를 주었다. 저 트로피를 받아들고 조금 더 잘 할 수 있었을 텐데… 감격어린 겸손한 수상소감을 하는 선생의 음성이 들리는 듯하다. 얼마 전 문학회 초청인사로 선생을 직접 뵙고 넉넉한 미소를 잃지 않으신 모습에 기념관 내 초당선생의 예전 사진들을 낯설지 않게 대할 수 있어서 다행이었다. 낙관, 명함 집, 한때 애연가로 지내실 때 가장 좋은 벗이었을 파이프와 라이터까지 선생의 체취를 흠뻑 느낄 수 있는 소모품들이 조금 더 가까이 선생을 만나게 해주었고 선생의 영화작품 중 『저 하늘에도 슬픔이』를 서울 왕십리 주변 극장에서 울며 보던 초등학교 시절로 돌아가게 해주었다. 극장 안 온 관객들의 눈물샘을 자극하고 지금도 잊지 않고 있는 그 영화가 선생의 작품이었다니 소꿉친구를 만난 듯 누렇게 퇴색한 영화전단지에서 시선을 뗄 수 없었다. 그 외, 끔찍한 테러 사건의 『마유미』 역시 직접 본 영화로 이름만 들어도 구름 속으로 빨려 들어 간 그들의 희생이 안타깝기만 했다.

가장 놀라웠던 것은 평생 집필을 초록색 잉크로만 쓰셨다는 빠이롯트 잉크 병 197개였다. 초당 신봉승선생의 업적에 동반자라고 하기에 부족함 없는 최고의 벗이라는 생각에 머물자 하찮은 재활용품이 아닌 대중과 호흡하도록 가교 역할에 충실했다는 생각이 든다. 문득 선생의 손가락엔 항상 초록빛이 물들어 있었다고 하는 글이 떠올랐다. 내가 가장 좋아하는 그 초록빛.

대관령 아흔아홉 -구비 구비는- 내 인생 초록 물 드리면서-나그네가 되라네

지금도 대관령을 넘으며 즐겨 부르는 선생의 애창 가곡이라고 한다. 그 옆에 진열되어 있는 만년필 역시 기록에 힘을 당겨주었을 것이다. 선생은 이미 네 살 때 할아버지께 천자문을 배워 지금도 취미로 즐겨 쓰고 필체 또한 그 다음 장을 넘겨보고 싶은 충동을 느낄 정도로 명필이었다. 원로시인 황금찬 선생님은 '하늘은 초당에게 예술적인 재능과 땀을 흘리는 근면성을 주었다' 는 말씀을 하셨다고 한다. 부지런한 새가 먼저 모이를 찾아 먹듯 보이지 않는 수많은 노력이 선생의 문학 업적에 벽돌 쌓아올리듯 얹혀졌으리라. 초당선생은 현재 여든의 연세를 앞두고 있다. '지금까지

살아 온 나의 삶은 긍정적이었다.' 고 자신 있게 말 할 수 있다는 선생은 순리를 거역하지 않으려 인내한 내공이 대하소설 분량 버금가리라 짐작하며 역사대통령으로 칭해도 손색이 없을 만큼 위대해 보였다.

솔빛 머금은 햇살이 쏟아지는 기념관 입구 오른편에 재현되어 있는 초당선생의 서재 앞에 섰다. 안락해 보였다. 이 안에서 우리의 역사가 재조명되고 밝은 면은 더욱 환하게 어두운 것은 재도약의 발판으로 현실을 살아가는 후손들에게 과거와 현재, 미래까지 바라 볼 수 있는 혜안을 몽땅 가져가게 하셨다. 집필활동에 꼬박 앉아 계셨을 책상과 의자는 창가 앞에 놓여 있고 책장에는 선생의 옥서들이 정갈하게 꽂혀 있었다. 책장 맨 위에 '조선왕조 실록대하소설' 48권이 진열되어 역사 속 인물들이 그 안에서 여유롭게 선생의 도움으로 숨을 쉬고 있는 것 같았다. 조선을 건립한 태종 이방원과 한글 창제 세종, 주도면밀 한명회, 성삼문 등등. 선생은 절대 외롭지 않을 것이다. 어쩌면 잊기 쉬운 역사 속 인물을 현실과 접목시켜 대중들에게 환생을 시킨 셈이니 선생 역시 그들 못지않은 역사대왕임을 인정하지 않을 수 없다.

'역사는 나의 감시자였고 나는 역사의 감시를 받고자 자청했다.' 시며 역사를 알려야 한다는 사명감을 가지셨던 선생은 어쩌면 운명적이 아닐까라는 점과 만약 선생이 계획, 추진하지 않았다면 우린 이렇게 편하고 가깝게 역사와 재회하게 될 수 있었을까 한번쯤 생각해 보게 한다. 긴 세월 드라마를 집필하면서 역사 속 인물과 대화하며 술 한 잔 나누고 싶은 순간도 있었을 것이고 대죄를 묻고 싶을 때도 있었을 것이다. 그런 순간순간에 파이프를 물었을 것이고 차분히 먹물을 가는 모습이 스친다. 많은 희비가 엇갈리는 시간 속에 어디선가 자그마하게 외치는 소리가 들렸다. 선생이 집필 중 입어 팔꿈치가 작약 꽃 크기만큼 닳은 오른쪽 겉옷이 '그래도 난 행복했어요.' 라며 웃고 있었다.

하얀비가 말한다

책장 속에 수필집 하나가 눈에 띤다. 많은 책속에 흰 옷을 걸치고 화려하진 않지만 글씨체부터 비가 두두둑 떨어 질 것 같기도 한 깔끔한 색채로 벌써 이 년 전부터 자리 잡고 있다. 바로 나의 첫 번째 수필집 '하얀 비' 이다. 지금껏 살아 온 나의 삶을 누군가 묻는다면 아무 말 없이 건네주면 될 법한 이 책은 침실 책장 안에 꽂혀있고 컴퓨터 방, 아이들 책장 등 손에 잡힐만한 공간에서 숨을 쉬고 있다.

습작한지 육년 만에 꿈에도 생각지 못한 개인 집에 대한 욕망이 생겼다. 그동안 다른 작가들의 저서를 보며 개인집을 갖는다는 걸 부러워만 했지 내겐 가당치 않은 일인 줄 알았다. 자전적 삶이 바탕을 이룬 글들이라 신변잡기는 아닐까. 여러 가지 우려를 숨길 수 없었다. 또한 파일에서 긴 시간 묵혀있어 글에서도 새 것과 헌 냄새가 나는 걸 느낄 수 있었고 이정도의 글로 책을 낸다는 것은 국가적인 차원에서 낭비가 아닐까 하는 염려도 되었다. 흔히 출산 한다는 표현처럼 쉬운 작업은 아니었지만 깊숙이 숨어있던 자신감을 끄집어내 부끄러움을 밀치고 활자화 시킬 수 있었다.

책이 도착 한 날, 내 안에 살고 있던 또 다른 나와의 첫 대면은 감격이상이었고 수전증이 도진 듯 잔잔히 떨리며 울컥했다. 문인들이 책을 출간할 때 막연하게 기쁜 일이라고만 생각했지 이런 특별하고 소중한 감정이었다는 걸 내 수필집을 받아보고서야 알게 되었다. 파일 안에 있던 글들에게 덧옷을 입혀주니 부족한 글도 그냥 그대로 읽을 정도 같아 보이는 착각도 들었다. 그 후 지인들을 만나면 아직도 내미는 손이 쑥스럽긴 하지만 시간 많고 혹 할 일 없을 때 읽어 봐 달라고 건네준다. 처음 출간을 하곤 우체국을 수시로 다녔다. 보내야 할 곳을 빼놓아 자주 가도 발걸음이 가벼웠고 그 곳에 도착하면 너의 임무에 충실하라고 도닥여주었다. 다행이도 몇몇 독자들이 공감대를 느꼈다고 해주었을 땐 얼굴이 붉어지면서도 하늘에 촘촘히 박혀있던 별 하나와 벗이 된 기분이었다.

특히 사돈댁에서 친척들에게 소개해주셨는지 출판사에서 이상하게 지방에서 주문을 많이 한다고 했다. 또한 농촌도서관 회장직을 맡고 있는 지인이 이번 달 신청하는 책 목록에 '하얀 비'를 주문하라는 부탁을 했다고 한다. 그래서인지 농촌도 아닌 수원 영통

도서관에 하얀 비가 꽂혀있어 반가웠다는 후배의 낭랑한 음성에 눈앞으로 무지개가 지나갔다. 그렇게 하얀 비는 전국에 나들이를 갔다. 읽어만 주어도 고마운 것을 잘 읽었다는 말 한마디로도 행복한데 지역특산물을 보내오는 사람도 있었다. 그러나 우리 가족 외에 대부분 넘치는 출판물들로 인해 그리 애틋하진 않은 것 같다. 개인집을 갖기 전까지 나도 그랬기에 충분히 이해된다. 요즘은 출판기념회를 가거나 개인집을 받게 되면 정말 소중하게 아기를 안듯 받게 된다.

Daum 카페에 ' 책사랑 회' 라는 곳이 있다. 봉사단체로 장애인들을 정기적인 행사로 도와주며 신간서적을 안내하는데 회원 수가 무려 오천 명 가까이 되는 그곳에 '하얀 비' 가 소개되는 영광을 누렸다. 아무런 연고 없이 인터넷을 두드리다 발견하여 고마워 스무 권의 책을 보냈더니 봉사단체에 희사하는 장면을 찍어 올려주기도 했다. 근래 대학병원에 병문안 가서 로비에 앉아 이야기를 나누고 있는데 누군가 와서 작가님이란 칭호를 쓰며 인사를 했다. 나 역시 낯설지 않아 기억을 더듬으려는데 지난번 시화전 때 사인을 해준 수필집을 받았다고 했다. 쑥스러워하고 있는 내 얼굴을 곁에 있던 사람들이 다시 쳐다본다.

'하얀 비' 는 나의 닉네임이다. 처음 '하얀 비' 란 명찰을 달고 카페에 글을 올리던 생각이 스쳤고 주위에 계시던 분들도 동조해 주셨다. 슬픈 선입견이 들을까 염려 되었는데 희비가 교차한다는 말을 듣곤 한다. 내겐 절실했던 일과 생각의 집합으로 나 스스로 놀랄 때도 있다. 이런 적이 있었구나 하고 잊고 있던 일을 재확인하곤 한다. 가끔 묻는 사람이 있다. 개인집을 내는 기분이 어떠냐고. 요즘 여러 서간물이 폭포처럼 쏟아지는 상황이지만 사실 내겐 정리차원의 의미도 없지 않았다. 그동안 습작한 글이 완성과 미완성의 모습으로 아직도 남아있는데 한권의 책으로 엮고 나니 딸아이 고이 길러 시집보낸 그런 느낌과 흡사하다. 잔고가 찍혀있는 통장보다 나만의 책을 한 권 품고 있는 것이 훨씬 뿌듯하다는 말을 하면 대부분 공감하는 듯하다.

아이를 낳으면 당장은 힘들어 절대 낳지 않을꺼라 해놓고 키우며 그 재롱에 힘겨운 고통은 접어두고 그리 멀지 않은 시점에 다시 배가 부른 모습을 볼 수 있다. 여러 문제가 대두되긴 하지만 책을 출간하고 얻은 것이 넘쳐 제2의 하얀 비를 출산하고 싶은 마음이 든다. 함량미달의 감정들이지만 나의 삶을 대변하는 가교역할을 한다고 해도 과언이 아니다. 가끔 '하얀 비'를 바라보며 나를 닮은 하얀 비에게 묻는다. 나는 세상에 없어도 너는 영원히 남아있을 존재로 떠난 나를 부탁한다고. 너의 지켜보는 시선 끝자락에 항상 머물고 있을 하얀 비와 수시로 눈 마주치자고.

거래처

날이 밝았다. 할당된 내 인생에 또 하루가 주어졌다. 오늘도 짜여놓은 일상에 움직이기 위해 시간에 맞춰 몸을 일으킨다. 생각보다 개운한 컨디션은 몸에 소통이 원활하다는 느낌으로 맑고 상쾌했다. 곁에 잠자던 강아지도 나의 움직임에 몸을 추스리며 길게 스트레칭을 하다 눈이 마주치자 꼬리부터 살래살래 흔든다. 잘 잤냐는 혀 짧은 소리와 함께 품에 안아주며 아침인사를 나눈다. 요즘 대두되고 있는 소통거래 성공이었다. 오늘의 첫 번째 거래 시작이기도 하다.

핸드폰에 남편의 명칭을 '거래처' 로 저장해 놓은 사람이 있다. 보통 '남편' 이나 '아빠' 등으로 입력해 놓는데 그 분은 특이한 대명사로 저장해놓아 듣는 순간 폭소가 터졌다. 사업장으로 보면 거래처만큼 소중한 것은 없다. 회사의 흥과 패를 좌우하는 중요한 곳이고 쉽게 말해 밥줄이다. 혹 불쾌한 일이 있어도 한결같은 표정과 음성으로 접대해야 하며 정중히 모셔야한다. 우린 곁에 있는 사람에게 소홀히 대할 때가 많다. 돌아서서 후회하는 일이 간혹 있는데 가깝다는 이유로 잘 고쳐지지 않는다. 그분의 영특하기까지 한 발상에 무릎을 치고 말았다. 나와 함께 인륜지 대사를 치룬 사람이고 촌수도 없는 무촌이건만 상황에 따라 적이나 원수로 등장하기도 한다. 세월을 보내며 임의롭다는 이유로 편하게 대하는 경우가 종종 있는데 '거래처' 로 지칭해 애써 존경심을 가지려는 그분의 지혜가 기발했다.

항간에 배우자, 특히 남편에 대한 유머가 많다. 아내가 외출할 시 행선지를 물어도 안 되며 밥 달라고 했다가는 퇴출감이라고 한다. 더욱이 고령이 되어선 잠 잘 자고 아침에 눈뜨면 혼난다는 야담도 배를 쥐게 만든다. 고개 숙인 남자가 서서히 늘다보니 아내들의 파워가 앞치마를 팽개치게 만들었다. 억눌림을 당한 채 살아온 한풀이인가 점점 여성의 음성이 고층을 향하는 에스컬레이터 같다. 여성 상위시대도 지나 이젠 사법고시나 공무원 채용에도 여성들이 월등하다. 이런 시점에 극진한 예우를 갖추려 노력하는 그분이 달리 보였다.

유년 시절 어머니는 밥을 퍼도 아버지 것부터 뚜껑이 안 닫힐 정도로 듬뿍 주발에 담고 다음으로 우리 것을 차례대로 담아 아랫목에 묻어두셨다. 무엇이든 아버지가 우선이었다. 그것을 보고 자라서인지 나도 가장부터 챙기는 것이 익숙해져 있다. 반찬도 아버지가 좋아하시는 메뉴가 대부분이었다. 지금 우리 식탁을 보면 가족마다 식성이 틀려 고유 음식과 퓨전을 넘나든다. 음식문화가 변한 탓도 있고 자녀에게 맞춘 부분도 없지 않다. 자식 입에는 들어가는 것만 봐도 배부르다는 말이 있지만 요즘 타이어를 두른 듯한 남편의 뱃살이 눈에 거슬린다. 성인병을 걱정하며 일부러 밥을 적게 담으면 서운한지 더 달라는 채근도 없이 스스로 밥솥뚜껑을 열고 있다. 진의를 파악하지 못한 채 거래에 약간 어긋나는 것을 느낀다.

신혼 초에는 출근하는 남편의 구두를 닦아놓거나 칫솔에 치약을 묻혀놓기도 했다. 조금이라도 편하게 해주려 노력했는데 여자는 남자하기 나름이라는 말이 맞는 것 같다. 칭찬에 인색하다보니 서운한 마음이 눈덩이처럼 커져갔다. 거래의 주된 목적은 서로 핑퐁처럼 주고 받아야하는데 일방적이 되어버려 어느 순간부터 지질해지다 거래가 중단되었다. 되짚어 생각해보니 꼭 남편의 잘못이 아니라 아마 내가 병원신세를 지게 된 그때부터가 아닌가 싶다. 정상적인 생활이 지속되었다면 차질 없었을지도 모르는데 이젠 쑥스러워 못할 듯싶다. 나이 들어 눈이 침침한건 고왔던 아내의 얼굴에서 주름을 발견하지 말라는 신의 배려라는 말이 가슴에 콕 박힌다. 차마 고개는 숙였지만 측은하기까지 한 오롯한 사랑을 지닌 나만의 거래처에 마음의 굳은살일랑 떠나갈 계절에 얹어 보내고 정상참작을 해줘야 하지 않을까 싶다.

남편이 아닌 다른 이들에게도 우린 모두 인생의 거래처라는 생각을 해본다. 상호 도움이 될 수도 있고 신용을 잃어 수주를 중단한 거래처도 있다. 안타깝지만 신용등급에서 낮은 점수를 주어 아무리 입맛 당기는 조건을 내세워도 적선이 아닌 이상 거래하진 않을 것이다. 그렇다고 나의 관점으로만 볼 수는 없다. 나도 누군가에게 거래 중단 통보를 받을 수 있다. 최소한 인생의 상도는 지키고 살자. 벽 인줄 알았는데 미니까 문이었다는 말처럼 오해와 이해는 그리 멀지 않은 곳에 있건만 사라져버린 거래는 어차피 맞을 소나기였던가 싶다. 자존심을 깃발처럼 곧추세웠던 젊음이 뒷자리로 물러나 나직하게 한 마디 건넨다. 원활한 재 거래를 위해 우선 오늘 당장 칫솔에 치약부터 묻혀놓으라고.

이 장금, 출두요

요즘 들어 부러운 사람이 있다. 요리를 잘하는 사람이다. 사위가 오면 씨암닭을 잡고 식탁에 빈자리가 없을 정도로 차려 내놓고 싶은 심정인데 요리에 취미가 없는 장모는 사위가 온다고 하면 반가움과 함께 걱정이 앞선다. 맛 집으로 안내하는 것도 한 두 번이지 멀리서 힘들게 오는 아이들을 오자마자 또 데리고 나가는 것이 솔찬히 미안하다. 친정어머니는 음식 솜씨가 훌륭하다 못해 장금이가 울고 갈 요리사시다. 대부분 엄마가 잘하면 딸도 잘 한다는데 우리 집은 예외다. 잘 하니까 하던 길에 해주셔서 믿는 도끼에 늘 나무를 베었는데 늙으신 어머니가 주방일 거두시니 막막할 뿐이다. 장모 호칭을 얻게 되기 전 진즉 전수받을 껄 하는 안타까움이 회오리치곤 한다.

아버지는 입맛이 까다롭고 신 김치를 안 드셔서 냉장고가 없던 시절엔 매일 김치를 담그셨다고 한다. 한 끼 드신 반찬엔 젓가락이 멈춰버리고 간식까지 챙기느라 어머니는 늘 분주하셨는데 요리솜씨를 선천적으로 타고 나신 것처럼 느껴질 때가 많았다. 고유 음식뿐 아니라 휴일이면 해주시던 생경스럽지만 혀를 따라다니는 카레 맛과 손도 크셔서 커다란 양푼에 밀가루 반죽을 하여 도넛을 한 소쿠리 튀겨 동네친구들까지 포식하기도 했다. 음식에 관련한 누가 하는 것보다 당신이 직접 만들어야 직성이 풀리시는 분이다. 세월이 흐른 지금도 친정에 가는 날이면 입에 침부터 고인다. 서울로 상경한 우리 가족은 외갓집에서 차려 놓은 밥상에 걸신들린 듯 머슴밥을 먹곤 했다. 같은 쌀인데도 밥에 참기름이라도 뿌린 듯 기름이 잘잘 흘러 입에 찰싹 달라붙는다. 반찬 하나하나 갖은 양념과 정성이 들어가서인지 도대체 숟가락이 내려놔지질 않는다. 장금이의 후예이시다.

지난 명절 우리 식솔들을 끌고 올라갔다. 아침은 차례 상으로 먹고 점심은 그냥저냥 때우고 저녁을 할머니 댁에서 먹을 참이었다. 지금껏 삼십 년 넘게 해오던 방식이다. 무릎관절이 있으신 어머니는 앉았다 일어서는 일이 쌀 한가마니를 지고 들어 올리는 것처럼 힘들어 보였다. 올해는 아무 것도 차리질 못했다고 하시면서도 차려놓은 상차림은 성찬이었다. 내가 좋아하는 북어찜이 보인다. 사위까지 식솔 하나를 더 얹어 데리고 온 나는 여기가 내 친정이니 내가 했다는 착각으로 어머니 요리를 이용하려 하고 있었다.

이젠 배워서 해드려야 하건만 도저히 요리엔 취미가 생기질 않고 힘들게 만드신 음식민 축내고 있었다.

어머니 연세도 깊어가고 모시고 사는 남동생도 이마평수가 넓어지고 꼬물대던 조카들도 올려다 봐야한다. 나만 장모가 된 것이 아니었다. 대통령임기를 마치고 정권교체를 하듯 친정도 변하고 있었다. 이젠 뱃속에 그득 채운 걸로 만족해야지 담아오는 것은 암만 머리를 굴려도 무리수였다. 아쉽게 일어서려는데 장금어머니는 기대를 저버리지 않으시고 작은 밀폐 통에 북어찜을 담아주셨다. 염치없이 받아들었다. 내일 당장 사위에게 줄 반찬이 걱정스러웠기 때문이다. 다음날 아침상에 북어찜이 특식으로 출현했다. 남편은 선식을 먹고 출근한 터였고 딸은 친정에서 내가 그러듯이 '맛있다' 를 연발하고 있었는데 얻어 온 것까지 줄 수는 없었다. 이렇게 속 시끄러울 줄 알았으면 저녁에 아빠 줘야겠다고 하지 말고 그냥 싸줄걸. 아침을 먹고 딸과 사위는 짐을 꾸려 출발했다. 밀리지 않아도 장장 네 시간의 고속도로를 거쳐야 나오는 자신들의 보금자리로.

친정 다녀가는 모양새에 맞게 선물 들어온 것을 나눠 자동차 안은 여유롭지 않았다. 안전운행을 당부하며 보내고 돌아와 냉장고를 여니 밀폐 통에 담겨진 북어찜이 눈을 부릅뜨고 있었다. 아차, 싶었다. 애가 떠나고 나서야 맛있어 하는 걸 싸주지 못한 게 온 신경을 찌르기 시작했다. 울 엄마는 알아서 싸주셨는데 해주지는 못할망정 냉장고 문을 닫아 버린 내 손이 미웠다. 내가 엄마 맞나?

남은 휴가기간에 친정생각하며 먹으라고 줬으면 얼마나 좋아. 이미 집에서 멀어진 자동차를 다시 오게 할 수도 없고 도저히 북어찜을 먹을 수 없었다. 다음날 주방에서 북어를 다듬는 나를 만날 수 있었다. 장금어머니께 자문을 구해 물에 불린 북어머리와 꼬리, 지느러미를 잘라냈다. 분쇄기에 양파를 곱게 갈아 각종 양념을 넣어 먹기 좋은 크기의 북어를 재우기 시작했다. 차곡차곡 밀폐 통에 눌러 담는 손에 힘이 주어졌다.

발송이 문제였다. 택배는 거리가 멀어 당일은 안 되고 고속버스 택배를 이용하기로 했다. 오전 일찍 출발하는 시간에 맞추다보니 출근길이 밀려 동동거렸다. 겨우 물질만 마친 얼굴로 아이스 팩을 얼려 포장한 상자를 들고 부릉거리는 버스 짐칸에 넣는 걸 보고야 발이 떨어졌다. 이제야 묵힌 숙제를 마친 듯 개운했다. 진즉 줘 보냈으면 마음고생 안하고 신간 편했을 일을 다른 몇 가지 반찬까지 해 보내느라 꼬박 이틀이 걸렸다. 늙으신 어머니껜 겨우 도리만 하는 매정한 딸이 자식에게 향하는 애련함은 나도 엄마였다. 저녁 시간이 지나 사위 전화를 받았다. 북어찜이 너무 맛있어 양념국물에 비벼서까지 먹었다고 한다. 처갓집이라고 와도 제대로 못해줘 미안하다고 겸손을 던졌다. 곁에 있던 딸이 꽃망울 펴지는 음성으로 '이 장금! 다음에도 종종 부탁해요.' 지금껏 챙겨주시던 친정어머니 마음을 진정 알게 된 내 위장까지 덩달아 춤추던 그런 날이었다.

정인숙 선생님

내가 기억하는 '정인숙' 이란 이름은 세 명이다. 친구가 그 중 한 명이고 희대의 정치적 연루사건의 정인숙 여인, 그리고 아들의 중학교 담임이셨던 정인숙 선생님이시다. 긴 머리를 항상 정갈하게 하나로 묶으시고 해맑은 소녀같은 미소를 간직하신 분인데 체구에 비해 음성은 가늘고 크셨다. 가녀린 외모와는 달리 카리스마가 넘치는 추진력과 반 아이들 하나하나에 관심을 갖고 대하셨다. 야단을 칠 땐 해병대 교관 같고 반대로 그 아이에게 적합한 칭찬을 귀가 녹을 정도로 하는 분이셨다.

며칠 전 아들은 입대하는 친구 '진성이' 와 선생님께 인사드리러 간다고 했다. 진성이는 엄마 없이 할머니와 살고 있는데 선생님은 중학교 시절 늘 진성이 체육복을 빨아주셨다. 또, 그 아이가 가정형편상 인문계 고등학교를 못 가게 되자 몹시 마음 아파하셨다. 그날 난 고교입시 상담 차 복도에서 차례를 기다리다 보호자 대신 진성이 본인과 상담결정을 공고로 하곤 눈가가 벌겋게 달아오르게 울던 선생님을 보았다. 집안형편이 어렵거나 결손가정 아이들을 포함, 반 아이 모두를 내 자식처럼 여기셨다. 가장 예민한 사춘기 아이들에게 진심어린 사랑은 통했고 어떤 고약한 녀석도 선생님 앞에선 고양이 앞에 쥐처럼 양순해진다. 무엇이든 숨기지 않고 다가가게끔 넉넉함을 겸비하셨다.

고교로 진학하고도 아들은 종종 중학교를 찾아가 선생님을 뵈었다. 고등학교 교복을 입고 간 아들을 보곤 눈물까지 글썽이며 선생님보다 두 배가 넘는 아이를 껴안고 토닥이며 반가워하셨다고 한다. 아직 엽엽치 못해 음료수하나 사 들고 찾아뵙지 못하는 아이를 학교 앞 왕만두 집으로 데리고 가 잔뜩 먹여주셨다.

가장 기억에 남는 일은 아들 반이 학기말시험에서 전교 5등 안에 들면 반 아이 전체에게 자장면을 사주기로 약속한 일이다. 중3 전체 14반중 꼴찌에서 두 번째 반이었는데 누가 들어도 고개를 가로 저을 일이었다. 얼마 남지 않은 시험을 개인 성적 올리기보다 자장면 한 그릇에 아이들의 피나는 노력은 혈전 D-day로 정해졌다. 사실 집에서 쉽게 시켜 먹을 수도 있지만 우리 어릴 때나 지금이나 자장면은 특식이다. 자장면에 사투를 걸며 부모들까지도 반 친구들과 자장면을 맛볼 수 있기를 기원했다. 그것은 앞으로 이 녀석들이 살아가면서 어떤 일이든 해낼 수 있다는 의지도 포함된다. '바닥을 기던 반을 5등 안으로!' 라는 캐치플레이어를 건 꼴찌들에게 다른 선생님들도 반신반의했고 사실 나조차도 저러다 애들 실망이 더 크지 않을까 염려 했다. 그러나 기적 같은 일이 일어났다. 아들반이 5등을 한 것이다.

그 열광하는 모습을 선생님은 또 감동으로 아이들과 교실이 떠나가게 함성을 지르며 기뻐하셨다고 한다. 우리 집에서도 마치 월드컵 4강 출전권을 딴 것 만큼이나 환호를 보냈다. 학교전체에 소문이 나고 모두가 부러워하는 그날, 자장면 50그릇이 교실로 배달되고 복도 유리창 너머로 다른 반 아이들이 쳐다보는 부러움 속에 아주 특별한 추억 한 페이지를 장식해 주셨다. 아직 '사부님' 이란 칭호조차 몰랐던 아들이 걱정스레 "선생님남편께 혼나시지 않나요?" 라고 해서 박장대소했다는데 선생님은 그동안 담임을 맡으셨던 아이들에게 꼭 자장면 한 그릇을 함께 먹는 추억을 나누셨다고 한다. 이뿐만이 아니라 방송국에 미리 신청해서 받은 무료책자를 반 아이들 졸업선물로 준다는 것은 어떤 가치로도 매길 수 없는 넘치는 정이다.

지금껏 두 아이를 키우며 여러 선생님을 뵈었다. 교사로서 책임이 투철하신 분들로 기억되고 세상 살아가는 법을 일깨워 주신 분들이다. 한 분 한분께 감사드리지만 유독 '정인숙' 선생님은 스승과 제자라는 선을 길게 풀어 놓으신 분으로 잊지 못할 것 같다. 졸업식 날, 졸업장을 한 사람씩 교단 위에서 나눠주며 껴안고 그 아이에게 적합한 충고와 서운함에 눈물을 흘리시던 선생님. 복도에서 기다리느라 추워 발을 동동거리긴 했지만 무척 감동이었다. 아들은 선생님을 생각하면 제2의 엄마 같다며 마흔 살 아니 중년이 되어도 찾아뵐 거라고 한다. 아들의 든든한 백그라운드에 흐뭇한 미소를 보낸다.

화장

세월은 숨길 수 없어 세안하고 들여다보는 거울 속 얼굴은 쳐다 볼 때마다 갑갑하다. 피부만 고와도 점수를 따고 들어간다는데 날이 갈수록 자질구레한 점이 늘어나고 군데군데 조금씩 검버섯도 자리 잡고 있다. 다시 태어난다면 몰라도 투명하고 고운 피부를 갖기란 요원해져 버렸다. 파운데이션을 바르고 난 후 커버용품으로 일차 정비에 들어간다. 작은 점들 위로 덧바르고 콤팩트를 두드리면 다시 세안하기 전까지는 얼굴표면과 콤팩트 틈으로 눈에 거슬리는 부분들이 신통하게도 잠을 자고 있다.

그러기에 외출준비를 하려면 일단 얼굴에 치덕치덕 발라야 할 것이 차례대로 기다리고 있다. 맨 얼굴로는 도저히 나갈 수 없고 어쩌다 급하여 그냥 나가면 어디 아프냐고 묻는 통에 귀찮아도 화장대 앞에 서야한다. 어제도 저녁나절 필요한 것이 생겨 마트에 갔는데 판매원은 단골인 나를 알아보곤 걱정 가득한 눈빛으로 얼굴전체를 더듬는다. 얼른 묻기 전에 화장 안 했다고 하니 그제야 수심을 내려놓는다.

집에 온종일 입고 있던 편한 바지에 겉옷을 걸쳤다지만 환자 취급을 하니 내 꼴이 그렇게 흉한지 아는 사람 만날까 서둘러 계산하고 나왔다. 내 얼굴이 두개란 말인가. 화장 안한 얼굴이 진짜인데 모두 화장한 내 얼굴에 익숙해 있다. 그렇다고 요란하게 하는 것도 아니고 파운데이션으로 피부 톤을 조금 가릴 뿐이다. 괜히 뽑아 이젠 나지 않는 반쪽 눈썹 절반을 그려주고 눈가에 라인을 그린다. 그리고 립스틱을 살며시 덧칠한다. 기껏해야 오 분정도면 해결하는 화장인데 꾀가 나니 여자에서 서서히 중성인간으로 변하는 과정이 아닌가 싶기도 하다.

얼굴에 잡티를 가리고 촘촘히 피부수선을 마친 날은 그나마 당당하게 나설 수 있고 반대인 날은 움츠려 들기 마련이다. 가끔 집으로 들이닥친 친구들은 불가피하게 맨 얼굴로 만나기도 하는데 그들은 화장 안한 얼굴이 부드러워 보인다고 한다. 어느 가락에 맞춰야 할지 모르겠다. 화장의 목적이 피부표면을 미화시키는 장신수단과 여성 본능을 만족시키는 요소라고 본다. 여성에겐 기초적인 행위로 대외적인 장소에서 곱게 치장한 모습은 예를 갖추었다고 생각한다. 지금까지 화장은 여성만의 분출이었다. 요즘은 남성들도 기초화장품 외에 입술도 바르고 특히 외모에 신경 쓰는 남성은 피부 관리까지 한다. 귀걸이, 반지 등 액세서리를 착용하는 것이 거의 익숙해 질만한데 화장까진 아니었으면 하는 바람이다. 물론 지금도 특수 업종에 근무하는 남성들에게 있는 일이지만 이미 시작되었다는 것이 중요하다.

화장품의 종류가 다양하고 우열을 가릴 수 없을 정도로 품질이 좋아졌다. 처음 화장품을 바른 기억은 어머니가 얼굴에 바르고 나서 손바닥에 남겨둔 로션을 내 얼굴에 문질러 주셨다. 끈적임이 싫어 찡그리면 얼굴 튼다는 말씀에 눈 꼭 감고 어머니 손이 투덕이는 대로 있었다. 긴 세월이 지났지만 바로 어제인양 엄마 손길이 느껴지는 그 순간을 지금껏 잊지 않고 있는 건 새로운 것에 대한 생소함이 아닌가 싶다. 호기심이 발동해 이것저것 엄마 화장품을 찍어 발라보기도 했다. 함께 엄마놀이를 했던 친구들도 이젠 화장에 익숙한 여인이 되었으리라.

내 손으로 직접 구입할 때만 해도 정겨운 이름인 아모레, 쥬단학 대리점이 동네 목 좋은 장소에 자리 잡고 있었다. 그땐 기초화장품이 전부였다. 이제 돌아보니 화장대도 아닌 책꽂이 사이에 세워 둔 늘씬한 화장품 병은 앞으로 여성의 길을 가려는 이어달리기의 '배톤' 같다는 생각이 든다. 하나, 둘이었던 것에서 서서히 종류별로 늘어났다. 더욱이 남대문 미제시장에서 구입을 하거나 외국 다녀온 지인을 통해 장미꽃 문양이 새겨진 콤팩트까지 점점 평수를 넓혀가는 여자의 공간이 되었다.

화장대 위에 각종 화장품이 여러 톤의 '메니큐어' 까지 합쳐 연예인 뺨치게 추운하다. 여성과 멀어지고 싶어도 결코 멀어질 수 없는 불가분의 관계인 화장의 고마움이 날이 갈수록 더할 것이다. 수술대에 오르지 않으려면 특수 화장기법을 마스터해야 하나 고민이다. 그러나 감출 수 없는 연륜이 나타나면 어쩌랴. 아무리 고가의 화장품을 발라도 들떠 버리고 마는 매정한 청춘을 탓하지 말자. 피부가 늘어지고 잡티가 번져도 마음만은 추해지지 않는 심화술을 터득하는 일이 더 시급한지도 모르겠다.

콜롬보 미스 리

아들을 입대 시키고 첫 면회 가던 날, 노란색 신병 견장을 붙이고 흡사 초등학교 저학년 선생님처럼 맨 앞에서 신병들을 인솔해 오는 아들의 모습이 대견스러웠다. 키 순서로 했느냐고 묻는 말에 이왕 하는 군 생활 모든 훈련이나 어떤 일이라도 '제가 먼저 하겠습니다' 라며 앞장선다고 한다. 기특하면서도 한편으론 걱정이 앞서며 졸업 후 첫 직장에서 선배의 조언이 생각났다. 잘하면 몸이 고달프고 못하면 무시당해 힘들어지는 것이 사회생활이라는 말이다. 아들에게 너무 나서지도 뒤쳐지지도 말라는 말을 해주며 중간정도로 버티라는 소극적인 발언까지 하게 되었다. 그 이유는 나의 실제 경험으로 한동안 힘겨운 사건이 있었기 때문이다.

내가 다니던 회사는 지금의 LG계열로 기계부품들을 제조, 판매하였고 난 영업본부팀 신입사원으로 시내 영업부에 근무하였다. 그 시절 누구나처럼 성실, 근면, 정직을 바탕으로 살던 중 본사에서 공문이 내려왔다. 울산에 위치한 대기업에서 퇴직한 구매과 직원이 거래처를 다니며 비싼 부품을 취득하는 사기를 저지른다고 주의와 신고를 요하는 내용이었다. 직원들은 사진을 보며 인물이 아깝다고 혀를 찼다.

영업부서 여직원이 세 명이었는데 그날따라 두 명의 여직원이 약속이 있어 먼저 나갔고 혼자 남게 되었다. 아무도 없는 점심시간에 한 남자가 사무실에 들어섰다. 광이 나게 빼입은 검은 싱글 양복에 샤프한 인상이 낯이 익었다. 총기가 좋을 때라 바로 떠올랐다. 오전에 공문에서 본 그 얼굴이다. 겁이 났다. 시간상으로 직원이 적게 있으리란 계산으로 온 것이 분명하고 서울 온 길에 급히 물건을 가져가야 한다고 했다. 그러더니 내게 믿음을 주기위해 퇴사한 회사에 전화를 거는 연기에도 충실했다. 교환에게 부장님 앞으로 전화를 돌려달라고 한 후, 능청스럽게 통화를 한다.

거짓을 알면서 듣고 있어야 하는 그 순간은 정말 무서웠다. 물품을 가져가려하는데 남자직원이 없다며 나 들으라고 "여직원이 그냥 전표를 끊어주면 좋겠는데요."라고 강조하듯 말했다. 전화를 끊고 나선 다시 내게 가까이 얼굴을 들이대며 부탁했다. 떨리지만 차분하게 "제 임의로 할 수 없으니 점심시간 후에 다시 오시겠어요? 죄송합니다."라며 최대한 친절하게 말했고 어쩔 수 없다는 표정에 미소를 애써 얹은 채 그는 갔다. 그가 나가자마자 얼른 공문에 적혀있는 거래처로 다이얼을 돌렸다. 조금 전 통화한 부장님 성함을 말하고 그 남자와 통화한 이야기를 했더니 그런 적이 없다고 한다. 예상한 일이었지만 온 몸에 소름이 돋았다. 다시 들른다는 시간을 확인한 부장님은 '이젠 걸렸다.' 라는 말투였다.

곧이어 우리 직원들이 들어오고 영업부에 그 남자가 왔다는 것과 더더욱 내가 확인하는 과정에서 자동으로 신고 되어 사무실 근처에 형사를 풀게 했다는 말에 모두 놀라는 표정이었다. 특히, 지방 대리점 출장 시에도 겁이 많아 항공편보다 철도를 이용하던 본부장님은 후환을 두려워하는 모습이 역력했다. 점심을 굶어도 배는 전혀 고프지 않았고 갑자기 앞으로 벌어질 상황이 두렵기만 했다. 초연하게 직원들이 올 때까지 미룰 것을… 후회막급이었다.

사복형사들이 사무실 앞부터 명동 입구, 청계천 주변까지 잠복근무중이라는데 난 심장동네에 굿판이 벌어져 달팽이처럼 웅크리고 있어야만 했다. 그가 마음이 변해 이곳에 오지 않기를 수없이 기도했다. 나의 바람은 실패로 끝났다. 결국 청계천 입구에서 수갑에 채워 호송되어 갔다는 말을 듣곤 얼굴을 감싸고 말았다. 여자와 동거생활을 하며 곧 출산을 앞두고 있었고 결혼준비도 되어 있지 않아 이런 사기행각을 벌였다고 한다. 죄는 미웠지만 오지랖 넓은 내 가슴을 친 날이기도 하다. 보복할지 모르니 회사를 옮기라는 사람이 있을 정도로 한동안 두려워한 사건이었다. '콜롬보 미스 리' 라는 별명이 그때 붙었다. 다행이 우려했던 보복은 없었고 결혼 전까지 다녔다. 지금 그 남자는 초로의 연배가 되었을 것이고 태아였던 아기는 바르게 잘 커주었는지 아기에게 미안한 마음이 든다.

그 사건 이후, 다시는 남의 일에 개입하지 말자고 다짐을 했건만 지인들이 부당한 일을 당하면 내성적인 성격을 무릅쓰고 모른 척 하진 않는다. 그런데 주위를 돌아보면 내 일이 아니면 슬그머니 꼬리를 감춘다. 남의 일에 연관되지 않으려 알면서도 지나치고 육체적 정신적 감정낭비를 하지 않는다. 미운 털이 박히기 싫은 탓이다. 사실 본부장님께 칭찬받을 줄 알았다. 본부장님도 불미스러운 일에 개입되기 싫었다면 왜 본사공문을 회의시간에 보여주었는지 의아했다. 형식적인 제스츄어였다는 것에 대한 실망과 조금은 사회를 체험한 사건이었다. 지금 생각하면 어수선하게 만들어 미안해 할 일이 아니라 범인검거 제보로 상을 받아야 하는 게 아니었나 싶다. 엊그제 아들은 호기롭게 보였는지 검사중대 대표로 발탁되었다고 유선 속 음성이 우렁차다. 이젠 염려보다 믿음직스러운 마음으로 축하해주었다.

죄, 이전에

희대의 탈주범이라 일컫는 '신창원' 이 수감된 자신의 독방에서 자살을 시도했다는 뉴스가 속보로 나온다. 가물가물한 기억에서 사라지지 않는 사건의 주인공이라 듣는 순간 놀라웠고 이내 마음이 서늘해져왔다. 벌써 십여 년 넘는 세월을 여러 교도소를 거쳐 독방에서 지내왔고 무기수라는 막연한 미래에 공황장애까지 생겼다고 했다. 마흔 네 살, 왕성하게 활동해야 할 나이에 영어의 몸이 되어 있다는 것과 생을 포기할 생각을 한 그가 지은 죄보다 앞서 며칠째 이어지는 비만큼이나 명치끝이 축축이 젖어왔다.

탈주범으로 검거 되던 모습이 생각난다. 현란한 색상의 티셔츠를 입고 카메라렌즈에 잡힌 그의 눈빛은 상상외로 맑아보였다. 준수한 외모를 가진 그가 항간에 십대들에게 우상으로 비춰지기도 했다. 초등학교 1학년 때 간암으로 어머니를 잃은 것이 그의 인생에 빨간 불이 들어 왔다는 생각이 들자 죄를 묻기 전에 그가 가여워졌다. 누군가 곁에서 따듯이 돌봐왔다면, 관심을 가졌었다면 정상적인 생활을 할 수 있었을텐데 안타깝기만 했다. 죄 값을 치루며 잘 지내고 있다는 뉴스를 간간히 보며 나름대로 살아가는 방법을 터득했으리라 생각하며 잊고 있었다.

구차한 삶이지만 연명해 오던 중 아버지가 지난달 돌아가시고 그는 여러 상념에 젖었으리라. 자유롭게 움직일 수 없는 본인의 상황이 오죽 참담했을까 싶다. 아들이 출옥하면 정상적인 생활을 하게끔 적은 돈을 모으고 계셨다는 야윈 부정이 더욱 마음을 흔들리게 했다. 검거될 당시와 달리 이마가 넓어진 세월의 흔적이 여실한 그는 수감 중에 사회에 대한 독설도 아낌없이 했다고 한다. 교도소를 많이 짓는 것보다 문제아들에게 관심과 사랑을 주라는 말과 단 한번만 '너는 착한 놈이야' 라는 말만 들었어도 자신의 인생은 바뀌었을 거라며 원망의 말을 내뱉었다. 중등, 고등 검정고시까지 합격하는 모범수이던 그가 극단적인 행동을 한 것과 현재 뇌사상태로 의식이 없고 전신이 마비되었다는 뉴스는 내 혈육은 아니지만 연민의 정이 흐르기만 했다.

명절을 앞두고 있던 시기에 주방 일을 하면서 라디오를 틀었다. 마침 추석특집으로 '청주여자교도소' 에서 공개방송을 한다고 했다. 특수한 경우로 우리와 다른 삶을 사는 이들을 음성으로 듣는데 솔직히 무서운 죄를 지은 선입견이 앞서고 있었다. 일단 오늘 참여하는 사람들은 모범수로 수감자들의 사연을 사회자가 낭독하고 그 주인공이 무대로 올라와 대화를 나누는 식으로 진행되었다. 하나같이 속죄하는 마음으로 나로 인해 한겨울에도 난방을 끄고 자는 아버지께 보내는 사연과 수감될 당시 초등학생이던 딸이 지금 28살이라며 엄마노릇 하고 싶다는 50대 여인, 미혼모로 교도소에서 아기를 낳은 어린 엄마도 있었다. 현재 4평의 유아 방에서 수유하고 있는데 아기가 18개월이 되면 수용생활이나마 함께 하지 못한다고 한다. 어미의 실수로 갇혀 지내고 맡아 줄 가족조차 없어 고아원으로 보내진다며 아기에게 미안하다고 흐느끼는 것이 외줄을 타듯 애절했다. 아기가 더 이상 크지 않으면 안 될까.

모두 목소리는 내려앉아 잠겨있고 그 당시 조금만 참을 걸 너무 후회하고 있다는 말과 함께 출옥하면 잠자고 싶은 시간에 잠자고 여행하고 싶다며 가장 기본적인 자유를 갈망하고 있었다. 봉사와 모범적인 일을 하면 가족과 통화할 수 있게 해주는데 딸의 음성을 듣자 결국 눈물을 흘리고 마는 수감자엄마. 아무 말도 못하고 하염없이 울기만 한다는 사회자 말에 죄의 대가보다 안타까운 모정에 나 역시 울컥하고 있었다. 방청객인 재소자들도 모두 울고 있다고 말하는 사회자는 어려운 분위기를 올려주려 애썼지만 보지 않아도 그려지는 한 장의 그림이었다. 아직 출옥날짜가 정해지지 않았다는 걸 보아 대형사건인 듯 했고 피해자 가족입장에서 보면 마땅한 고통의 벌로 깊은 참회의 말이 이어졌다.

명절을 앞두고 가족과 함께 지내고 싶은 마음이 오죽하랴. 이런 방송을 보내는 목적이 무얼까 생각해보았다. 혼탁한 현실에서 극단적인 행동을 자제하고 가족의 소중함을 각인시키는 듯 했다. 지능적이고 치졸한 범죄가 나날이 늘고 있는 시점에 회자되는 강한 메시지였다. 신창원, 역시 어머니를 잃고 방황하다 절도죄로 소년원을 드나들며 결국 독방 감금까지 이어진 삶을 받고 있다. 그라고 그렇게 살고 싶었을까. 아직 자신의 미래를 끌고 갈 수 없는 빛을 잃은 미성숙한 자아들에게 따스한 시선이 밥보다 귀한 양식이 될 수 있다고 본다. '사회에서 문제아라고 치부해 버린 아이들은 정에 굶주린 불쌍한 애들, 가까이 가 꾸짖으면 폭행을 당할지도 모르지만 마음의 문을 열게 되면 의외로 여린 그들의 순수함에 놀라게 될 것이다. 그들은 별종이 아니다' 신창원, 그가 한 말이다.

원룸 토크

휴가기간이다. 새로운 공장계획으로 어수선한 마음이 앞서 휴가도 사치가 아닌가 싶었지만 헐겁게 마음을 비우고도 싶었다. 남들처럼 며칠 다녀 올 여유는 없어 일박이나 할까 했더니 남편이 가리키는 곳이 있었다. 다름 아닌 견공이시다. 까만 보석이 박힌 듯 능청스럽게 쳐다보는 눈빛의 녀석을 보자 한숨이 새나왔다. 아이들 다 크고 자유의 몸이 되었나 싶은데 한나절은 몰라도 하룻밤을 혼자 놔두고 다닌 적은 없어 병든 부모님과 다를 바 없었다. 개 호텔에 맡긴 적도 있으나 달라진 환경에 스트레스를 받아 입원을 시켰기에 그림의 떡이다. 멀리가지 말고 곧 퇴사하는 딸의 대전 원룸을 가기로 했다.

혼인을 시키고 신접살림이 있는 통영은 한 번밖에 가보질 못했다. 당일로 다녀오기엔 무리다. 그동안 시간이 맞으면 대전원룸으로 내려가 저녁을 먹고 오기도 했는데 앞으론 쉽진 않을 것 같아 딸을 보러 가는 것에 가타 여부가 없었다. 원룸으로 향하는 자동차는 이번이 마지막 방문이란 걸 알기라도 한 듯 쏟아지는 빗길을 다독이며 있는 힘을 다해 바퀴를 굴렸다. 사위가 매주 조금씩 짐을 옮겨 원룸에는 당장 쓸 용품들만 남아있었고 처음 그 작은 방에 딸을 놓고 돌아설 때보다 사위가 있어 걱정은 사라졌다. 한 명이 사용하기에도 좁은 원룸에 네 명의 대형 사이즈들이 모여 있으니 방이 터질 듯 했다. 대전에 있는 몇 군데 관광지를 가자고 나섰는데 하늘이 훼방꾼이다.

줄기차게 내리는 비는 멈출 생각을 않고 '동학사'에 도착했다. 예전 같으면 방문객이 많을지 모르지만 날씨 탓에 한가했다. 힘들게 운전하고 온 사위에게 미안하지만 날씨 좋은 날 다시 오기로 하고 드라이브 잘했다며 다시 원룸으로 가자고 했다. 점심을 먹기엔 조금 이른 시간이라 수원 집으로 가져갈 허드레 짐을 추렸다. 원룸의 장점은 큰 용품들은 비치되어 있어 본인의 용품만 가져오면 된다. 그럼에도 불구하고 그 사이 자질구레한 짐들이 늘어 만만치 않은 살림이었다. 새것들은 신접살림에 있어 그동안 원룸에서 사용하던 주방기구들이 몇 년 만에 다시 내 몫이 되었다.

딸은 예쁜 도둑이라더니 아직 쓸 만한 것은 통영으로 가져간다 하고 구박덩이들만 우리 자동차에 실었다. 원룸의 작은 싱크대 안에는 있을 건 다 들어 있었다. 갖고 싶었지만 가격이 비싸 못 쓰던 제품의 쟁반을 혼수용으로 사주었더니 원룸에서 쓰던 것은 퇴출 대상이 되었다. 쟁반세트의 이산가족 두 개가 다시 내게 돌아왔다. 몇 년 만에 친구들이 있는 제 집으로 간다고 쟁반 꽃들이 활짝 피었다. 사람이 늙으면 사용하는 물건들도 걸맞아 가는지 난 그것도 좋았다. 위장이 음식을 원할 때까지 좁은 공간에서 각자 짐정리를 하느라 분주했다.

비는 하염없이 내린다. 점심을 먹으러 나서는 길이 요기만 느끼지 않았다면 귀찮은 일로 느껴졌다. 원룸에서 먹는 식사는 좁은 탓도 있고 내 공간이 아니어선지 식사 한 끼 때우기도 불편하다. 간단한 식사는 차려먹을 수 있어도 요리해서 먹기는 굶는 것이 나을 만큼 번거롭다. 지금껏 딸에게 찹쌀밥을 일회용 무공해 비닐에 한 번 먹을 수 있게 냉동시켜 보내주곤 했었다. 퇴근해 돌아오면 냉동실에서 한 덩이 꺼내 데워 한두 가지 반찬을 놓고 먹는다고 했다. 그게 마음에 걸려 결혼을 빨리 하면 좋겠다고 했는데 또 이렇게 먼 곳으로 가게 될 줄은.

점심식사를 마치고 돌아와도 젖은 하늘은 변함없었고 다시 원룸으로 돌아와 저녁 먹으러 나갈 때까지 눈을 붙이기로 했다. 연장자인 남편을 침대로 모시고 우린 딸을 가운데 두고 방바닥에 나란히 세 명이 누웠다. 좁은 방안에 빈 구석이 보이지 않는다. 딸과 나는 잠을 자기보다 밀린 이야기를 하고 사위도 눈을 감고 있었지만 귀는 열려 있는 것 같았다. 조금 후 사위도 우리이야기에 합류했다. 양편으로 딸을 보고 비스듬히 누워 있는 상태인데 딸이 갑자기 일어나 앉자 사위와 난 바로 마주보게 되었다. 어색함을 못 느낀 채 이런저런 얘기를 나누는데 딸이 찜질방에 온 것 같다며 어떻게 누워서 장모와 사위가 대화를 나눌 수 있느냐며 깔깔거린다.

원룸이 아니고서야 우리 집에 와도 각자 방에서 잠을 자고 거실에 있어도 떨어져 앉아있게 되지 이렇게 눈동자 크기를 볼 수 있기는 처음이었다. 이어 사위는 통영은 거리가 멀어 중간지점인 대전 원룸을 그냥 놔두고 가끔 이곳에서 만나자는 농담을 한다. 참 괜찮은 생각이라며 웃으며 동조했다. 좁은 공간에서 느껴보는 시선들은 살가웠다. 한 방에서 온 식구들이 잠을 자고 생활하던 시절의 소소한 정겨움을 느껴 본 날이다. 원룸 구석구석을 둘러본다. 다시는 올 수 없는 공간이란 생각에 머무는 시선들이 애틋하다. 그동안 딸의 보금자리로 건강하게 보살펴 준 오밀조밀한 원룸에게 진정 고마워하는 한 엄마가 보인다.

소화가 잘 되는 식당

휴일 저녁 가족이 모두 모이면 거의 외식을 하게 된다. 딸도 주중은 떨어져 있어 영양보충도 시킬 겸 아이들 입맛에 맞는 걸로 정하다 보니 고기 집이었다. 단골식당을 갔는데 불경기를 무색하게 할 정도로 자리가 없어 근처에 다른 집으로 정했다. 그곳은 작년 오픈 날 와보곤 다신 안 오겠노라 했던 곳. 오픈 날 사람도 많았지만 자리에 앉은 후 이십 분이 지나도록 물 컵도 안 가져다주는 주인여자의 민첩치 못한 행동에 그냥 나와 버렸었다.

배도 고프고 다른 곳으로 이동하기도 귀찮고 그 사이 나아졌겠지..라는 믿음으로 들어갔는데 사람이 많아 2층으로 올라가라고 한다. 우리뿐이라 여기서 먹을 수 있는지를 물었더니 괜찮다고 해 석연찮지만 다행이 난방이 잘되어 있어 안심을 했다. 조금 후 자다 막 일어난 모습의 두발이 정돈 안 된 주인아줌마가 나타나선 인사는 고사하고 연락 없이 찾아든 시동생 식구들 밥상 차리는 표정으로 천천히 움직인다. 도로 갈까 망설이는데 손님이 몇 팀 더 들어왔다. 손님이 많으면 성의 있게 움직이겠구나 싶어 기다렸는데 우리 가족은 한번 경험했던 기억이 남아서인지 빨리 먹는 것에 온 촉각을 세우고 있었다.

갈비를 시켰는데 종이에 적고 컴퓨터를 한참 두들기곤 인터폰으로 주문하는 소리가 들린다. 조금 후 불을 가지고 온 아저씨는 불만 놓곤 그 아무도 불판 얹어 줄 생각을 안 한다. 화기에 얼굴이 뜨거워 우리가 불판을 가져다 올리고 불만 쬐고 있었다. 그사이 손님은 무려 방까지 채워지고 넓은 테이블 전부를 채웠다. 그때 한 명의 서빙 인원이 문을 열고 들어오는 것이 만만한 아랫동서가 오는 듯 반가웠다. 시장기를 참고 있는데 주인여자는 우리가 잠시 한눈 판 사이 우리 뒷자리에 고기를 얹길래 '곧, 주겠지' 하고 참았다. 다음도 그 집부터 반찬을 가져다주기에 우리가 먼저 왔다고 말하자 미안한 기색 없이 힐끔 쳐다본다.

불길한 예감으로 모처럼 가족들이 모여 있는데 그간의 밀린 대화를 하는 것이 아니라 언제 밥을 먹을 수 있나?로 근심이 커버렸다. 할일이 없어 얹어놓은 불판을 휴지로 닦는데 검은 기름때가 몇 번을 닦을 동안 묻어나온다. 조금 후 고기를 배급받아 불판에 얹었더니 그동안 달궈져 있어 바로 지글지글 타버린다. 연기가 천정으로 치솟을 정도라 얼른 환기통을 내려놓곤 뒤집는데 불판에 달라붙고 난리도 아니다. 불판부터 갈아야 하는데 여기저기 벨 누르는 소리만 요란하고 두 명의 서빙 인원은 네네… 내답만 하고 결국 아들이 새 불판으로 갈았다. "엄마, 살다가 고기 집에서 불판 갈긴 첨이에요." 얼굴에 '왕 짜증' 이라고 적혀 있던 우린 크게 웃고 말았다.

고기만 갖다 주곤 또 신경을 안 쓰니 그때서야 남편이 맘에 들게 큰소리로 한마디 한다. 메아리처럼 '네네~'만 들려오고 슬슬 화가 치민다. 옆 테이블은 기다리다 가버렸다. 상추담은 소쿠리만 던져주어 아들이 마늘과 소스를 들고 왔다. 아래층에서 반찬이 올라 온 것 같은데 주인여자는 주방에서 꼼짝 안하고 있어 내가 일어나 반찬 몇 개를 가져왔다. 주인은 미안해하지도 않고 뭘 많이 가져가나 싶은 눈치다. 너무 조금씩 담아 다시 일어서기도 민망했다. 고기는 대충 익어 가는데 도대체 불안해서 먹지를 못하겠다.

딸도 이런 분위기에선 밥이 안 넘어간다고 울상이다. 이번엔 딸이 모자란 반찬을 채우러 가고 아들이 다시 일어나 성큼성큼 자연스럽게 새 불판을 들고 오는 모습에 다시 웃음이 터졌다. 다른 손님들도 모두 포기하고 물 가지러 가고 애들까지 일어나 상추 가지러 가는 모습들. 여기가 돈 내고 먹는 식당인가. 할머니 댁에 밥 먹으러 온 대가족 인가. 옆 테이블 손님들도 처음엔 입이 불어 있다가 우리가 웃으니 따라 웃는다. 이젠 알아서들 모자란 것 가져가고 아저씨들이 불판을 다섯 개씩 확보하고 할아버지까지 불판을 챙기길래 무슨 코미디 보는 듯해서 우린 배를 쥐고 웃었다. 이

테이블 저 테이블 손님들이 왔다 갔다 하는 모습을 상상해보라. 여기가 고기뷔페도 아니고 하여간, 밥을 먹다 하도 돌아다녀서인가 소화가 잘 되어 먹은 것 같지가 않아 어디 대접 잘 해주는 식당을 다시 가야 할 것 같다고 했다.

이젠 요령이 생겨 밥을 미리 주문했는데 우리 테이블 옆으로 손님이 앉았다. 솔직히 말해주고 싶었지만 얼마 지나지 않아 '내가 물 가져 오는 게 날 것 같아…' 하는 소리가 들렸다. 그래도 우리보단 신속하게 대접받는 걸 보며 일어섰다. 밥을 다 먹으면 서빙 좀 도와주고 갈까 농담도 했었는데 1층도 적은 인원으로 분주했다. 경기가 안 좋아 식당마다 최소인원으로 운영한다지만 이젠 절대 가지 않을 것이고 길게 보면 큰 손실이 아닐 수 없다. 내 돈 내고 이렇게 허둥대며 먹어야 하다니… 후식으로 커피 자판기 버튼을 눌렀는데 거기에도 컵이 없어 허겁지겁 넣고 뺐는데 결국 딸이 잡은 종이컵은 바닥이 새 손까지 데고 말았다. 마지막까지 기 막히는 곳이다.

한번만 더

"즐겁게 왔습니다. 잘 다녀가세요." 남자가 엉거주춤 자리에서 일어서며 정중히 인사를 건넨다. 나도 목례를 하며 어색한 미소를 얹어 기어들어가는 음성으로 인사를 했다. 주머니에서 교통카드를 꺼내 인식기에 찍고 서있는 그의 뒤 본새를 보니 날이 서있는 바지에 남편구두보다 잘 닦여있는 검은 색 구두가 깔끔해 보였다. 그는 다시 돌아보지 않는다. 몇 명의 하차할 승객 속에 듬성듬성 흰 머리카락만이 나를 향해 손 흔들 뿐이다.

폭설이 며칠 째 이어지는 연말이다. 그날은 회사 송년회를 하는 날이기에 괜스레 마음이 바빴다. 참석하라는 남편의 말에 다른 날이면 차를 가져 갔을텐데 그날은 눈도 오고 특히 회식이 끝난 후 대리기사를 자처한 터라 대중교통을 이용하기로 했다. 지하철을 타고 평택에서 내려 버스를 타면 되기에 두툼한 파커에 장갑을 끼고 털 부츠를 신은 모양새가 눈에 굴러도 될 정도였다. 늙어가며 잔정을 조금씩 보이려는 남편이 '우리 마누라 누가 잡아가면 어쩌나' 하기에 당신도 그런 말 할 줄 아느냐 하곤 담아두지 않았다.

지하철에서 내려 버스로 갈아타고 자리를 잡았다. 아는 길이었으면 창밖구경도 할 겸 창가 쪽에 앉았을 걸, 얼마나 가야하는지를 몰라 노선표를 볼 요량으로 하차할 문 옆 좌석 끝에 앉았다. 덜컹거리는 버스엔 그사이 승객들로 채워지고 끌밋한 중년남자 한 분이 내 앞에 서며 비어있는 옆자리에 앉고 싶어 하는 것이 눈에 들어왔다. 어디까지 가냐고 물었다. 나보다 먼저 내리면 내가 창가 쪽으로 움직이려했고 그 분은 어디라고 하는데 알 리가 없었다. 나의 행선지를 말해주자 자신이 먼저 내린다며 그동안 달궈놓은 내 자리에 그 남자가 앉았다. 조금 전까지 앉아있던 내 체온을 어떤 남자가 느낀다고 생각하니 조금 쑥스럽기도 해 창밖만 바라보고 있었다.

"공도는 왜 가시나요?" 로 시작으로 그 남자는 이런 눈 오는 날은 대중교통이 안전해 차를 안 가져왔다며 어디서 왔느냐고 물어왔다. 수원은 인구가 얼마냐는 등 자신은 젊어서 일한 불로소득으로 현재 손자 재롱과 운동으로 지내고 있다며 자리를 내주려고 묻는 마음씨와 말투가 좋아보였다고 했다. 기실 늙은 제비의 거짓부렁이라도 듣기 싫지 않았다. 이런 저런 뭇 남자와의 대화는 이어졌다. 잠시 후, 그가 내린다며 연락처를 주면 안 되겠느냐고 어색한 표정으로 더듬거렸다. 어쩜 내 예상과 맞아떨어지는지 중년아줌마에겐 가문의 영광이라는 속어를 떠올렸지만 이내 여성들 내부분의 이중성격을 흉내 내며 고개를 저었다.

가슴 속에선 대동아전쟁이 일어나고 있었지만 처음 본 남자에게 그것도 버스 안에서 순순히 알려주기엔 가벼운 행동이란 생각이 들었다. 그러나 묘한 감정이 출렁이는 건 어쩔 수 없었다. 그저 속으로 한번만 더 물어보면 내 자존심에 손상 안가고 알려주는 모양새를 원했건만 그도 민망한지 날 쳐다보지 못하고 쑥스러워했다. 어떤 연결고리가 있다면 다음을 기약 할 수도 있었는데 그렇다고 쉽게 알려줄 수도 없는 그런 상태였다. 간혹 거리에서 "도를 아시나요?" 묻는 것처럼 "문학을 좋아하시나요?"라고 하기도 그 또한 시저리처럼 문학을 들먹거리는 것 같아 하지 못했다. 또한 앞 뒤 좌석엔 승객들이 귀를 열고 있어 우리가 나누는 말을 충분히 들을 수 있는 공간이다. 버스 안 추억이 많은 여고시절도 아니고 객관적으로 볼 때 노인정 할머니 할아버지 대화같이 보일 일이다. 그러나 분명한 건 그 순간만큼은 여성과 남성 각각의 개체였다는 사실이다.

간혹 취향 독특한 분들이 분위기가 좋아 보인다고 하면 바닥에 주저앉아 있던 감성이 살며시 고개를 든다. 물론 문학단체에서는 스스럼없이 알려주지만 세상이 무섭고 무엇보다 서푼도 안 되는 알량한 자존심이 문제다. 지나고 보니 나쁜 사람은 아니었던 것 같고 자꾸 미화시키려는 내가 더 우습다. 서로 갉아먹고 있는 남은 시간을 확인하고 벗이 될 수 있는 걸 어찌 보면 여자의 생각이 더 불량한지도 모르겠다. 그에게도 자존심이 있다는 건 왜 배려 안했을까. 거절한 순간 손자얼굴이 아른거렸을까. 그래도 한 번 더 물어봤으면 하는 아쉬움이 드는 건 사라지는 젊음에 딱지처럼 달라붙은 새삼스런 나의 여성성을 확인해서이다.

공도에 도착하여 내리려는데 버스에 뭘 두고 내리는 것처럼 찜찜했다. 미리 정류장에 나와 기다리고 있는 남편을 보자 괜히 심술이 났다. 저 사람은 나와 함께 사는 가족일 뿐 남자가 아닌 것 같았다. 송년회라고 들떠있다. 일 년간 신실하게 일한 직원들을 치하하는 말이 오고가는데 난 뭔가 허허롭다. 놓친 고기가 커 보이는 그런 현상이 일어나 먹어도 배가 채워지지 않고 되돌릴 수 없는 시간을 헤매고 있었다. 결국 사위 앞에서 또 주책을 부렸다. 장인을 생각해서인지 버스타고 다니는 남자일 뿐이라고 매도한다. “눈이 와서 탄 거자나.” 난 어느새 평생 한번 본 그 남자를 두둔하고 있었다.

건조해진 양심에 듬뿍 물을 주자.
그리고 풀 한 포기 정성스레 심어주자.

04

그 녀석, 긍정이

맛있는 비

스마트한 벗

그 녀석, 긍정이

개님 만세!

서울시티투어

순수

이런 소나기

여수행 5호차

준 저작권 –컬러링

작가세요?

이젠, 안녕

호기심 지옥

급한 화장실, 생태!

맛있는 비

아무 일 없었다는 듯 하늘엔 흰 구름이 떠다닌다. 어제까지 회색빛 우중충한 얼굴이었는데 말갛게 세수를 맘껏 하고 원래 제 모습을 내밀고 있다. 파란 양산을 활짝 펼쳐 놓은 듯 눈이 부신 햇살에 나도 모르게 윙크를 하고 말았다. 단 하룻밤에 하늘이 울어 댄 눈물의 량은 도로를 잠기게 하고 가옥을 침수케 했다. 처음엔 긴 가뭄 끝에 단비려니... 반가웠다가 그만큼의 아픔으로 적셔놓은 흔적들을 보며 차라리 비를 기다리던 그때가 나은 게 아닌가 싶을 정도였다.

작년 이맘때가 떠오른다. 공장 신축을 앞두고 기초공사 준비 중 우기가 질경이처럼 이어졌다. 거짓말 안 보태고 칠월 한 달, 비가 오지 않은 날은 삼일 정도로 온 세상은 손만 대도 빗물이 축축하게 베어 나올 것만 같았다. 다급한 건 우리 사정이고 공사 현장소장은 새벽에 일찍 나와 일하고 있는 인부들에게 조금이라도 빗방울이 흩어지면 바로 올 스톱시켰다. 빗물에 미끄러져 사고라도 나면 큰 손실이라며 가차의 여지가 없었다. 그들의 안전을 위해서라지만 비와 관련 없는 일을 시킬 수도 있는데 돌려보내는 걸 보며 구멍이 점점 커져버리는 하늘만 원망의 눈초리로 올려다 볼 뿐이었다.

타협도 없이 비를 일방적으로 좋아하던 내가 큰 벌이라도 받는 기분이었다. 그동안 비가 오는 날이면 무조건 좋았다. 어수선 했던 일상을 정돈시켜주고 차분히 내려앉은 사위가 평정을 가져다 주기에 건드리면 바스락 소리가 날 듯 말라버린 건조한 가슴까지 촉촉하게 적셔주는 느낌이 들었기 때문이다. 무슨 깊은 사연이라도 있는 사람처럼 자칭 수선화가 된 스스로에게 빗물을 흠뻑 마시게 했다. 뉴스에선 장맛비로 붕괴사고가 나도 혀만 끌끌거릴 뿐 내 심장은 비를 원하고 있었다. 그날도 초대받지 않은 비로 인해 공사는 손을 놓고 있다고 했다. 현실에서 멀리 마실가기 일쑤였던 깔끔한 비와의 어긋난 관계성이 마치 불륜이었던 것처럼 대가를 톡톡히 치루는 듯 했다. 그간 나와 호흡을 나눠 가졌던 빗물이 밉기만 했고 내일은 나를 찾지 말아달라고 간곡히 거부하고 있었다.

아침에 일어나자마자 습관처럼 하늘을 올려다보고 기상 뉴스를 보는 일은 밥 먹는 일처럼 되어버렸다. 어찌 그리 서럽게 울어대는지 업어서라도 달래주고 싶었다. 하염없이 비는 쏟아 붓고 파

놓은 지반에 고인 물을 퍼내느라 펌프는 종일 울음을 토해냈다. 현장에 들러 종종거리던 내 발품이 가여웠는지 팔월에 들어서자 찢어진 하늘이 서서히 꿰매지고 있었다. 오늘은 비가 멈춰 온종일 작업을 했다는 말에 덕지덕지 달라붙어있던 근심이 펴지고 작은 성장을 확인하는 발걸음은 친정에 맡겨놓은 아이를 보러가는 듯 설레었고, 하루하루 변해가는 모습은 마치 아기가 커가듯 대견하기만 했다. 기초공사를 마치고 전체 바닥 콘크리트 마무리 하던 날은 비가 조금 내려줘야 단단히 굳는다기에 혹시나 기다렸는데 정말 신기하게도 계량컵을 쓴 듯 적당한 비님이 스며들고 있었다. 내가 사랑한 비와의 우정이 한껏 재주를 부려주어 어찌나 달큰하던지 그 맛을 잊을 수 없다.

그동안 비와의 어떤 만남보다 절실하고 뿌듯했다. 노한 줄 알았던 빗소리는 우리에게 인내를 알게 해주었고 그만큼의 끈기를 심어주었다. 더 이상 불필요한 비는 다가오지 않았고 완공 날까지 전혀 비는 나를 찾지 않았다. 하늘에 읍소하기 전 미리 알아서 배려해 준거란 상상도 해본다. 때문에 앞으로도 비를 향한 마음엔 변수가 생기지 않을 것 같다. 비는 인간의 감성통로 외에 갈증 난 대지와 초목에게 생명수를 제공하고 윤기를 덧 발라주는 일에 게으름을 부리지 않을 것이기에, 숲속 곳곳을 풍성히 숨 쉬게 하듯 마음골짜기까지 씻어내려 길을 넓혀놓으리란 생각이다. 이제 그 어렵사리 조성한 길을 헛딛지 않고 제대로 걷기만 하면 된다. 무례한 이만 아니라면 가능치 않을까 싶다.

어젯밤, 하늘을 쪼개는 듯 거친 통증의 굉음과 물 폭탄이 내 머리맡에 놀러 와 온 밤을 설쳤다. 비 내리는 소리가 마치 기계 돌아가는 소리처럼 음률을 타고 있었다. 박자도 정확했고 성량도 풍부했다. 최명희 소설가의 '혼불' 에서처럼 지금 내게 물 한잔 건네주고 가려는 인연을 만들어주느라 충직하게 노래를 불렀다. 이 밤비가 그치면 더 맑게 치장한 하늘을 보여주느라 무던히도 애를 쓸 것이다. 그 틈에 난 누군가에게 화가 아닌 특별한 영양제가 되기를 잠결에도 부탁하고 있었다.

스마트한 **벗**

얼마 전까지 다른 것 다 해도 내 생전 해보지 못할 몇 가지 중 하나가 스마트폰이었다. 사용하던 휴대폰이 통화도중 자주 끊기는 일이 빈번하여 교체하려는데 그동안 여러 번 등 돌리던 스마트폰을 결국 받아들여야하는 상황에 이르렀다. 지인들이 하나 둘 사용하는 걸 보았지만 도저히 자신이 없고 일단 내가 사용할 폰이 만만해야하건만 흡사 시댁어르신 같았다.

운전을 배울 때도 그랬다. 난 결코 못하리라 고개를 저었지만 집과 거리가 먼 초등학생 딸아이의 통학을 자처한 터라 빡빡한 핸들을 움켜잡을 수밖에 없었다. 내 손길에 자동차가 움직이자 신기하기도 하고 겁도 났지만 하루빨리 면허증을 받는 것이 우선이었다. 애도 낳았는데 무언들 못하겠냐며 마음을 돌려먹으니 용기가 생겼다. 하지만 그때는 젊은 시절이 아니던가. 내 손바닥보다 작은 폰을 보고 고개를 절레절레 흔드는 모습에 휴대폰 상점 직원은 크게 웃다가 금세 익숙해진다고 미래 필요성을 강조했다. 결국 내키진 않았지만 서류를 작성하게 되었다.

곧 택배로 받은 폰 세트는 반갑기보다 불편한 손님처럼 느껴졌고 뜯어보기도 갑갑했다. 단순한 두뇌로는 배터리를 장착하는 것과 USB라는 걸 어디다 넣어야 하는지도 모르겠고 설명서조차 과학교과서 이상으로 보였다. 거실 탁자귀퉁이에서 일주일째 눈치만 보고 있는데 아이들이 둘 다 곁에 없으니 쉰 세대로선 해결할 방법이 없었다. 기계를 다룰 줄 아는 남편을 믿었건만 풀어놓은 스마트폰 구성품을 마치 지구 반대편에서 날라 온 외계인이라도 보듯 이리저리 뒤집어보다 다시 원래대로 포장했다. 정 버거우면 반품할 요량으로 털끝 하나 건드리기도 조심스러웠다. 휴대폰 상점에선 왜 연결 안 하느냐며 전화가 왔지만 사용하던 폰이 자주 끊기는 병든 몸이라도 다시 거는 불편을 감수하며 개통을 무작정 미루고 있었다.

마침 딸을 만날 일이 있어 스마트폰세트 전부를 쇼핑백에 담아 출발했다. 만나자마자 골칫덩어리 쇼핑백을 던져주자 딸은 순식간에 뭘 빼고 넣고 하더니 이대로 들고 대리점에 가서 저장된 번호를 이동하고 개통해서 사용하라고 했다. 아직 가는 숨을 붙이고 있는 예전 폰에겐 미안했지만 산소 호흡기를 떼어내듯 정지시키고 넓적한 화면이 손에 쥐어졌다. 전화가 와도 한참을 건드려 받아야했는데 통화음이 우렁차고 몇 번 사용하다보니 익숙해지려했다. 처음엔 전화걸기와 메시지 전송 두 개만 사용했다. '카카오톡' 기능은 후에 알게 되었고 수많은 아이콘을 하나하나 들여다보며 배우기 시작했다. 문화센터에 스마트폰 사용을 가르치는 과목이 있다는 말을 처음 들었을 때는 의아했지만 무척 공감이 갔다.

시간이 흐른 지금, 이젠 예전처럼 손쉽게 문자를 보내고 카톡도 보낸다. 그리 애착을 갖던 예전 사용하던 폰을 다시 쓰라면 백배사죄하며 돌려보낼 것 같고 최첨단 기능에 엄지손가락을 세워 줄 정도다. 언뜻 스치는 글감을 메모장에 입력하고 떨어져 있는 아이들과 카톡대화를 한다던가 남편이 해외출장을 가도 대화를 나눌 수 있어 흡족하다. 깜빡 잊고 놓고 간 중요 서류를 찍어 보내기도 하고 서로의 마음을 카톡 대문에 내걸기도 한다. 심심 할 틈이 없다. 짬이 나면 폰을 열어 인터넷서핑하고 남의 집 구경도 한다. 안부도 전하고 잊혀 질 뻔했던 지인들의 소식도 받는다. 녹음기능도 활용하고 산책 중에 음악도 듣는다. 혼자는 다니지 못하던 야밤호수를 라디오기능을 켜놓은 채 함께 걷는다.

영특한 친구 하나를 얻었다. 그런데 가끔은 이 녀석이 사람들과의 관계를 단절시키는 건 아닐까 하는 생각도 든다. 모처럼 모인 가족이 외식을 갔는데 자리에 앉자마자 음식을 주문하곤 모두 스마트폰을 열어보고 있었다. 물론 나도 습관적으로 화면을 켠 채 이리저리 휘젓고 있었고 평소 그런 것엔 무심한 남편조차 폰을 들여다보고 있었다. 우린 얼굴보고 이야기하는 것보다 어떤 중간매

체를 통해 음성적인 대화에 더 익숙해진 것 같았다. 식당 안을 둘러보았더니 우리와 별반 다를 게 없었다. 거실에 있는 남편에게 안방에서 카톡으로 묻는 일도 그리 놀랄 일이 아니다. 카톡 기능을 발명한 사람이 대중적인 소통에 관해 우수한 영향력을 발휘했다면 그 반대의 현상도 우리 몫인 듯싶었다. 자고나면 새가 알을 부화하듯 연락이 끊기고 번호만 저장되어 있던 벗들이 창문을 두들긴다. 계절과 달리 대화창엔 산수유가 몽글몽글 피어오른다.

그 녀석 '긍정이'

벚꽃이 가로등처럼 환하게 밝히고 있는 요즘, 거리를 지나다보면 눈을 어디다 두어야 할지 모를 지경이다. 흙을 내려다 보면 낮고 작은 이파리가 파릇하게 솟아 올라와 마냥 갈 길을 더디게 하고 올려다보면 메말랐던 가지에 연록의 푸름이 감탄을 쏟아내게 만든다. 정말 신기한 일이다. 이렇게 사계절에 맞춰 조심스럽게 정확히 움직여주는 자연이 해를 보내며 더욱 귀하게 보여진다. 풀잎하나 잡초하나라도 사랑스럽다. 이젠 속일 수 없는 진정한 나이가 제법 들은 게다. 내 주변의 작은 것들, 친구나 지인들이 너무나도 소중하다. 그동안 내 자신에게 불만도 많았고 잘못된 일에는 누군가를 원망하고만 싶었는데 서서히 느긋함이 내 안에 스며드는 것을 느낀다.

일종의 '귀차니즘' 일까 싶다 보면 그건 아닌 듯하다. 여전히 내 틀에 있던 고유의 천성은 변하지 않았고 내 육신을 보다 안락하게 하기 위한 어쩔 수 없는 극처방일 수도 있다. 서적이나 방송에서 수없이 강조하는 것 중 하나인 '모든 일을 긍정적으로 생각하라'는 말을 이론적으론 충분히 이해하면서 실행은 어려웠는데 세월이 나의 독 과외선생님이시다. 남이 보면 별것도 아닌 일에 노심초사 하던 일은 부지기수였고 조금이라도 신경 줄을 건드리면 바로 연주는 엉망이 되었다. 조금 더 편안히, 편안하게를 잊지 않고 주문하고 있을 뿐이다.

아산에 위치한 '외암 민속마을' 로 출사를 갔다. 그 곳은 마을사람들을 그대로 거주하게 하면서 시에서 관리하며 입장료를 받고 있었는데 용인 민속촌과 흡사했다. 방과 후 민속마을로 돌아오는 아이들의 옷차림이 도시와 별반 다르지 않았다. 민속 집과는 매치가 안 되었지만 사진에 인물이 들어가야 이야기꺼리가 되고 공모전에서 기본이라 하여 구도 안에 들어오기만을 눈에 주름을 그득 잡고 기다렸다. 그러나 아이들은 한 두 번이 아닌 듯 눈치를 채고 빠르게 움직였고 모델을 부탁하자 싫다고 뛰어간다. 눈이 뻑뻑했다. 그때, 누군가 좋은 작품꺼리라며 논에서 모내기 작업하는 곳을 가리켰다. 부부가 빨강과 파랑색의 장화를 신고 일을 하는 모습이었다. 얼른 망원렌즈로 갈아 끼고 준비하는데 아주머니가 찍지 말라고 소리친다. 두 번이나. 누군 신간 편해 사진이나 찍고 자신들은 일하나 싶으셨는지 잔뜩 골이 난 음성이라 렌즈를 덮어버렸다. 숨어서 몰래 찍은 회원도 있었지만 난 찍지 않았다.

저만치 외암마을을 돌보는 할머니 한 분이 힘겹게 유모차에 청소도구를 싣고 오시는 모습이 보였다. 카메라를 의식하시곤 구부정한 허리로 구석구석 방문객들을 위해 관리해야 한다며 우리가 원하는 각도에 맞춰 포즈를 취해주셨다. '이왕이면 예쁘게 찍어줘유~' 농도 건네시며 삶의 고단함이 흐르는 모습에 계속 셔터는 빠르게 움직였다. 건강하시라며 음료수를 건네 드렸다. 집에 돌아와 사진기를 돌려보면서도 '할머니, 잘 지내시나요?' 나도 모르게 중얼거려진다.

긍정이라면 떠오르는 일화가 있다. 복도식 아파트에 살던 시절, 오전이면 영락없이 복도를 돌며 '세~에~타~악!!' 외치는 소리가 해질 무렵 두부장수 딸랑이처럼 귀에 익숙했다. 처음엔 구성지게 뽑다가 말미에 마치 음악 시간 '스타카토' 음률로 야무지게 끊어주던 가락은 당시 네 살이던 아들에겐 흥 돋는 일이었다. 세탁소 청년의 음성만 들리면 흉내를 내곤했다. 아파트가 'ㄷ' 자 식이라 세발자전거를 복도에서만 타도 성에 차게 놀 수 있었고 다칠 위험이 없어 종종 타고 놀았다. 그날도 세탁물을 맡기라는 청년의 외침이 들리고 자전거를 타며 흉내 내는 아들의 음성이 들렸다. 청년이 한번 외치면 아들이 따라하고. 조금 걱정이 되었다. 청년입장에선 불쾌할 수 있기 때문이다. 아들에게 하지 말라고 했는데 곧 청년의 음성이 바로 우리 집 현관 앞에서 들렸다. 이어 아들의 음성이 조그맣게 들렸다. 야단을 치나 싶었는데 청년은 '세~에~

타~악!!' 외치는 톤의 시범을 보이고 있었다. 아들은 잔뜩 겁먹은 표정으로 그렇게 말고 이렇게 길게 뽑으라는 여러 번의 반복교육을 받으며 연습 중이었다. 어찌나 웃음이 터지던지. 그러나 밝고 당당하게 자신의 일을 하는 청년의 모습이 아파트 높이만큼 커보였다.

사소한 일에 예민해져 나를 조종하는 어떤 이가 내 안에 숨어사는 느낌이 들 때가 있다. 긍정의 반대 부정. 항상 그 둘의 관계속에 우린 하루하루를 보낼 것이다. 어떤 일에 부정적인 측면이 손을 번쩍 들을 때도 있지만 이왕이면 가능하다는 쪽으로 기울이려 노력하련다. 돌아보면 지난 시간들은 힘겨웠지만 그래도 그립고 좋은 기억만 남아 있는 듯하다. 만족도를 점점 낮추다보니 현재 크게 불만이 없는걸 보면 긍정과 부정을 번갈아가며 마음고생만 했던 것이다. 지금이라도 늦지 않았다. 긍정적인 측면에 가장 으뜸인 자긍심이 유난히 매서운 날을 보내고 황홀지경의 새 봄을 맞는 벚꽃잔치만큼 내 안에 파고든다.

개님, **만세**

온 가족이래야 강아지 포함 네 명인데 남편은 거실에서, 아들은 자신의 방, 나는 안방에서 TV를 보고 있었다. 각자 취향이 틀리니까 새삼스러운 일도 아니고 저녁 먹고 난 후 가장 편안한 시간이다. 난 침대에 걸터앉아 책 한 권을 쥐고 화면을 번갈아 보며 휴식을 취하고 있었다. 이럴 때 이 방 저 방을 다니며 재롱부리고 간식도 얻어먹으러 바쁜 녀석이 바로 강아지다. 조금 전 남편이 간식 주는 소리를 들었는데 그걸 먹고 내 방에 나타난 거다. 내 얼굴을 쳐다보기에 침대에 올려달라는 눈치라서 녀석을 안아 올리는데 한결 무거워져 뭘 그렇게 많이 먹었냐고 한 마디 했을 뿐인데 갑자기 녀석이 손등을 옴팡지게 물었다.

다섯 개의 이빨자국이 살을 누르고 곧 피가 날 것 같아 얼른 약을 꺼내 바르고 멍이 들지 않게 비비는데 무척 쓰라렸다. 강아지를 안아 올릴 때 빵빵한 배를 건드렸고 녀석은 외미디를 지르며 물은 게다. 배탈이 난 것 같은데 내가 알 수 없는 상황이었고 예전처럼 반가워하며 올려 준 죄밖에 없다. 외치는 소리에 두 남자가 뛰어왔다. 손등을 보더니 안쓰러워하며 왜 물었냐고 야단치곤 내 앞에 있다간 후환이 두려울까 싶어 얼른 내 곁에서 강아지를 안아 데려가려 하는 걸 등짝을 한 대 때렸다.

자지러지는 비명소리를 내며 남편 품에 거실로 갔는데 날 물은 것은 잊고 계속 앓는 소리를 냈다. 평소에는 예뻐하지만 가끔 이런 경우는 쳐다보기도 싫다. 강아지 교육을 잘못 시킨 우리 탓이다. 생후 한 달 무렵 데려와 병치레를 하는 통에 훈육시기를 놓쳤고 가여워 예뻐해 주었는데 자신이 사람보다 위라고 생각하는 심리가 있다고 한다. 동물병원에 데리고 가면 이런 못된 녀석이 수원에 몇 놈 있다고 혼쫄을 내어 또 꼼짝 못하는 걸 보면 안쓰러워 업보려니 키우고 있다. 이빨에 눌러 들어간 살이 위로 솟으며 피가 멈추질 않아 파상풍 주사를 맞아야 하나 걱정도 되었지만 지혈을 하며 덧나지 않는 연고를 씩씩대며 바르고 있었다.

조금 후 아들이 강아지가 이상하다고 한다. 등짝을 한 대 때린 것이 척추 마비가 왔는지 걷지도 못하고 제자리에서 빙빙 돌기만 한다는 거다. 내 손이 작은 손도 아니고 어른을 때려도 아플 텐데 화가 나서 2킬로그램 강아지를 구타했으니 그 충격은 쇠망치로 강타한 것과 진배없다는 것이 순간적으로 계산되었다. 조금 후 강아지는 빙빙대다 주저앉아 구슬프게 울기 시작했다. 난생 처음 듣는 괴음이었다. 그리곤 머리를 절레절레 흔들고 제자리를 맴돌았다. 사람에게도 척추가 가장 중요한 중심점인데 내가 아킬레스건을 건드린 모양이라 생각하니 내 손등은 피가 흘러도 아무 문제가 아니었다. 돌아가며 안아줘도 괴성을 지르곤 멀리 도망가 그 자리에서 계속 애처롭게 울부짖으니 두 남자 모두 나를 원망하는 표정이 역력하다.

붓기까지 한 손등을 비벼가며 원인규명에 나섰다. 조금 전 안아 올리는데 애가 무겁더라, 당신이 뭘 많이 줘서 배탈이 나게 아니냐고 했더니 간식을 섞어 사료를 먹였다고 한다. 조금 전에 줬는데 왜 또 먹였냐고 일단 책임전가를 했다. 남편은 마트에 함께 가면 어디론가 사라져 찾아보면 애견코너에서 종류별로 간식을 챙기곤 한다. 퇴근해 돌아온 남편을 강아지는 유난스레 반기며 간식 서랍을 향해 앞장서 유인한다. 잘 따라오나 뒤돌아 확인도 하고 남편은 말 잘 듣는 애인처럼 허허대며 따라가 간식을 꺼내주곤 안아주는 한 나절 이별 상봉은 눈물겹다. 지난번 간식이 떨어졌을 때 일이다. 마트에 가면 저렴하기에 가는 날 사려고 미루었다. 남편이 내일은 꼭 사놓으라고 당부했는데 마트에 가고도 잊고 말았다. 들어오자마자 간식이 없는 걸 보곤 바로 나가 동물병원에서 몇 배를 더 주고 사왔다. 애가 무슨 낙으로 살겠느냐며.

아들은 한 수 더 떠 야간 동물병원을 찾아 전화한 모양이다. 상황을 설명했더니 죽기 전에 하는 행동이라 했다며 빨리 병원에 가자고 한다. 강아지도 사람처럼 다니던 병원에서 자신에게 맞는 주사를 투여해야하고 낯선 곳에서의 불안한 심리는 극약이 될 수 있다고 설득해 조금 더 지켜보기로 했다. 차츰 구슬픈 울음소리는 내지 않았지만 그렇게 좋아하는 간식을 줘도 외면했다. 16년 키운 엄마의 처방은 급체로 판명내리고 되도록 배를 안 건드리고 살살 침대에 올려놓았더니 잠을 잔다. 내가 움직이면 또 아픈 몸을 끌고 따라 나설 채비를 한다. 배가 아픈 것 같아 엄마를 찾아 온 것인데 안아 올리며 아픈 배를 건드리자 신경도 곤두서있고 애먼 화풀이로 내 손을 문 게다.

다음 날 그 녀석 거동에 온 신경이 쓰였다. 만약 죽기라도 하면 나도 혀를 깨물어야 하지 않을까 싶었다. 두 남자, 녀석 행동이 하나하나 전과 닮아가자 표정이 밝아졌고 내게도 관대해졌다. 딸이 알면 또 얼마나. 끔찍하다. 녀석 귀에 대고 미안하다고 사과하고 손목이 아플 정도로 목을 보듬어 주었다. 이젠 간식서랍 앞에서 예전처럼 큰기침도 한다. 하던 일 멈추고 얼른 달려가 골고루 주었다. 물도 잘 먹고 쉬도 잘 한다. 자는 줄 알았더니 내 움직임에 또 간섭하려 쪼르르 나온 태세다. "에구, 우리 지니님 나오셨어요?" 살아 준 게 고마워 경어가 절로 나온다.

서울시티투어

사람은 장성하면 서울로 보내고 말은 제주도로 보낸다는 말이 있다. 그래서인지 우리나라 총인구의 20%정도인 천만 명 이상이 서울하늘 아래 살고 있다. 서울은 나의 고향이기도 하다. 인생의 초반부를 그 곳에서 보냈지만 결혼과 동시에 경기도민이 되었고 가끔 동창모임으로 방문하게 되는 서울은 일이 있는 그 장소에만 갈뿐 변화된 모습을 면밀히 본다는 생각조차 잊고 있었다.

서울은 일단 사람이 많고 자동차가 많고 각종, 문물 문화시설의 집합소이다. 일상 모든 상권의 대부이기도 하여 움직임도 분주하다. 간혹 서울 땅을 밟을라치면 삶의 전쟁터라도 온 듯 정신이 혼미하지만 대한민국의 수도로서 모든 시설을 제대로 갖춘 우수한 도시다. 그러나 가끔 얼른 빠져나오고 싶은 마음이 심중에 있는 건 나만 그럴까. 그렇다면 서울이 화내지 않을까.

이번 혹서가 제대로 머물던 시기에 지방이 고향인 친구와 대화 중, 서울을 애경사로 다녀만 갔지 아는 곳이 하나도 없다는 말에 의아했다. 실상 그렇다. 고향이거나 인척이 살고 있더라도 그 지역만 바쁘게 지날 뿐 특별한 경우가 아니면 한가로이 구경할 순 없을 것이다. 서울엔 고궁이 많아 학창시절엔 소풍도 많이 갔었고 덕수궁은 매년 가을이면 국전행사로 노란 은행잎을 두 눈에 가득 담고 왔었다. 친구의 그 말을 듣는 순간, 서울에 대한 그리움이 폭포처럼 쏟아졌다. 나란 존재를 성장시켜준 도시에 대한 아련한 추억들을 확인하고 싶어졌다. 혹시나 하여 인터넷을 검색했더니 서울 주요중심가를 운행하는 '서울시티투어' 라는 순환버스가 있다는 걸 알게 되었다. 어찌나 반갑고 고마웠는지 모른다. 이 더위에 지하철을 타고 일일이 이동한다는 것은 나들이에 앞서 수난이라는 생각이 앞섰기 때문이다.

아침 8시, 약속한 기차역에 친구얼굴이 보이자 저절로 입이 귀언저리로 올라갔다. 서울역으로 향하는 기차표를 내밀자 가방 속에서 소풍과 함께 따라 온 음료와 간식거리를 꺼낸다. 출근하는 사람들이 대부분이라 미안한 마음도 들었다. '우린 여러 일로 지쳤답니다. 오늘은 공식 휴가에요!' 지하철과 달리 순식간에 서울역에 도착하자 외국 공항이라도 온 듯한 느낌이라면 과장된 걸까. 정말 그랬다. 그냥 스쳐지나가는 것이 아닌 가슴에 담아 갈 것들이 얼마나 될지 설레었다. 광화문이 출발지인 '서울시티투어' 서울역 정류장을 시민들은 잘 모르고 택시기사분이 친절하게 안내해주었다. 바쁘게 움직이는 서울 역 인파 속에 사회의 단면인 노숙자들의 모습도 섞여있었다. 동전의 앞뒷면처럼 뒤바뀐 운명을 이제 우린 담담히 바라볼 수밖에 없다. 그런데 덥다. 더워도 너무 덥다. 시간을 계산하며 서울역 시계탑을 바라보고 있는데 한 눈에 알아 볼 수 있는 '서울시티투어' 대형관광버스가 진입한다.

생각 외로 오전이라 그런지 승객이 우리까지 다섯 명이다. 앞좌석 일본인 부부 뒤에 앉았다. 안내양이 다가와 차비 만원을 받는다. 매표소가 있는 광화문에서 승차하면 카드로 결제 할 수 있지만 그 외 장소는 모두 현금이다. 냉방이 완벽하여 달궈진 몸을 가라앉히며 서서히 차창 밖의 서울이란 도시에 시선을 두었다. 이동하는 차량들이 도로를 점령한 중심가를 천천히 지나는 일도 좋았다. 좌석엔 개별 헤드폰으로 다국적 음성안내 시스템이 완비되어 있었고 하차할 장소에 미리 벨을 누르면 된다. 그리고 30분 후에 그 장소에서 다시 승차하면 된다. 하루에 백 번을 타도 되기에 부담 없이 구경하고 안내양이 내리기 전 친절하게 다음 버스시간이 몇 분이라고까지 알려준다.

최고조로 상승한 기온 탓에 우선 두 시간 이동거리를 버스 안에서 눈으로 즐기는 여행으로 세웠다. 학창시절, 버스를 타고 종점을 갔다 다시 되돌아오곤 했던 기억이 났다. 이런 저런 사람들이 내리고 타고 상가들을 쳐다보는 것이 얼마나 재미난 작은 여행이었는지 경험자들은 알 것이다. 순환버스를 한 바퀴 돌고 우리가 구경 할 장소를 선택했다. 하루에 서울의 알토랑 같은 이 모든 곳을 둘러보는 건 무리다. 버스노선은 광화문 -덕수궁 -남대문시장 -서울역-USO-용산역-국립중앙박물관-전쟁기념관-미군용산기지-이태원-크라운호텔 -명동-남산골 한옥마을 -그랜드 앰버서더호텔 -국립극장 -서울N타워-하얏트호텔 -신라호텔-동대문시장-대학로-창경궁-창덕궁-인사동-청와대-국립민속박물관-경복궁-광화문으로 되어있다. 출발지이며 도착지이기도 한 광화문에선 매시 정각과 30분에 정확히 출발한다.

광화문에 내려 서울 땅을 밟았다. 세종문화회관의 디스플레이 된 조형물을 감상하고 광화문 사거리에 꽃동산을 만들어 놓은 것이 이색적이었다. 얼마 전 대형 소방차로 깨끗이 세욕한 이순신 장군의 동상과 새로 모셔서인지 금박이 유난이 빛나는 세종대왕의 동상 아래로 갖가지 꽃들이 제 터로 자리매김하고 있는 것이 신기했다. 분수가 치솟고 양쪽으론 차량들이 질주하지만 고향동산에 온 듯 유유히 걸으며 놀러 나온 아이들의 맑은 웃음도 들렸다. 요즘은 시에서 지역마다 공원이나 산책로, 자전거 도로를 조성하여 가까이 자연과 호흡하곤 한다. 광화문 사거리가 이렇게 변할 줄은 이순신 장군님이 제일 좋아 하실 것 같다.

북악산과 인왕산을 뒤로 한 경복궁으로 발길이 다가갔다. 주변에 외국관광객들의 행렬도 이어진다. 한 눈에 조선시대 궁궐의 모습이 손끝에서 만져진다. 여러 군데 복원이 되어있었고 어디 내놓아도 손색없는 명소이다. 명성황후가 억울하게 죽음을 맞이한 건

청궁과 언제나 평화로운 경회루 앞에선 만감이 교차한다. 국모가 왜적에게 수모를 당했던 조선사의 수치스런 고통과 아픔을 딛고 이젠 묵묵히 성장한 현실을 유유히 지켜주고 있다는 생각이 든다. 비극 같은 과거와 담 뒤론 현실이 공존하는 궁궐을 외국인들은 알고 저리 사진기를 누르는 걸까. 문지기들의 교대행렬이 도포자락을 펄럭이며 이어졌다. 버스시간에 맞춰 이동해야 하므로 길게 머물 수 없는 점은 다음을 기약했다.

덕수궁 앞에선 해고노동자들의 단체시위와 나뭇가지에 걸린 사연 품은 현수막들이 아프다. 몸에 띠를 두르고 피켓을 들고 있는 1인 시위자로 인해 기동경찰 버스 몇 대와 경찰들이 주변을 에워싸고 있고 목 쉰 남자의 간절한 비명 같은 외침은 머리카락을 한 올 한 올 서게 했다. 현 시대의 단면이다. 일본대사관 앞 '위안부 소녀 비'는 같은 여성으로서 그냥 지나치지 못하고 발길을 멈추게 했다. 한 시민이 전 날 신발을 놓고 갔다는 지킴이아저씨의 말씀과 뒤에는 경찰이 배치되어 있다. 얼마 전 우중에 노란 우비를 입혀주었던 걸 뉴스에서 보았다. 치욕적인 역사 앞에 무른 가슴이 저며 온다.

다시 차량에 탑승하여 남산타워에 정차했다. 우거진 소나무들 사이로 변화된 서울의 모습이 한 눈에 들어왔다. 국회의사당에선 매번 다투고 험한 말이 오가지만 저 변화된 서울의 모습은 모두 국민들의 노고인 것을 인정해야한다. 전쟁을 치루고 이렇게 빠른 경제성장률을 보인 나라가 우리나라라는 것은 자타가 인정하는 사실이다. 대한민국의 국민으로 자긍심이 솟구친다. 더더욱 평안하기를 기원하며 동서남북을 둘러보았다. 개인적으로 남산에서 학창시절을 보냈기에 더 각별했는지 모른다. 전망 좋은 남산주변으로 고급호텔들이 있어 외국인들에겐 서울조경으로 최고인 듯했다.

결국 일을 저지르고 말았다. 신라호텔에서 차 한 잔 하려고 하차했는데 동네에서 오천 원이면 먹을 빙수를 부가세와 봉사료까지 합쳐 삼만 팔천 원의 자릿세로 물어야했다. 먹을 땐 코까지 베어갈까 아깝다고 했는데 실상 따져보니 어렵지만 이해가 되었다. 일단 관현악 생음악이 영혼을 보듬어 주었고 풀 먹여 잘 다려진 모시냅킨은 난생처음 받아 본 호사였다. 분유를 섞어 부드럽게 갈은 얼음, 국산 팥, 결 부드러운 아이스크림, 큼직한 망고가 가득 들어있어 결국 남기고 올 정도였다. 참, 국빈대우를 받은 최대의 서비스도 있다. 마치 오전에 거닐던 경복궁의 궁녀들이 수라간에서 정성스레 예를 갖춰 임금께 준비한 특식처럼. 금강산도 식후경이라는 말이 맞다. 서울구경에 호텔 팥빙수가 크게 남았으니 말이다.

그 외 이태원과 대학로, 인사동거리에서 잠시 내렸는데 한낮의 열기로 숨이 턱까지 차올라 여유롭게 활보하지 못한 것은 다음으로 미뤘다. 서울이란 문화도시에 궁궐 구경만 해도 충만할 것 같다. 기회가 되면 궁 위주로도 탐방하고 싶다. 야간엔 서강대교-마포대교 -성수대교-한남대교- 남산 순환로 - 청계천으로 가는 시티투어버스가 별도로 운행된다고 한다. 오후에는 외국인들이 버스를 많이 이용하여 입석으로 가는 사람도 있었다. 우린 여행이라 하면 바닷가나 숲이 많은 지역을 우선으로 꼽는다. 물론 공기 좋고 흔들리는 마음의 평정을 잡기엔 적합하겠지만 도시의 색깔을 알고 직접 피부로 접하는 것도 큰 의미가 있다고 본다.

주위사람들에게 서울구경 다녀왔다고 했더니 어찌 그 생각을 했느냐며 부러워한다. '서울시티투어' 차량이 있는지조차 몰랐다고 자신들도 꼭 가보겠다고 한다. 복잡한 도시를 멀리 떠날까 하던 생각에서 그 도시만이 지닌 역사와 주변을 돌아보는 것도 유익하다 할 수 있겠다. 서울 외에 다른 도시에서도 운행하고 있다는 것은 무척 바람직한 발상이다. 부담스럽지 않은 하루 일정의 서울 나들이는 질긴 역마살을 한동안 잠재우기에 충분했다.

순수

시간을 조각조각 잘라가던 초가을, 문학행사에서의 일이다. 시인들의 낭송에 이어 특별초대로 피아노를 전공하는 고등학생 소년의 연주가 있었다. 그 미소년은 연주를 하기 전 이런 문학인들과 함께 자리한 것이 영광이라며 어눌한 말투로 인사를 했다. 그러면서 여기 계신 분들이 모두 '순수' 해 보인다고 자기 딴에는 극찬을 한 거였는데 우린 모두 박장대소를 하고 말았다. 우리가 정말 그 소년의 말대로 순수한 사람들인가? 이미 중년의 고개를 넘어 이를테면 산전수전 다 겪고 풀어내야 할 말이 가슴길목에 버티고 있어 글쟁이가 되었는데 단지 속의 감정을 내보이는 시를 쓰고 수필을 쓴다고 순수하다는 소년에게 터지는 웃음과 함께 우레 같은 박수를 쳐주지 않을 수 없었다.

소년으로 인해 지난시절 중 그나마 순수했던 시절이 언제였는지 돌아보게 했다. 아마 중고등학교 시절이 아니었을까싶다. 학창시절 나의 성적은 그리 우수하지 않았다. 중상정도 일게다. 어쩌다 운이 좋을 때 한 자리 등수를 한 적이 손꼽아 몇 번이고 그저 눈에 띄지 않는 그런 아이였다. 그러나 여고 내내 수학점수는 반에서 톱이었다. 수학이 가장 쉬웠다고 말하면 잘난 척한다고 눈흘기겠지만 정말 쉬운 것은 다른 것처럼 외우는 것이 아니라 공식만 이해하면 풀 수 있기 때문이다.

여고에 입학한 1학년 첫 수학시간에 수업을 끝내고 선생님은 갑자기 쪽지 시험을 보셨다. 전혀 생각지도 않은 일로 반 아이들은 아우성을 쳤지만 굳게 입 다물고 있는 선생님의 입매에 꼼짝없이 시험지를 받았는데 그날 배운 것에 대한 테스트였다. 다음 수학시간, 선생님은 교탁에 서자마자 지난번 쪽지시험 성적이 바닥이라고 혼을 내셨다. 두 명의 이름을 호명했다. 그중 한 명이 내 이름이었다. 56번 이경선.

"넌 56번이라 56점인가?"

키 순서라 학창시절 내내 뒤 번호를 못 벗어난 내 번호를 기억하는 유일한 사건이기도 하다. 대죄를 진양 얼굴을 들 수 없어 고개를 숙이고 있어야 했고 고등학교 첫 입학인데 뭔 일인가 가슴은 두 방망이질 했다. 56점에 대한 야단을 한참 치시다가

"그래도 이 두 사람은 나아! 나머지는 모두 엉망이야. 점수를 줄 수가 없어." 놀란 가슴과 자존심이 회복되는 순간이었다. 다음 시

간부터 수학시간은 내게 긴장과 고통이었다. 진도가 나가고 필기를 끝낸 선생님은 칠판에 몇 문제를 적고는 꼭 내 이름을 부르시기 때문이다. 이름도 그냥 부르는 것이 아닌 코믹한 음성으로 ' 경서니~'하고 늘여 부르시면 곧 이어 터지는 아이들의 웃음. 필기시간엔 꼭 뒷자리에 앉아있는 내 옆에서 공책을 들여다보고 계시니 가뜩이나 난필에 수전증환자가 되버린다.

수학선생님은 외국배우를 능가할 날카로운 콧날에 키가 가장 크셨고 장난 끼와 유머가 특출하셔서 선배들에게도 인기가 많아 흠모하는 여학생이 많았다. 특히, 봄 소풍날 까만 선글라스 낀 모습은 여고생들 악 소리 나게 했다. 그 후 소녀는 수학수업이 있는 날, 교복 칼라에 목 돌리기 힘들 정도로 풀을 빳빳이 먹여 다리고 수업시작 전엔 교실 뒤에 있는 거울 앞에서 머리 빗기 일쑤였다. 다른 공부는 안 해도 수학공부는 열심히 했다. 그런데 2학년이 되어 또 우리 반 수학을 맡게 되셨다. 다른 수학선생님들도 계신데 우연치곤 아니 필연으로 착각하게 되었다. 그러기에 난 수학을 게을리 할 수 없었다. 더군다나 고3때는 우리 반 담임까지 맡다니 난 선생님 얼굴을 바로 쳐다 볼 수도 없었다.

사모하는 나의 마음은 더욱 커지고 방학 때는 안부로 위장한 편지를 보냈는데 답장은 없었지만 보낸 마음만으로도 행복했다. 개학을 하고 필기시간에 내 자리에 오셔서 편지 잘 받았다는 말씀 한 마디에 난 세상을 모두 가진 듯 했다. 워낙 인기 있는 선생님이라 선생님을 좋아하는 클럽 아이들과도 친하게 지내며 선생님 이야기로 까르르 대는 것이 가장 즐거웠다. 간혹 안티를 만나면 세상에 없는 원수를 만난 듯하고 선생님 팬인 친구들과는 질투도 없었고 선생님 화두는 언제나 내게 활력이 되었다.

대입 예비고사 치루기 전에도 각별하게 여러 문제를 칠판에 나와 풀게 해주셨다. 원하는 학교 진학은 못했지만 입학 후에도 선생님께 편지를 썼고 그때는 전화를 주셨다. 이제 성년이라 선생님도 나를 좋아하나? 착각 속에 떨리는 가슴을 토닥이며 받았는데 사람은 간사한 동물이다. 남편을 만나고 나서 편지는 자동으로 끊겼다. 얄밉게도 까마득히 잊고 살았다. 결혼하고 아이 키우고 정신없이 세월은 흐르고 여고동창들과 정기적인 모임을 갖게 되었다. 당연히 선생님 이야기가 나오고 애들이 아픈데 만 찌른다.

"넌 수학만 잘했자나."

그때 영어 선생님이나 다른 과목 선생님도 내 이상형이었다면 난 지금 박박사가 되었을지도 모른다. 여고생들에게 열심히 공부만 하라고 할 것이 아니라 성형수술을 해서라도 장동건, 정우성 내지는 내가 좋아하는 설경구가 담당교사라면 학업성적은 자동으로 올라가지 않을까.

내 나이가 그 시절 선생님보다 더 보태졌을 때, 고등학교 교무실로 전화를 걸었다. 사립학교라 다행히 이동이 없으셔서 선생님과 통화할 수 있었다. 목소리가 가장 늦게 늙는다고 했던가. 그 음성 그대로인 선생님과 떨리는 대화를 할 수 있었는데 대뜸 "우리 스캔들은 없었지?" 역시 유머는 세월에 얹혀 보내지 않고 계셨다.

찾아뵙겠다는 내 말에 빨리 오라셨는데 난 또 그 시기를 놓치고 말았다. 채 얼마 지나지 않은 후 동창회에서 들은 신생님의 부음. 간암으로 타계하셨다고 한다. 확인 할 수 없는 박복한 내 짝사랑도 그렇게 요절해버렸다.

순수하게 사모했던 그 시절이 그립다. 청맥같은 아름다운 연정이 흘러버린 세월의 뒤안길을 돌아본다. 얼굴 구석구석 실금처럼 이어진 주름을 따라가다 보면 인고의 세월을 읽을 수 있겠지만 순수의 나라로 찾아 들어가면 아직 열여덟 소녀는 남아있긴 한 건지. 결코 세월을 많이 보냈다고 해서 순수가 사라지는 것은 아닐 것이다. 그러나 아직은 세상 안에 있는 그 소녀의 입에서 나온 단어에 우린 자신의 허를 찔린 듯 아니 정말 순수한 그 시절이 그리워 그렇게 손바닥이 터져라 박수를 쳐댔는지 모른다.

이런 **소나기**

비가 온다. 잠시 도로를 적시다 그쳤다 싶으면 또 내리고 바람에 실린 채 내리다 흡사 안개처럼 천둥번개를 동반하고 폭포처럼 쏟아지기도 한다. 지금껏 살면서 올 여름처럼 비가 많이 내린 기억이 없다. 이렇게 비가 많이 내리니 황순원님의 『소나기』가 생각난다. 중학교 교과서에 수록된 유명한 단편소설로 함께 소나기를 맞고 소녀에게 연정을 품은 이야기이다. 요즘은 기상예보가 놀랄 정도로 정확해 옷이 젖을 정도로 맞을 일도 없고 뭇 이성과 젖은 옷을 말려가며 야릇한 이야기를 나눌 형편도 되질 못한다.

퇴근해 집에 돌아 온 남편은 대뜸 몇 시에 갈꺼냐고 묻는다. 전날 서호 천변을 걸었는데 매일 가자고 약속한 걸 지키겠다는 단호한 음성이라 잠시 놀랐다. 남들 부부는 밤에 호수를 돌며 이야기도 나누는데 함께 가자고 하면 피곤하다고 리보컨을 쥐고 있는 사람이 웬일로 서두르기에 빨리 저녁을 준비했다. 방송에서도 걷기운동이 가장 좋다는 말은 많이 들었다. 전날 밤, 가을 냄새 동반한 바람 솔솔 부는 운동기구에서 윗몸일으키기도 함께 했다. 예전엔 삼십 번도 거뜬히 했던 걸 열 번하는데 거의 애 낳는 수준보다 고통스러워 밤하늘에 웃음도 가르며 땀 흘리고 돌아와 샤워를 했다. 어찌나 개운한지 체중계까지 벙글거렸다. 그도 나와 같았나보다. 운동복으로 갈아입자 강아지가 눈치를 채고 데려가 달라고 애처롭게 짖는다. 혹시 배변을 할까싶어 휴지와 비닐만 챙겼지 소나기가 내릴 줄은 전혀 예상하지 못했다.

비가 올 줄 알았으면 빨리나 걸을 걸, 우린 강아지를 앞세워 지나가는 강아지들과 인사도 시키고 일부러 더 많이 운동할 욕심에 먼 코스를 택했다. 절반도 채 못 갔을 때 얼굴에 빗방울이 떨어졌다. 예감이 좋지 않았다. 속도를 냈지만 오십 보 백 보다. 며칠 해가 반짝 나서 잠시 잊고 있던 끈질긴 비가 점점 더 빠르고 굵게 내리고 있었다. 상점이 있어 피할 수도 없고 오는 대로 맞아야 한다. 강아지를 안은 남편이 두둑한 복부를 걷어 그 안에 넣었는데 목을 빼려고 발버둥 친다. 쉼터도 한참을 가야 있기에 빨리 달리는데 갑자기 강한 바람을 동반한 물벼락이 쏟아졌다. 순식간에 물에 빠져 건져 올린 형상이 되었다. 마구 달려 나무 아래에 피해 있었지만 잎사귀가 빗발에 무너져 내렸다. 앞이 안 보일 정도로 차가운

빗줄기가 달려도 달려도 쉼터는 멀기만 하고 계속 내 몸을 때렸다. 순간 공포감이 몰려왔다.

짙은 안개가 깔린 빗속을 사람들은 물질하듯 헤엄쳐가고 얼굴 전체에 샤워기를 뿌려대는 듯 거친 숨소리가 비와 함께 호흡했다. 신발 속까지 빗물이 들어와 더 더딘데 함께 달리던 남편이 보이질 않는다. 조금 튼실한 나무 밑에 잠시 멈춘 것 같다. 일단 달렸다. 조금만 더 가면 쉼터다. 이미 많은 사람들이 임시피난처 같은 그 안에 빽빽이 서있는데 흡사 엘리베이터 안 같았다. 발 딛는 순간 삑 하고 소리가 날 것 같아 조심스레 발을 들여놓았다. 겨우 처마 끝에 그나마 머리라도 안 맞는 것이 그 순간 가장 큰 행복이었다. 비는 같은 속도로 계속 쏟아진다. 남편에게 전화를 했다. 얼른 이 안으로 달려오라고 외치는데 엄청난 재해 상황 같았다.

조금 후 어디서 많이 본 배를 감싸 안은 남자가 뛰어 들어왔다. 남편이다. 티셔츠 안에서 나온 강아지는 목욕시킬 때 젖은 모습으로 겁을 잔뜩 먹고 부들부들 떨고 있었다. 닦아 줄 수건도 없고 심장이 손바닥에서 뜀박질을 한다. 집에 가만히 있었으면 고생 안 할 걸 감기 들어 죽으면 어쩌나 싶어 젖은 몸으로나마 꼭 끌어안고 있었다. 남편도 수영장에서 막 나온 사람 같다. 서로 모양새는 온 몸이 달라붙어 사모하는 마음이 있는 사람이라면 참 로멘틱한 상황이었겠다. 날 좋을 때는 안 가고 하필 오늘 같은 날 서두른 남편이 미웠다. 강아지만 걱정되었다. 함께 있던 사람들은 집으로 전화해 상황설명과 위치를 알려주었다. 초등시절 우산을 들고 오시던 아버지를 따라 가듯 하나 둘 빠져나가고 우린 콜택시를 부를 수도 없는 처량 맞은 신세가 되었다.

얼마 후 빗줄기가 가늘어져 멀리 보이는 화장실로 돌진작전을 실행했다. 그곳에도 물에 빠진 생쥐들이 숨어있었고 수원의 으뜸인 화장실에서 손 말리는 건조기로 강아지 털을 말리고 휴지를 둘둘 말아 물기를 제거했다. 다행히 강아지 심장소리는 클래식 산책으로 채널이 돌려있었다. 다시 온 몸을 휴지로 외과환자마냥 둘둘 싸고 안내 전단지로 머리에 고깔을 만들어 집으로 출발했다. 소나기는 말 그대로 소나기일 뿐 아까에 비하면 맞기 좋은 비가 내렸다. 안하던 짓하면 큰일 난다는 어른들 말이 생각났다. 하던 대로 해야지 갑자기 둘이 나선 걷기운동이 잘못이다. 누군 소나기를 맞고 사랑이 움튼다는데 우린 그날 이후 운도 떼지 않고 서호 천변만 바라보고 있다.

여수행 5호차

대한민국에 태어나 반 백년이상을 살았어도 안 가본 곳이 대부분이다. 호남지방은 멀기도 하지만 또 개인적으로 여행을 자주 못하기에 가게 되면 영동선이나 경부선 방향으로 향하게 된다. 본향이라면 추억을 찾으러 간다지만 호남 쪽으론 잘 조성된 관광지가 별로 없는듯해 여행가고 싶은 곳에서 늘 밀려나곤 했다. 올해 제12회 '수필의 날' 행사가 엑스포가 개최되었던 여수라 처음 가보는 도시에 대한 청사진을 나름대로 그려보며 설레는 마음을 다독이고 있었다.

벌써 오래전 일이다. 서해대교가 개통되어 남편과 무작정 남녘 아래로 달려 '땅끝 마을' 까지 간 적이 있었다. 예전 같으면 장거리인데 서해대교 덕에 목포에서 점심을 먹을 수 있었고 반대편 쪽

도시보다 자연이 살아 숨 쉬는 것을 느낄 정도로 개발되어 있지 않았다. 지금처럼 자연이 훼손입지 않은 곳을 찾기기 힘든 상황이었다면 그 자체로 귀하게 보았을 것을 당시엔 관광의 불편함을 토로한 무지가 부끄럽기만 하다. 점점 바닷물이 푸른 동해안과 다른 옥빛으로 확연히 다르다는 걸 난 남쪽바다에서 확연하게 보았다. 손바닥을 모아 몇 번이나 담아 확인하곤 했다. 장롱 안 한복과 함께 있는 옥 반지 색을 똑 닮은 남해를 본다는 것으로 행사에 앞서 옥빛 바다와의 재회를 기대하고 있었다.

다섯 대의 대형버스에 수필과 벗한 공통분모가 같은 글쟁이들은 처음 보아도 낯설지 않았고 모두 함박웃음을 담고 있었다. 어디를 떠난다는 것. 잠시 일상을 내려놓고 이틀간의 일정에 부풀어 있는데 각자 개성이 물씬 넘치는 모습으로 자신만의 색채를 내뿜고 있었다. 다섯 대의 버스 중 5호차가 나를 여수에 데려다 줄 버스였고 난 그 안에 일원으로 맨 뒤에서 두 번째, 이틀간의 내 자리가 맘에 들었다. 학창시절부터 늘 뒷자리에 앉다보니 앞에 앉으면 뭔가 불안하고 뒤통수가 근질거린다.

항상 버스를 탈 때마다 아버지의 말씀이 떠오른다. 유년시절부터 다 크도록 어디를 가게 되면 꼭 정류장까지 나오셔서 운전기사 뒷자리에 앉으라고 당부하셨다. 마흔 중반에 얻은 첫 딸의 안전을 위해 백설을 얹어놓은 듯한 머리카락을 흩날리며 억양 쎈 이북사투리로 차창너머 재차 소리치셨다. 버스 안 승객들에게 창피하기도 했지만 아버지는 만약 사고가 나도 운전기사는 자신을 보호할 방향으로 방어를 하기에 운전기사 뒤편에 앉아있으면 그나마 안전하다고 생각하고 계셨다. 교실에선 뒷자리에 앉지만 버스를 탈 때마다 아버지의 그 음성이 들려 나 역시 여행가는 내 아이들에게 고대로 당부하는 걸 보면 우린 혈관을 타고 흐르는 정을 대대로 잇고 있었다. 마치 수필가들이 각지에서 이 멀고 먼 여수를 수필문학이란 매개체 하나로 이어 모였듯이. 그러나 연배 높으신 수필가들이 계셔서 난 수업시간과 같은 뒷자리에 앉으며 어쩔 수 없는 이 상황에 안전벨트를 끌어당겼다.

고속도로를 벗어날 즈음, 개인 소개가 있었다. 이제 수필쓰기에 걸음마를 하는 나와는 달리 여러 권 수필집을 출간하고 한 평생 수필과 함께 지내신 분들이 대부분이다. 앞에 나서기가 여간 부끄러운 게 아니었다. 이름과 등단년도, 등단 지, 개인 수필집 등을 밝히라고 했는데 등단 지와 이름만 말했다. 수필은 다른 문학과 달리 권선징악이 뚜렷한 '착한 문학' 이라 수필을 좋아한다고 했는데 개인 집은 그새 건망증이 도져 잊고 말았다. 달변도 아니고 기억에 남을 이야기 하나 제대로 전달하지 못했다. 그저 몸집 좋고 밥 잘 먹는 아직은 그렇게 연로하지 않은 수필가 한 명으로 보여졌을 것이다. 그 사이, 차창 밖으로 서서히 하늘빛이 틀려지고 구름의 모양이 선명해지는 현상이 여수와 거리가 좁혀짐을 알 수 있었다.

드디어 '진남 관' 에 도착하여 여수 땅을 처음 밟았다. 바람 한 점 없는 얄미울 정도의 강한 열이 온 몸을 투시하는 걸 그때까진 반갑게 맞이했었다. 이순신장군의 체온도 역시 가까이에서 거부감 없이 받아들였다. 멀리 보이는 돌산대교와 그림 같은 바다를 향해 나도 모르게 탄성이 튀어나오고 카메라를 꺼냈다. 여기저기 수군거리는 몸짓들로 긴 운행시간의 스트레칭은 시작되었다. 바다만 보면 홀딱 이성을 잃는 성격은 그만큼 감성이 메말라서인가. 멀리 뿌옇게 보이는 은빛 바다가 눈 안에 일렁거리며 그간의 갈증이 어느 정도 해소되었다.

행사장인 '여수 시민회관' 은 길게 걸려있는 현수막으로 수필행사를 알렸고 수필역사 한 페이지에 참여한다는 자부심을 갖기에 충분했다. 낮은 건물에 비해 실내는 냉방과 음향시설이 우수하여 행사는 더욱 빛이 났다. 개회인사를 시작으로 수상에 이어 축사와 강연, 그리고 낭송시간과 작은 음악회가 이어졌다. 고명하신 선생님들과 한 자리에서 숨을 쉰다는 것으로 영광이었고 수상하신 분들께 지문이 닳도록 박수를 쳤다. 공식행사가 모두 끝나고 우린 5호차에 올랐다. 기온이 상승하니 그저 버스 안이 천국이었다.

그 사이 여러 번 타고 내리고를 반복해서 안면을 익힌 수필가들과 목례를 하고 가벼운 인사도 나누게 되었다. 또 우리와 하루 묵을 숙소가 같은 분들이 5호차라 무척 반가웠다. 언제 우리가 이렇게 편한 복장으로 가깝게 마주할까. 전생에 어떤 인연으로 한 방에서 잠을 자는 걸까. 요즘은 인간관계에 의미를 많이 두어서인지 예사롭게 보이질 않는다. 그런 의미로 단체사진을 찍었다. 가끔 사진 찍는 것이 번거로울 때도 있는데 지나고 보면 기록이고 기억을 더듬을 수 있어 소중함을 재삼 느낀다.

이번 여수 수필의 날 행사 5호차의 한 일원으로 신속하게 움직이려 노력했다. 진행하는 분들의 수고를 덜자는 의미로 시간 지키기와 개인행동을 자제했다. 한두 명이 아닌 수백 명 인원이라 나로 인해 피해를 주면 안 된다는 생각이 좀 더 즐길 수 있던 일도 멈추게 했다. 후회가 되는 일이 있다. 좀 더 적극적으로 인사 나누고 할 것을. 사람은 언제 어디서 다시 만날 수 있다고 하지 않나. 제대로 내 이름 석 자라도 콕 박히게 할 수 있었는데… 다시 그 시간이 돌아온다면 이렇게 인사하고 싶다.

"제 이름은 뉴스에 매번 나옵니다. 요즘 대선으로 TV를 볼 때마다 수도 없이 나와 경끼를 할 지경입니다. 그리고 사람은 이름대로 간다고 항상 '경선'을 해야 하는 운명인가 봅니다. 그 대상이 제가 좋아하는 수필쓰기라면 참 행복 할 것 같습니다."

준 저작권 - 컬러링

내 핸드폰 연결 음은 몇 년째 한 곡으로 사용하고 있다. Don mclean 의 'Vincent'다. 올드 팝으로 그 곡을 듣고 있으면 가슴 밑바닥부터 차곡차곡 감성이 채워져 포만감을 느낄 정도다. 가슴에서 휘파람 소리가 멈추지 않는 날, 핸드폰을 일단 무음으로 해 놓은 후 집 전화기로 내게 전화를 건다. 다른 곡들처럼 중간부분이 나오는 것이 아니고 전곡이 흘러 듣고 나면 개운하다. 이런 소소한 것에 희열을 느끼는 자체도 고맙고 한편으론 서글프기도 하다.

'Vincent'는 천재화가 '빈센트 반 고흐'의 생을 노래한 감미로운 선율로 널리 알려진 곡이다. 자신의 작품을 아무도 이해하지 않자 동생에게 '너 하나만이라도 이해해 준다면' 이란 편지를 보낼 정도로 심신이 피폐해갔다고 한다. 세상사람 모두가 나와 반대편에 있다고 생각이 들 때 얼마나 외롭고 허망했을지. 귀를 자르고 권총으로 자살하기까지 예술인으로서의 고뇌에 'Vincent'를 들으며 그의 월등했던 감각이 죄라고 돌릴 수밖에 없었다. 살아서 인정받지 못하고 비참하게 마감한 그의 영혼을 만져주는 추모의 곡이 나를 노크하는 이들에게 전해져 무한이 기쁘기만 했다.

얼마 전, 선배가 어려운 부탁을 하려는 듯 목소리가 늘어져 가슴이 철렁했다. 이유인즉 우려가 무색하게 내 컬러링 제목 좀 가르쳐 달란다. 조금 전 놀란 후유증으로 잠시 먹먹해져 제목이 얼른 생각 안 나고 입에서만 맴돌았다. 곧 알려주었더니 그 곡을 사용하면 안 되겠느냐며 넌지시 묻는다. 솔직히 나만 갖고 싶은 마음도 없지 않았다. 선배는 분당에 살고 있어 나와는 모임에서도 연관되지 않는다고 내가 'Vincent' 저작권이라도 가지고 있는 사람처럼 거짓말 안보태고 애원하고 있었다. 전화를 걸어 이 컬러링을 듣고 있으면 사용하는 사람의 성품이 업그레이드되어 보인다며 고상하고 지적이고 좋은 말은 모두 붙여 사정한다. 활동구역이 다르고 전혀 동일인물이 전화 안한다면서 내 심중을 꿰뚫으며 양해를 구한다.

하기야 이곡을 내가 작곡한 것도 아니고 점점 희귀성이 사라지긴 하겠지만 내가 아끼는 곡을 다른 사람도 좋아한다는 것 하나로 인심 쓰듯 승낙했다. 선배는 자지러질 정도로 기뻐하더니 다시 목소리가 기어들어간다. 이유인즉 컬러링을 어떻게 구입하는

지 모른다고 한다. 선배 아이들은 외국에 살고 있어 선배말로는 노인네 둘이 살고 있으니 기계지라 할 수 없던디. 간곡한 선배의 말에 보내주겠다고 안심을 시켰다. 밥을 산다는 둥 하며 긴 통화를 끝냈다.

분양이라도 하듯 기분 좋게 선물하기로 했는데 선배 전화기가 없어 이왕 해주는 것이 마음에 걸렸다. 그런 설명을 하자 괜찮다며 그저 그 음악만 제대로 넘겨받으면 고액통장이라도 넘겨줄 듯하다. 몇 곡을 들어 전곡이 나오는 걸 선택해서 보냈더니 곧 전화가 왔다. 제대로 나온다고 목소리가 조수미 버금가는 소프라노로 변해 있었다. 선배가 그리 좋아하니 나까지 뿌듯했다. 고맙다는 말을 수없이 듣곤 저녁준비를 했다. 얼마 안 있어 선배에게 다시 전화가 왔다. 음악에 문제가 있나 싶었는데 잠깐만 기다리라며 수화기를 넘겨준다. 남자목소리다. '지금 집에 들어왔더니 집사람이 음악선물 받았다고 이렇게 좋은 곡을 주어 감사하다'는 선배 남편분이셨다. '아이고, 참 제가 작곡을 한 것도 아니고, 뭘' 다시 선배가 받아서는 까르르 넘어간다. 이렇게 좋아하니 그날 저녁은 반찬이 없어도 여느 성찬 못지않게 입에 달라붙었다.

어제는 문우의 전화를 받았다. 일상이야기를 하더니 어렵게 말을 끄집어낸다. 무슨 일인가 했더니 'Vincent' 컬러링을 쓰면 안되겠냐고 허락을 받기 위해 한 전화였다. 웃음이 터졌다. 아무리 골라도 이 곡만큼 끌리는 음악이 없단다. 언젠가 라디오에서 흐르는 'Vincent'를 들으며 내 생각난다고 문자를 보냈던 문우다. 트레이드마크라면 어패가 있겠지만 나만의 것을 고집하는 성정이 무너져 내림을 느꼈다. 울상인 음성으로 차마 안 된다고 거절하지 못했다. 좋은 음악 함께 공유하는 것도 마음 합하는데 일조하겠지. 'Vincent'를 작곡한 이보다 오래 사용한 내가 저작권이라도 가지고 있는 것처럼 주위사람들이 만들어 가고 있다. 통화음 일치로 우리 삶의 연결고리도 술술 풀려 가면 좋을 듯하다. 노래가사가 입안 가득하다.

작가세요?

뉴스에선 몇 십 년만의 폭염이라고 한다. 아무 것도 하지 않고 가만히 있어도 덥다. 선풍기 바람조차 거부하던 내가 에어컨 없인 글 한 줄도 쓸 수 없는 상승기온이 이어졌다. 원고청탁 외에 올 여름 제대로 된 원고 하나 작성 못한 것을 날씨 탓으로 돌리며 지내던 중, 냉장고까지 더위를 먹은 듯하여 AS를 신청했다. 집에 있던 내 모습은 민낯에 머리는 더워 모두 붙잡아 틀어 올리고 집안 일 하기 편한 허름한 옷을 걸친 상태였다. 예약 시간에 기사는 정확히 방문했고 주방 안으로 들어갔다. 우리 집에 온 어떤 손님이라도 가족 외엔 냉장고 앞까지 올 수 있는 사람은 기사뿐이다. 싱크대 안이 보이고 식탁위에 정리 안 된 용기들이 눈에 거슬렸지만 사람 사는 모습을 그대로 보여주며 냉장고 상태를 설명해주었다. 객관적으로 보아도 보통의 중년아줌마 그뿐이었다.

낯선 방문자를 향해 짖어대는 강아지를 어르기도 하고 혼내며 안고 있는데 갑자기 작업하려던 기사가 "작가세요?" 하는 게 아닌가. "아, 네? 아니… 왜요?" 난 큰 잘못을 들킨 사람처럼 더듬거리며 긍정도 부정도 아닌 왜 그러시냐고 되물었다. "저기…"를 가리키는 곳은 반대편 주방 벽에 걸어 둔 출간 사인액자였고 거기엔 머리 풀은 내 몰골이 고스란히 박혀있는 수필집이 붙여 있어 한눈에 알아 본 것이다. 갈수록 늘어나는 것이 책과 옷이다. 작은 방 하나를 옷 방으로 꾸미느라 벽에 붙어있던 액자를 둘 곳이 마땅치 않아 거의 나만 볼 수 있는 주방에 걸어 두었는데 그 와중에 그걸 보다니. 문인들 언저리에 서성대긴 해도 작가라는 칭호는 내 몫이 아닌 듯 했다.

여간 쑥스러운 게 아니었다. 바꾼 지 얼마 안 된 냉장고가 이상이 생긴 걸 타박이라도 할 참이었는데 그 말은 쏙 들어가고 쓰던 글 모아 엮은 별 거 아니라는 말만 흘렸다. 기사는 손으론 냉장고 안을 뜯으면서 계속 감탄은 이어졌다. 하루에 수십 집을 다니며 수리하지만 작가 댁 방문은 처음이라며 나를 더욱 오그라들게 했다. 난 또 기사가 처음 본 작가라는데 통상적인 이미지에 저으기 실망 할까봐 옷차림이 덥고 집에서 쉬는 날이라는 둥 해명도 아닌 이상한 말을 주절거렸다. 기사는 아니라며 처음부터 보통 주부들과는 어휘사용이 다르다는 생각을 했다고 한다. 진땀이 났다. 우리 문우들이 모이면 다 작간데… 관악에 가면 모두 서울대생이라는 말도 입에서 맴돌았다.

갑자기 우리의 관계는 고객과 기사에서 문학에 관심을 가진 열혈 팬 정도가 되었고 기사는 수리비용을 적게 해주려고 갖은 노력을 했다. 담당과장에게 전화를 걸어 저렴하게 나오는 방법을 묻기에 원칙대로 다 받으시라고 시크한 태도를 보여야했다. 작고하신 소설가 박완서님의 일화가 떠올랐다. 원고작업으로 사용하시던 컴퓨터를 수리하던 기사가 '할머니, 좋은 집에 사시면서 하루에 얼마 버신다고 그 연세에 알바를 하세요? 그냥 편히 사세요.' 손자뻘 되는 청년이 혀를 차기에 늙은 작가를 못 알아보는 젊은 세대의 서운함을 토로한 글이다. 아드님께 용돈 많이 달라고 하라는 말까지 듣고도 그 자리에서 "이보게. 난 베스트셀러 작가라네…" 라는 말씀을 차마 못하셨다고 한다. 유명 대작가를 못 알아봐 서운하신 마음과 쑥스러움에 밝히지 못한 심정을 조금 알 것 같았다.

직원과 몇 번 통화해도 일단 접수 후 방문한 거라 저렴하게 해줄 수 없는 걸 안타까워하며 기사는 명함을 주었다. 앞으론 어느 회사제품이든 콜 센터로 하지 말고 자신에게 직접 하면 무상으로 해주겠다고 한다. 너무 미안해하기에 고맙기만 했다. 결국 내 수필집을 드렸더니 그냥 받아도 되느냐며 좋아한다. 집사람도 책을 좋아한다면서 오늘 꼭 읽겠노라. 다음날은 직접 전화를 했다. 냉장고의 이상 유무를 물으며 무엇이든 고장 나면 즉시 연락 달라고 한다. 무상으로 고칠 기회가 생겼는데 아무리 찾아도 집안에 고장

제품이 없는 게 유감이지만 실상 있어도 전화는 못할 것 같다.

한국문인협회에 등록된 작가가 우리나라 총 인구 수에 비하면 몇 퍼센트 되지 않는다고 한다. 기사분이 반색하며 예우해주려는 걸 보아도 평범치 않은 일을 하고 있다는 걸 실감했다. 명색만 작가가 아닌 내면세계를 채운 최소한 그들을 실망시키는 글쟁이는 되지 말아야겠다는 생각과 거의 문인들과 지내는 일상의 일을 진중하게 돌아보는 기회이기도 했다. 그분이 가자마자 내 이야기에 가감 없이 들어주는 문우에게 조금 전 일을 수화기에 들려 보내고 있었다.

이젠, **안녕**(well dying)

'서호' 천변의 푸름이 베란다 창밖으로 하나가득이다. 하루하루가 다르게 푸른빛은 점점 물감처럼 번져 호수 전체를 덮을 정도로 짙다. 며칠간이나 게으름으로 서호에 나서질 못했다. 바로 눈앞 바라보는 곳에 있어서인가 직접 발로 딛지 않아도 대지의 숨결이 느껴져선지 운동에 꾀를 피우고 있었다. 서호 천에는 건강해야 장수 한다는 이유 하나로 시간에 관계없이 많은 사람들이 각자의 형태로 몸을 움직인다. 호수를 걷다보면 그동안 이슈가 되던 '웰 빙' 이란 단어에 요즘은 한 단계 더 깊게 생각하여 이 세상을 잘 떠날 수 있는 것에 관심이 많은 걸 느끼곤 한다.

아직 죽음을 생각하기에 이른 부분도 있겠지만 사람의 목숨에는 정답이 없고 또 누구나 가야하는 길이라 인생의 절반을 지낸 지금 크게 거부감이 없다. 태어나는 것은 나의 의지와 상관없이 하늘의 뜻으로 사람흉내를 내며 살았고 마지막 가는 길까지 흉내를 낼 것이다. 어떻게 살아야 잘 살았고 잘 떠나는 것일까. 요즘 들어 부음소식을 자주 듣는다. 시댁에서도 윗세대는 모두 돌아가셨고 우리 세대에서도 옛 사람이 되신 분이 서서히 늘어난다. 잘 떠나는 것도 타고난 복이라며 어르신들이 이야기 할 때 그 의미를 몰랐는데 이젠 어렴풋이 알 것 같다.

사람의 운명으로 태어나 의무를 다하고 칠성판에 누울 때까지의 삶을 인생이라 부른다. 불사조처럼 살 것 같던 사람도 홀연히 떠나는 걸 보면 나와는 멀게만 생각했던 죽음이 이제 그리 무섭지만은 않다. 죽음에 대해 이야기하는 것 자체를 금기시하는 경우도 많았다. 일부 대기업에서 사원 연수중 유서쓰기를 하는 프로그램도 자신의 삶에 대해 성찰하는 계기를 마련하기 위해서 인 것 같다. 유언장을 작성하는 모습이 매우 진지했다는 것은 그 만큼 소중한 인생이기 때문이리라. 사전 유언장을 받은 배우자와 자녀들이 건강한데 무슨 유언이냐며 처음에는 놀랐지만 쉽게 이해했다고 한다. 평소 유서를 쓰는 습관을 들이면 차분한 죽음을 맞이할 수 있어 권유하고 있다는데 바로 그것은 내가 올바르게 살아가는 방법과 맞아 떨어지는 일이기도 하다.

사람은 누구나 죽는다. 눈길 한번 받아보지 못한 풀잎도 창공을 나는 독수리도 설산의 호랑이도 누구나 땅에 떨어지고 쓰러져 뜯기고 바스라져 사라진다. 흙에서 나와 흙으로 돌아가는 인생이란 말대로 각자 부여된 짧다면 짧은 삶이 도화지에 붓을 빌어 발레를 한다. 완성된 것도 있을 것이고 비완성으로 배딘을 넘겨주는 인도 있을 것이다. 호스피스들이 죽음을 앞둔 환자 천 명에게 들은 후회하는 말들이 있다. '사랑하는 사람에게 고맙다는 말을 많이 했더라면, 조금만 더 겸손했더라면, 나쁜 짓을 하지 않았더라면, 꿈을 꾸고 그 꿈을 이루려고 노력했더라면, 감정에 휘둘리지 않았더라면, 만나고 싶은 사람을 만났더라면, 기억에 남는 연애를 했더라면, 죽도록 일만 하지 않았더라면, 내가 살아온 증거를 남겨두었더라면' 등등이다. 고개가 끄덕여 진다. 이 모든 것이 제약을 받는 부분도 있지만 그다지 어렵지 않은 일인데 후회 없이 사는 삶을 구상해 보는 것도 재고해 봐야할 듯하다. 또한 죽음에 대한 준비가 덜 된 환자일수록 임종하는 마지막 순간까지 공포와 괴로움에 몸부림치는 경우가 많고, 힘들게 정복한 산도 언젠가는 내려가야 하는 것처럼 인생 또한 하강하는 것임을 깨달으면 두려움을 줄일 수 있을 것 같다.

하지만 죽음을 맞이하는 마음은 누구의 말도 빌릴 수 없으므로 추측할 뿐이다. 투병 중이던 지인은 죽음을 앞두고 자녀에게 엄마 없이도 강하게 살 것을 다짐받았다는 말을 건네며 초연한 표정을 지었다. 한 손으로 들어도 안아 올릴 수 있을 것 같은 그녀의 작은 몸은 서서히 이승과 멀어져 가건만 의식만은 생생한 것이 안타까웠다. 자신의 사후처리도 가족에게 부탁하여 편안하다며 빨리 고통 없는 곳에 가고 싶다고 말하는 그녀의 눈가엔 눈물 따윈 미리 저승에 보낸 듯했다. 건강할 때 죽음을 준비하는 것은 아름다우나 빛깔마저 변한 채 매달려 있는 꽃은 처량하기 짝이 없다. 며칠 후 편하게 평소처럼 웃으며 떠났다는 말을 들었다. 장례식장, 껑충한 단발머리 여고생 딸에게서 그녀의 생전 모습이 스쳐갔다.

멋지게 살고 아름답게 떠날 수 있는 인생의 끝을 곰삭혀 본다. 죽음에 대한 교육이 필요하다는 것이 느껴지고 남은 삶이 한층 귀하게 느껴지리라 생각한다. 잘 죽는 것(well-dying)이 잘 사는 것(well-being)과 연관되어 있다는 것도 확연히 알게 되었다. 삶이란 한 조각의 구름이 일어나는 것이요, 죽음은 한 조각의 구름이 사라지는 것이라고 했던 서산대사의 말처럼 본시 구름은 없는 것이다. 죽고 사는 것도 그와 같다지만 요즘 후렴구처럼 자주 들리는 부음소식이 서글프다. 목 쉰 매미의 단독공연이 귓가를 때린다.

호기심 **지옥**

하늘빛이 달라졌다. 그렇게 비를 뿌리더니 이제 막 목욕을 마친 아기처럼 맑은 바다색을 며칠 째 보여 주고 있다. 마음의 습기까지 제거해 간 바짝 마른 빨래를 걷으러 앞 베란다로 나가는데 옆에서 무언가 움직임이 느껴졌다. 고개를 돌려보니 에어컨 외향기 두꺼운 줄에 시커먼 뭉치가 매달려 있는 것이 눈에 띄었다. 방충망을 사이에 두고 쪼그리고 앉았다. 벌집이었다. 벌들이 다닥다닥 붙어서 분주히 움직이는 모습이다. 순간 징그러워 온몸에 소름이 돋았지만 신기하기 짝이 없었다.

숲속에나 있을 법 한 것들이 여름날 에어컨의 위력을 알기라도 한 듯 그곳에 매달려 집을 지을 생각을 했다는 게 깜찍하기까지 했다. 하던 일을 멈추고 얼른 카메라를 찾아 촬영하기 시작했다. 벌집은 건드리면 상대방을 쏜다는 걸 알기에 방충망을 열지 않고 촬영했는데 흐릿하게 나온다. 마음에 안 든다. 살짝 문을 열고 조심스레 셔터를 누르는데 손이 바들바들 떨렸다. 몇 장을 내리찍고 접사렌즈 없이도 가장 가깝게 벌들의 모습을 담을 수 있었다. 남편에게 이 사실을 알렸더니 역시 신기해한다. 어둑해진 시간에 확인한 남편은 말벌이라며 절대 문 열지 말고 뉴스에도 종종 나온다며 119에 전화하라고 했다. 벌초할 때 독성이 강한 벌에게 목숨을 잃는 일들이 바로 저 녀석 때문이라 했지만 관찰하고 싶은 마음이 더 커 건성으로 들었다.

시간나면 베란다로 나갔다. 말벌들의 움직임을 살피고 구경하는 일이 즐거운 일과에 들어갔다. 사진을 찍어 가족카페에 올렸더니 아이들은 무서운 거라며 얼른 신고해서 떼어내라는 댓글을 달고 당부전화까지 했다. 알았다고 걱정하지 말라 하곤 녀석들의 동태를 지켜보았다. 무언가 입으로 조금씩 물어 이동하기도 하고 서로 돕기도 하며 계속 쉬지 않고 움직였다. 획일적인 벌구멍을 저 작은 곤충들이 만들었다고 생각하면 기가 막힐 일이었다. 건축노벨상이 있다면 당연히 벌들의 몫이라며 감탄하고 있었다. 문학카페에도 올렸더니 조심하라는 당부가 있어도 치울 생각을 전혀 안 했다.

다음날도 벌들이 잘 있나 궁금했다. 밥을 안줘도 되고 강아지처럼 뒷일이 전혀 없어 신경 쓸 일도 없고 구경거리가 생겨 좋기만 했다. 인터넷에서 말벌을 검색했더니 놀랍게도 말벌 집의 효능이 여러 가지 있었다. 가루로 빻아 복용하면 암 환자에게 효험이 있고 고혈압, 당뇨 성인병은 물론 남성에게까지 유용한 만병통치약이었다. 더군다나 100그램에 오 만원 가격으로 판매하고 있었다. 지금 달려있는 사이즈가 눈으로 대중 잡아도 500그램은 되어보였다. 뽕도 따고 임도 보고. 희귀한 강장제라고 하니 녀석들이 친근해 보여 에어컨에 문제가 생기지 않을 때까지 지켜 볼 요량이었다. 마음에 드는 벌집 사진을 갖고 싶어 다시 촬영하기로 했다. 베란다바닥에 머리가 닿을 정도로 수그려 벌집의 전체 모습을 담고 싶었다. 조금 겁이 나서 겉옷을 두껍게 걸치고 차단마스크와 모자를 썼다. 혹시 몰라 안경까지 걸쳤다. 손에는 면장갑을 끼고 완전무장을 했다.

방충망을 아예 열어놓았다. 난간 틈 사이로 카메라렌즈를 내보내고 촬영하기가 수월치는 않았지만 바로 벌집과 렌즈와의 간격은 십 센티도 되지 않았다. 선명하게 녀석들의 형체가 렌즈에 잡혀 카메라를 돌려보는 여유도 생겼다. 조금 더 욕심이 생겨 다시 초점을 맞추다가 렌즈가 난간에 부딪치며 벌들이 움직였다. 깜짝할 순간이었다. 윙윙. 벌들이 열어놓은 베란다 안으로 들어왔다. 순간 손끝이 따끔했다. 얼른 장갑을 벗었다. 벌에게 쏘였다. 너무 따가워 손끝을 잡고 일단 방충망을 닫고 중문과 열어놓은 창문을 뛰어다니며 닫았다. 나도 나지만 곁에서 구경하던 강아지가 염려스러웠기 때문이다.

벌에 쏘이면 독이 퍼져 죽을 수도 있다는데 지금껏 살다 결국 하찮은 곤충으로 인해 하직한다는 것이 마음에 들지 않아 얼른 119에 전화했다. 다급한 음성으로 요청했는데 전화 받은 여자대원은 가족이 나와 같은 상황이라도 그럴 수 있는지 너무 침착하게 지금 대원들이 모두 출동 나가있다고 했다. 전혀 동요되지 않는 마치 녹음되어있는 테입을 틀은 듯 천천히 이름을 묻고 숨이 차냐, 몸에 열이 나냐, 두드러기가 올라 오냐. 등 단 일초가 급한 내겐 저승사자 음성 같았다. 매번 받는 전화가 촌각을 다투는 일이겠지만 단 한 마디라도 안정이 되는 따스함은 전혀 느낄 수 없었다. 내겐 생사가 달린 중대한 일이었고 그녀에겐 업무였다. 빨리 와달라고 통사정을 했다. 임시처방으로 얼음찜질을 하면 혈관에 퍼지는 걸 방지 할 수 있다며 얼른 끊어주길 바라는 말투였다. 인터넷 검색을 생각했지만 그럴 마음의 시간이 부족했다. 사람들의 우려를 들을 걸. 후회가 밀려왔다. 내 발등을 내가 찍다니.

119를 타고 가는데 어지럽고 메스꺼움이 느껴졌다. 혈압은 정상이라며 큰 이상은 없겠다고 하지만 예외가 있다는 말도 빼놓지 않는다. 얼른 처방을 받고 싶은데 응급실에 환자가 많다. 모두 나처럼 하지 말라는 짓 하다 온 것 같다. 둔부에 주사 두 대를 맞았다. 베드에 누워 안정을 취하며 남편번호를 눌러놓았다. 비상시 연락처를 쉽게 하기 위해. 지금 남편은 뇌 동네에 빈 터가 한 점도 없는데 호기심 많은 마누라사건을 어찌 말해야할지. 퉁퉁 부은 손이 차츰 가라앉는 걸 보며 약을 받아들고 왔다. 다시 119에 전화해 벌집을 떼어가도록 부탁했다. 더 이상 호기심도 사라졌고 벌이라면 쳐다보기도 싫어 카메라에 찍힌 것 모두 날려 보냈다. 100그램에 오 만원 역시.

급한 화장실, **생태!**

근래 생태라는 단어가 많이 들린다. 우스갯소리로 생선의 이름정도라고 하기엔 이미 그 고귀한 뜻은 널리 알려져 있다. 환경에 관한 연구와 실행이 세밀하게 진행되는 걸 곳곳에서 느낄 수 있다. 쓰레기 재활용은 이미 익숙해져있고 얼마 전 시청한 프로그램에선 생태화장실을 소개하고 있어 관심 있게 보았다. 양변기와 비데에 익숙한 우리 생활이다. 아파트 베란다에 재래식 화장실을 설치한 생태학 한 연구교수는 볼일을 볼 때면 한쪽 면에 가리개를 한 양변기모양의 변기에 앉는다. 용변이 끝나면 물 대신 곁에 있는 톱밥을 뿌린다. 그러면 한 여름에도 냄새가 나질 않는다고 한다. 미약하나마 환경에 관심을 가지고 있던 터에 유심히 보게 되었다.

일정량이 되면 농작하는 분에게 가져다준다. 소변도 페트병에 모아 가져간다. 농부는 흙과 풀등과 합쳐 훌륭한 퇴비가 되게끔 섞고 있었다. 더럽다는 생각보다 최첨단의 문명이 함께 하는 시기에 앞서가는 그분들의 실천에 존경의 마음이 들었다. 농부는 고맙다는 성의표시로 변을 담아온 통에 파밭에서 뽑은 싱싱한 파로 채워준다. 그 순간엔 약간 불결하다 느꼈지만 곧 분류만 틀릴 뿐 모두 어여쁜 자연이었다. 화학비료로 생산한 농작물보다 고추가 더 달고 실하다고 맛있게 씹어 먹는 모습이 역겹지 않았다. 자신들이 신경 써서 모아오고 비료로 주는 밭에서 흐뭇해하는 광경이 정말 아름다웠다.

예전 재래식 화장실을 사용한 우리 세대는 화장실의 발전사를 똑똑히 기억하고 있다. 지금처럼 집안에 있는 화장실은 상상 할 수 없었고 마당에 있는 변소를 사용했다. 식구가 많아도 두 개나 있는 집은 없었던 것 같다. 아침이면 순서대로 빠르게 사용하는 것에 익숙했고, 보드라운 두루마리 휴지보다 기름 냄새나는 뻣뻣한 신문지가 소쿠리에 손바닥크기만큼 잘라져 놓여있거나 못을 박아 꽂아 두기도 한 것이 바로 엊그제 같은 일이다. 가끔 동네를 돌며 묻어 둔 분뇨 통을 굵은 호스로 처리하는 일도 코를 막고 다니며 자주 보는 광경이었다. 그땐 내 몸에서 나온 더러운 것이란 생각뿐이었다면 이젠 자연에서 거둬들여 먹고 자연으로 다시 보내는 거란 생각이 들어 무한한 세월에게 또 하나를 배운다.

한 초등학교에 생태화장실을 만들어 학생들의 반응과 실행을 독려했다. 무인카메라를 설치하여 학생들을 지켜보았는데 처음엔 하나같이 코를 잡고 웃으며 가기를 꺼려했다. 차츰 호기심으로 들여다보던 아이들이 환경수업을 받은 후엔 자진해서 생태화장실을 찾았고 나중엔 스스럼없이 문을 열고 사용했다. 수십 년간 편리하다는 이유 하나만으로 어른들이 이용한 용변처리가 결국 어린 학생들에게 우리가 어릴 적 사용하던 방법을 전수하게 하는 현실이 미안하고 고맙기만 했다. 편리하게 살아 온 세월만큼 환경도 그만큼 병들고 늙어버린 것이다.

그동안 무심하게 이용한 대가는 우리가 받아야 한다. 오래전부터 우리 집 화장실엔 휴지통이 놓여있다. 정화조에 함께 내려오는 휴지들의 부식이 엄청난 환경오염이란 기사를 본 후 부터였다. 누누이 용변 후 사용한 휴지를 변기 안에 넣지 말라는 나의 당부에도 가족들의 협조는 미비하다. 사람의 몸에서 나온 배설물보다 휴지로 인해 몇 번의 여과작업을 더 거쳐야 한다고 한다. 백화점이나 식당 화장실에 휴지통이 놓여있는 곳이 많은 것을 볼 때 작은 노력들을 하는 그 자체가 바로 나를 사랑하는 것이리라.

첫 딸을 임신했을 때는 갓 시집 온 새댁이라 아파트에 아는 사람이 없었지만 둘째 아이를 가졌을 땐 딸의 친구 엄마들에게 듣는 정보가 많았다. 임신했다고 하자 제약회사에 임산부의 소변을 받아주라는 말을 했다. 연락하면 바로 직원이 소변기를 가져온다며 매번 그곳에 담고 며칠에 한 번씩 수거해 간다고 한다. 임산부의 소변엔 영양제로 쓰이는 특별한 성분이 있어 제약회사에선 소중한 원료라고 했다. 그 수고로 요구르트 대금을 매달 지불해 준다고 해서 잠시 망설였는데 태아의 불순물이겠지만 요구르트와 바꿔먹는 느낌이 들어 거절했다. 요구르트 운운하지 말고 어차피 배설물인 것을 좋은 원료가 필요하다고 했으면 승낙했을 지도 모를 일이다. 그때 이미 자연의 소중함을 알았어야 했다.

귀촌한 사람들과 지각 있는 분들이 하나 둘 생태화장실에 찬사를 보내며 설치를 고려한다고 한다. 나 하나쯤이야 란 생각을 나 하나 부터로 말이다. 세계적으로 고갈상태인 물도 전혀 들지 않고 우수한 퇴비를 만들 수 있으니 도대체 일석 몇 조나 되는 걸까. 내가 거주하는 수원은 깨끗하고 품위 있는 화장실 만들기에 성공한 도시다. 공공장소나 특히 유명산의 화장실은 최고급 호텔 버금가게 만들어 놓았다. 그 안에서 차를 마시거나 밥을 먹어도 될 만큼 청결을 지키고 있다. 단지 깨끗해서 좋았던 이유라면 이젠 조금 불편하고 번거로워도 자연이 원하는 방법을 따라야 한다는 생각이 강하게 든다. 더 늦기 전에.

너의 지켜보는 시선 끝자락에
항상 머물고 있을 하얀 비와
수시로 눈 마주치자고.

05

외로움과 친구하기

이자영 후원자님께

한 푼, 두 푼

장래희망

무질서 속에서 질서를 찾다

사람을 찾습니다

홈쇼핑 마니아

당신은 몰라

욕심쟁이 1박2일

오지랖 두 번째

화순천사

전쟁을 일으키는 임재범

외로움과 친구하기

미역국

이자영 후원자님께

봄비가 지정거리는 오후, '월드비전' 에서 시집간 딸에게 우편물이 왔다. 국제봉사 단체라는 건 알고 있기에 본인은 아니지만 얼른 개봉을 했다. 딸이 후원해주고 있는 콩고 어린이의 사진과 편지이어서 그동안 얼마나 컸을까 지난번 보았던 사진 속 얼굴이 아른거렸다. 그 사진은 스물다섯 살 아빠와 청바지를 입고 학교가방을 멘 채 뙤약볕에 서있는 '헤레나' 의 모습이다.

얼른 서류 속에 동봉된 사진부터 꺼내 보았다. 검은 피부의 배가 볼록한 여자아이가 제 키보다 긴 그림자를 만들고 서있어 어찌 보면 처량 맞아 보이기도 한다. 그 사이 부쩍 컸다. 어린아이티가 물씬 나던 지난번 사진보다 성숙해 보여 흐뭇했다. 딸에게 얼른 사진을 찍어 보냈더니 너무 대견해한다. 정말 많이 컸다며 보람이 느껴진다고 했다. '헤레나' 는 인쇄된 용지에 자신의 필체로 기록한 것이 있었는데 아침엔 몇 시에 일어나는지 집에서 학교까지 가는 거리, 좋아하는 과목 등이 상세하게 적혀있었다. 아침 6시에 기상한다며 딸은 나보다 일찍 일어나는 기특한 아이라고 마치 제 자식인양 대견해한다. 또한 내가 매일 반하고 있는 해지는 치자빛의 저녁노을을 좋아한다고 표시되어 있어 어쩜 나와 같을까 반가웠고 딸은 '쪼그만 것이..' 하며 그것도 예쁜가보다.

딸은 대학졸업 후 취업이 되었을 때 많지 않은 월급에서 후원신청을 한다고 했다. 매월 삼 만원을 보내고 크리스마스와 '헤레나'의 생일 달에는 십 만원을 보낸다. 학교 다닐 때보다 더 일찍 일어나 출근하고 피곤해하는 모습이 안타까워 솔직히 탐탁지 않았지만 내색 할 수 없었다. 고등학교시절부터 고아원봉사를 해온 딸은 대학을 다닐 때에도 주말이면 늦잠도 잘만한데 일찍 일어나 학교근처에 있는 고아원을 가기위해 지하철을 탔다. 하루라도 편히 쉬지 그러냐는 엄마의 안쓰러움보다 고아원 대문 앞에까지 나와 기다리는 한 아이가 있어 꼭 가야한다고 했다. 온종일 아이들과 지내다 돌아온 딸은 다음 주에도 간다고 새끼손가락을 걸었다며 별들과 놀다 온 아이 같았다. 그때 내가 도와줄 수 있는 거라곤 온통 크레파스로 물들어 잘 지워지지 않는 흰 양말바닥을 비벼 빠는 일이었다.

'헤라나' 는 세 살 때 딸과 인연을 맺었는데 이젠 초등학생이 되었다. 그 나라에선 우리나라 단 돈 천 원으로 한 아이 생명을 건질 수 있다는 방송을 많이 보아왔다. 적십자사나 구호, 봉사단체는 수없이 많지만 안타깝게도 가끔 비리에 얽힌 사건도 간간이 스쳐갔다. 딸의 여러 해 이어지는 후원을 보며 나 역시 작은 협조는 지나치지 않았지만 보이지 않는 봉사보다 난 가까운 곳에서 이용하곤 했다. 간혹 두터운 장갑 낀 손조차 감각 없는 몹시 추운 겨울밤, 주차장에서 차량번호를 적고 있는 경비아저씨나 땀을 훔쳐가며 계단 청소하는 아주머니를 만나면 먹을거리나 약간의 지폐를 드린다. 생활이 빈곤한건 아니지만 궂은일에 책임을 다하는 모습이 안쓰럽다. 따끈한 국물 한 그릇 사 드실 적은 액수지만 화들짝 놀라는 표정으로 손사래를 치곤 하는데 내가 항상 이긴다. 곤한 현실에 가로등처럼 환하게 웃어주는 분들이라 마주치면 살품을 비집고 들어 온 희열을 그대로 전달받곤 한다. 아마 딸도 나와 같은 그런 비슷한 느낌일거라 생각한다.

딸이 보내는 후원금이 전액 '헤레나'에게 전달되면 좋지만 그 중 일부는 그 나라 도로공사나 수로를 만드는 일에 나눠진다고 한다. 생일에 특별 후원금을 보내면 새로 장만 한 옷을 입고 이렇게 일 년에 두 번 사진을 보낸다. 연결해주는 중간단체에서 찍어 보내는데 연말이면 라면박스 챙겨들고 고아원에 찾아가 아이들 세워둔 채 형식적으로 기념사진 찍는 그런 건 아니었으면 싶다. 후원자의 궁금한 점을 묻는 기록에 어떻게 생겼는지 보고 싶다는 헤레나. 딸도 사진을 준비하고 프랑스 식민지여서 불어를 사용하기에 영어로 적어 보내고 다시 번역을 해야 하는 불편함이 있지만 서로의 각별한 마음은 제대로 전달 될 것이다. 딸은 벌써 장문의 편지를 작성해 놓았다고 한다.

수년째 이어지고 있는 후원자인 딸은 현재 전업주부다. 혹 사위가 싫어하지 않느냐는 나의 염려에 결혼 전 이미 확답을 받은 일이고 사위도 같은 마음이라고 한다. 또한, 후원금이 소득공제 된다며 혜택도 받고 가슴 달궈지는 행복한 통증 느끼는 일에 동참하라며 내게 권하는데 난 아직도 머뭇거린다. 나와 방법론이 다른 탓에 공감은 하면서 선뜻 내켜지질 않는다. 그저 내 방식대로 살아가며 딸 몫의 기쁨을 대리만족하고 있을 뿐이다. 사진 속 얼굴을 살며시 만져본다. 태양빛이 강한 나라이면서 피부색이 다른 이목구비로 인해 또렷하게 보이진 않지만 반짝이는 검은 얼굴을 깊게 더듬고 있다. 밝고 현명한 여성으로 성장해주길 기도한다. 지구 반대편 멀고도 먼 거리지만 명치를 긋고 지나가는 싸한 한 줄기 희열은 물질이 가난한 곳에 마치 색색의 사랑을 안배하는 듯하다.

한 푼, 두 푼

일간지를 뒤적이는데 안타까운 사연이 눈에 들어왔다. 화훼농장 주인들을 상대로 매일 돈을 걷어가던 계주가 17여억 원을 들고 행방이 묘연하다는 기사였다. 그동안 십년 넘는 기간을 거래해왔고 믿음을 주었기에 누구 하나 의심하지 않았다고 한다. 그 곳에선 은행 다니기가 번거로워 시간절약도 되고 워낙에 준재벌인 계주를 믿고 하루에 수 만원의 액수를 백여 개 가게주인들이 맡겼다는 것이다. 급전이 필요한 사람에겐 여유자금을 빌려주기도 하고 필요치 않은 사람에겐 후한 이자를 불려주어 안심시켰다고 한다. 몇 년 전까지 소유한다고 했던 건물은 이미 다른 사람 명의로 넘어 간지 꽤 되고 연락두절이라 종자돈을 맡긴 상인들이 동동거리고 있을 모습이 눈에 선했다.

우리 주변 각종 모임에서 자그마한 계를 하는 일은 쉽게 볼 수 있다. 뽑기 계나 순번을 정해놓고 목돈을 만들어 한 사람에게 모아주는 일인데 아마 한 번이라도 안 해본 사람은 없을 듯하다. 지금처럼 은행이나 저축수단이 많지 않은 시기에 유용한 금융업의 초석이 아닐까 싶다. 어린 시절엔 엄마 계모임 날을 기다렸다. 어머니를 따라가면 중국집에서 자장면과 탕수육을 먹을 수 있었고 그 달에 계를 타는 아주머니에게 용돈까지 받을 수 있었다. 매일 보다시피 하는 동네 아주머니들로 큰돈이 왔다 갔다 하고 기분들이 매우 좋아 보이셨다. 어머니가 하는 일이기에 나쁘다는 생각은 하지 않았다.

고등학교에 입학하여 키 큰 뒤 번호 아이들과 친하게 지냈다. 배구선수로 지내다보니 가까워졌고 늘 대 여섯 명이 함께 어울렸다. 지금처럼 야간 자율학습이 있던 시절도 아니고 수업이 끝나면 시내구경을 하는 일이 많았다. 퇴계로에서 육교를 건너면 명동이다. 명동의 상점들을 구경하며 헐렁한 주머니가 원망스러웠던지 누군가의 입에서 계를 하자는 말이 나왔고 모두 찬성했다. 금액이 얼마인지 기억엔 없지만 '가위 바위 보' 로 순번을 정했다. 목돈이 생기면 내가 갖고 싶은 것을 장만한다는 부푼 꿈에 그 돈으로 무엇을 할까 기와집을 짓는 일도 얼마 가지 않았다. 친구 중에 한 명이 부모님께 용돈을 타면서 곗돈을 내야한다고 더 달라고 한 모양이다. 종례시간이 끝나고 우린 교실에 남아야 했다.

남의 돈을 훔친 것도 아니고 용돈을 아껴 목돈을 모아보자는 취지였는데 어른들이 하는 일에 미성년자는 범법행위 취급을 받았다. 반성문을 쓰고 부모님을 모셔오라는 벌칙을 통과해야만 했다. 그때 환갑의 연세이셨던 아버지가 교무실에 오셨다. 아버지가 저리 늙으셨는데 야단을 치시던 담임선생님은 아마 내가 사기단 낀 복부인정도로 풀릴까 염려스러우셨나보다. 그 후 종종 용돈을 타려면 지금도 계를 하냐는 질책을 감수해야만 했다.

눈요기로 대리만족을 하며 자제하고 있는 시점에 이탈리아에서 전수하고 온 요리사가 명동입구에 난생 처음 듣는 먹거리인 '피자정식' 가게를 냈다. 지금처럼 크고 둥그런 피자 한 판이 아니라 몇 가지 피자 맛을 골고루 맛 볼 수 있는 입에 쩍 달라붙는 묘한 맛이었다. 처음 먹어 본 피자치즈가 엿처럼 늘어나 부드럽고 쫄깃한 맛에 끌려 어쩔 수 없이 또 계를 해야겠다고 생각했다. 학생신분으로 한 번에 사 먹기엔 가격이 너무 비쌌기 때문이다. 이번엔 입이 무겁고 인내심 강한 친구로 선별했고 지난번처럼 순번을 정하는 것이 아닌 모두 함께 피자를 먹을 수 있는 돈을 매일 일수 식으로 모으는 거였다. 바로 화훼농장을 돌며 사채놀이를 하던 그 여인과 비슷한 방법이었다.

공부가 가장 중요한 학생이긴 하지만 식욕의 유혹을 떨칠 수 없었다. 피자 맛을 본 후 시시한 군것질을 삼가고 용돈의 일부를 차곡차곡 모았다. 어느 정도 시간이 흐른 뒤 친구들과 함께 먹을 수 있는 거금이 마련되었다. 디데이로 정해놓은 날은 생소한 맛난 음식을 먹는다는 기대감에 며칠 전부터 설레었다. 우리가 땀 흘려

번 돈은 아니지만 내 몫의 용돈을 아껴 모은 금액으로 피자를 앞에 두고 세상에 부러울 것 없는 사람들이 되어있었다. 그 후 서둘러 두 번째 곗돈을 만들어 갔을 땐 이미 피자가게는 사라진 후였다. 허망하여 대안 음식을 찾았으나 어떤 걸 먹어도 속배가 부르지 않았다. 몰래 계까지 해가며 먹고 싶었던 특별한 식당이 사라진 게 너무 속상했다. 왜 문을 닫았는지 분석하기 시작했다. 계를 해야 할 정도의 만만치 않은 가격과 지금도 피자를 좋아하지 않는 어르신들이 계신데 대중적이 아니라는 점이 폐업의 원인이 아닌가싶다. 일명 피자계도 끝났다.

화훼농장 계주가 증발했다는 기사에 예전 일이 떠올랐고 학업을 그렇게 했다면 하는 생각과 맞물린다. 이젠 그리 입에 달라붙는 음식도 별로 없는 것 같고 목돈을 만들려고 좀 더 저렴한 곳을 찾아 발품을 팔던 시절로 돌아가긴 쉽지 않을 것 같아 씁쓸하다. 참다운 살아가는 재미를 조금은 잃어버렸다고나 할까. 그러나 많은 사람들이 각자의 꿈을 이루기 위해 한푼 두푼 적은 액수를 저축하며 포부를 넓혀 가리라 생각한다. 옛 생각으로 피자나 한판 주문할까 위장에게 타진해 보았는데 시큰둥하다. 청양고추에 물오징어 잘게 썰어 넣은 김치전이 오른 팔을 번쩍 든다.

장래 **희망**

지루한 장마 뒤 찾아온 폭염으로 나른해진 심신은 시원한 곳을 찾아 정착하게 만든다. 찌는 열기에 정상적인 두뇌회전이 힘들고 단순해진 상태에 지금 내가 무엇을 하고 있는지 돌아보게 한다. 중년의 정점에서 자신을 돌아 볼 여유조차 없이 빠르게 전개된 일상의 연속이었다. 무엇이 되고 싶었던 적이 분명 있었는데 이제는 그런 꿈조차 나와 걸맞지 않은 호사인 느낌이 들곤 한다. 학창시절 생활기록부에는 장래희망에 대한 질문이 있었다. 남자 아이들은 '대통령' '과학자' 등 권위적이고 막연한 대상을 품었는데 요즘 아이들이 성숙한 것인지 몰라도 다분히 현실화되고 다양한 직업을 원하고 있다.

부모의 손길이 부족한 낙도나 '상록수' 에 나오는 농촌의 교사가 꿈이었던 나는 현재 내 아이들만을 가르치는 교사로 만족해야만 했다. 아직 어린 시절 희망사항을 간직하고 있지만 가능성이 희박한데도 미련을 버리지 못하고 있다. 딸아이를 통하여 꿈을 키우고 싶었는데 교사를 원치 않았다. 결혼 후 맞벌이를 한다 해도 일 년에 몇 달의 방학을 즐기고 교사처럼 여유로운 직장은 구할 수 없으리라는 계산적인 설명이 반감을 일으켰는지 모른다. 내 꿈이 도시가 아닌 낙도의 교사를 원했던 것은 지식보다 정을 갈구하는 아이들에게 사랑을 채워주려 했던 것인데 딸에겐 현실적인 이야기로 설득하려 했으니. 엄청난 실수와 모순이었음을 인정한다.

아들은 유치원시절엔 화재가 나면 119를 타고 불을 끄는 것이 멋져보였는지 소방대원이 되겠다고 했고 해가 지나며 축구, 농구선수 등 다양하게 바뀌었다. 한때는 요리사가 되고 싶다고 했다. 물론 고급 호텔 주방장은 모두 남자란 건 알지만 고루한 어미마음에 아들이라고 한 명 있는 것이 하얀 모자를 쓰고 팬을 달달 볶을 모습을 상상하니 얼른 희망이 바뀌기만을 기다렸다. 그런 아들이 중학교에 입학하여 교사가 되고 싶다고 했을 때 화들짝 놀랄 정도로 반가웠다. 그것도 꼭 집어 체육교사가 되고 싶다고 했다. 체육이란 과목이 아이들과 운동이나 하면서 월급만 타고 가장 편한 것 같아서가 이유라는 말에 가정교육에 문제가 많음을 한탄하기도 했다. 그 외에도 개그맨과 가수가 되고 싶다고 하여 우리집안에 스타가 배출 되는 착각에 빠지게도 하더니 지금은 어학공부에 몰입하고 있다.

자신의 꿈대로 이루어진 사람은 얼마나 될까싶다. 졸업 후 전공한 과목의 업무를 잇는 사람은 몇 퍼센트 되지 않는다는 것을 통계에서 보았다. 학업이 적성에 맞지 않아 졸업 후 적합한 직업을 선택 한 것인지는 몰라도 국가적으로도 크나 큰 손실이라고 본다. 국민교육헌장에 있듯이 '타고난 저마다의 소질을 계발하여' 사회에 환원하면 최소한 미래의 시계(視界)를 가리는 일은 없을 것이다. 초등학생들에게 조사해보니 '판사' 나 '의사' 가 되고 싶긴 한데 골치 아플 것 같아 그냥 '아버지' 나 되겠다는 아이들이 많다고 한다. 아버지란 존재는 또 그리 쉬운 것이 아닌데 어쩌면 죄 몫을 판결하는 일보다 한 가정을 꾸려가는 가장 역할이 더 막중한 임무라는 것을 간파하지 못한 탓이리라. 많은 젊은이들이 돈 많은 백수를 원한다는 세태적인 발언을 들으면 입술 끝에 달린 말장난으로만 보기엔 암담하기만 하다. 최소한 우린 그런 영악한 아동기는 보내지 않았음이 다행이라는 생각도 든다.

이제야 난 희망사항 하나를 실행하려 적지 않은 나이에 하루하루가 고맙기만 하다. 하고 싶은 일을 한다는 것은 생활의 활력소가 되고 무엇이든 글로 연결 지어 보려는 상상만으로도 즐겁다. 그동안 뚜렷한 목표 없이 밖으로 나돌며 보낸 시간도 소중한 밑바탕이 되리라 생각한다. 장래희망은 어린아이뿐이 아닌 모두에게 눈감는 순간까지 뜻을 품어야 한다는 결론에 멈춘다. 기폭제가 될 수 있는 미래를 잊고 산다면 공기를 잃은 자와 다들 바가 없다. 내년엔 편입할 계획을 갖고 있다. 시력과 총기가 더 둔해지기 전에

서둘러야 할 것 같고 뭔가 해보려는 자신이 고맙기도 하다. 눈 밝은 시절이 지나도 무뇌아처럼 보내고 싶지 않은 자긍심이 내 안에 숨어살고 있어 달력이 달음질쳐도 그리 애석하지 않음에 감사할 뿐이다.

무질서 속에서 **질서**를 찾다

부스럭대는 거위 털 이불소리에 잠에서 깨었다. 내가 잠자고 있는 이곳이 내 집이 아닌 중국이라는 걸 잊은 채 곤한 숙면에 취해있었다. 세계 대국의 아침을 호텔방 커튼을 젖히며 차창 너머 바라본다. 뿌옇게 내려앉은 하늘과 제법 조경이 잘 되어 있는 호텔 내 전망에 심취하며 길게 호흡한다. 오늘 또 약속된 여행 일정표를 보며 낯선 거리를 지나칠 기대감이 상승되는 것은 첫 중국여행과는 사뭇 다른 느낌이다.

중국은 우리나라 역사와도 관련이 깊은 근접한 나라지만 국민성이나 생활면에선 엄청난 차이로 이해하기 힘든 부분이 많긴 하다. 그중 인구가 많아 산아제한을 시작한 것은 근래의 일로 알고 있고 대체적으로 사람이 많다보니 한 개인의 생명, 존엄성에 조금은 안이하다는 생각도 갖고 있었다. 중국에 거주하던 딸이 방학에 잠시 나오며 그 와중에 치과치료를 받기에 중국병원을 가지 그랬냐고 했더니 마취도 없이 발치하고 치료한다고 했다. 의료사고가 나도 크게 문제시 되지 않아 사고를 입은 사람만 억울하다는 것이다. 처음 듣는 순간은 너무 놀라웠다. 그러나 중국의 거리를 지나며 엉켜버리기 일쑤인 도로에서 그 말이 떠올랐고 한편으론 우리나라에선 있을 수 없는 재미난 구경꺼리로 지켜보게 되었다. 신기하게도 그런 무질서 속에서 용케도 접촉사고 없이 해결된다는 것은 기네스북에 오를 만한 일이다.

도로를 지나다 보면 신호가 없는 곳이 많고 사람, 버스, 자동차, 자전거, 오토바이들이 서로 다투어 거침없이 질주하는 걸 볼 수 있다. 우리나라에선 세월을 거슬러 올라가게 하는 세발 자동차도 앙증맞은 것이 뒤뚱대며 거리를 활보했다. 인력거까지도. 이 모든 교통수단들이 일제히 함께 운행하는 사거리에서의 어수선함도 익숙한 일이다. 오래 전 계림을 갔을 때 이른 아침 시내의 출근 도로는 오히려 신선하고 활기차다고 해야 할까. 마치 자전거 경주대회라도 하는 듯 수많은 자전거엔 남성뿐만이 아니라 여성들까지 치마를 입고 빠르게 운행하고 있었다. 지금은 우리나라도 자전거로 출근하는 이들의 모습이 어색하지 않지만 그땐 무척 생소했고 한편으론 빈곤한 삶처럼 보이기도 했다. 당시 우리나라는 자동차 소유가 일상화 되던 시기라서 더욱 그랬는지 모른다.

희한한 것은 신호를 지키지 않고도 아니, 아예 신호가 없이 도로를 다녀도 사고가 나질 않는다는 것이다. 하루 이틀도 아니고 어찌 이렇게 도로를 다니나 싶었다. 딸이 유학중이던 '서안' 에 갔을 때 길 건너 편의점을 간다던 아이는 차들이 질주하는 도로를 잠시 두리번대더니 마구 달려 건너가기에 나도 모르게 소리를 치고 말았다. 유치원시절부터 빨간 불, 파란 불 신호 지키기를 우선으로 가르치며 항시 횡단보도를 건널 때는 팔을 들어 올리고 가야 한다고 교육시켰는데 그곳에선 쓸모없는 지침이었다. 차량의 속도와 거리를 두고 재빠르게 달리는 모습에 가슴을 쓸어내렸지만 매일 이렇게 다녀야 한다는 말에 걱정 하나를 더 얹어 돌아왔고, 다 큰 아이에게 급해도 차가 안 올 때 조심히 빨리 달려야한다고 이르는 일이 추가되곤 했었다.

얼마 지나 귀국하는 유학생들이 판매하는 중고자전거를 저렴한 가격으로 구입하여 타고 다닌다고 했다. 그것 또한 당부의 말이 늘어날 수밖에 없었다. 당시 중심도시도 아닌 서안의 교통수단은 대부분 자전거라고 알고 있긴 했지만 다행이 사고 없이 잘 지내고 돌아왔다. 묵묵히 바퀴를 돌리며 가뜩이나 어두운 색상의 의상을 입고 다니던 중국인들의 모습이 눈에 선하다. 검소하다고 해야 하나. 암울하게 보였던 서안보다 이번 상해여행에선 국제적인 도시라서 일까. 그동안의 변화인지 조금은 질서의식을 느낄 수 있었다. 신호등 옆에 숫자가 적혀있었다. 빨간 신호등 불빛이 몇 초간 남았다는 숫자가 전광판에서 계속 움직였다. 무작정 기다리다 미처 출발 못하고 경적소리를 듣게 되는 일이 없을 운전자를 위한 친절한 표시판 같았다. 그러나 굳이 필요성은 크게 느껴지지 않았다.

어린 시절 서울에서 타보았던 전차도 보았다. 건물 앞으로 전선줄이 지저분했지만 '땡땡땡~' 소리를 내며 지나던 왕십리 전차를 보듯 내 기억은 초등시절로 마냥 달음박질치며 따라가고 있었다. 지하철도 있다는데 여행기간 중 관광지 위주의 여행이라 역 주변을 가보질 않아 아쉽다. 하지만 아직도 대부분의 도로는 먼저 내 자동차의 앞머리를 들이미는 운전법을 하고 있어 대국에서 가능한 일일까 아이러니지만 예전보다 서서히 변화하는 모습을 확연히 느낄 수 있었다.

암묵적인 도로의 약속을 지키며 운행하는 중국인들은 왜 생명과 관련된 무질서행위를 빠르게 시정하려 하지 않는지 궁금하다. 느긋한 마음에서 일까. 아니면 우리가 보는 것과 달리 서로 양보하는 마음이 숨어있는 걸까. 큰 땅덩어리만큼 채워진 사람의 숫자는 강한 위압감과 존재감으로 느껴진다. 여행객의 불안한 심리를 수용안하는 것도 그들만의 두둑한 배짱인가. 몇 번의 중국여행 중 대부분의 시간을 도로위에서 보냈지만, 오히려 신호가 있어도 사고가 빈번한 우리나라 교통상황보다 무질서 속에 긴장을 한 탓인지 사고를 목격하지 않았다는 것이 다시 생각해도 갸우뚱할 뿐이다. 아! 불현듯 이런 생각이 스친다. 중국인들은 운전대를 잡으면 흡사 선조들처럼 전쟁에 임하는 태세인지 모른다는.

사람을 찾습니다

어머니의 본가에서 잠시 어린 시절을 보냈던 영동은 돌아보면 지금까지 살아온 삶에 가장 정적이고 촉촉한 시절이었다. 서울로 돌아오지 않았다면 이야기는 또 바뀌었을지 모른다. 기억 한 모퉁이에 샘물처럼 자리 잡고 있고 가슴속에 휘파람 소리가 끊이지 않을 때 따듯하게 다독여준다.

지금도 종종 꿈을 꾸곤 한다. 물론 나는 어린 소녀로 등장한다. 개울가가 보이고 빨래터에서 동네 여인들이 방망이질을 하는 모습과 나와 닮은 젊은 내 엄마가 나를 지켜보며 웃고 있다. 그 옆엔 가마솥을 걸어놓아 돌아가며 빨래를 삶고 부글부글 넘치기도 한다. 초등학생 여자아이인 나는 한 남자아이와 연신 뛰어다니며 물속에 들어가기도 하고 젖은 옷이 몸에 붙을까 손으로 뜯어내고 있다. 작은 몽우리가 만져지는 젖가슴을 들킬까봐 여간 신경 쓰이는 게 아니다. 엄마가 뽀얀 옥양목 속옷을 헹구는 거품을 잡으러 또 다시 물로 뛰어 들어간다. 다시 그 아이가 클로즈업 된다. 그 아이의 눈동자가 뭐라 어렵게 말을 하려는데 기차가 지나간다. 주위에 있던 아이들이 일제히 손을 흔들고 난 객차를 하나 둘 세기 시작한다. 손가락을 꼽으며 열심히 센다. 멀리서 엄마가 나를 부르는 음성이 들린다. 놀라서 눈을 뜨니 알람소리다.

혼탁한 현실에서 잠재되어 있는 내 영혼의 고향을 찾고 싶었다. 어릴 적 살았던 고옥의 기억을 더듬으며 그려보기도 했다. 지인 한 분이 내 마음을 알기라도 한 듯 시골 허름한 집 한 채가 옷 한 벌 값이라고 부추겼다. 부리나케 단숨에 달려갔다. 족히 몇 십 년을 비워둔 폐가라 할 수 있을 정도는 한 아름에 안을 수 없는 나무를 보고 알 수 있었다. 마당에는 옆집 흑염소가 앉아 있었다. 너무도 온순하여 검은 '양' 인줄 알았다. 양이 모두 하얗지 검은 양이라니 난 그 정도로 자연과 멀리 있었다. 잡초들이 무성한 마당을 맨발에 샌들을 신고 간 나는 뱀이라도 나올까봐 겅중겅중 뛰어다니며 질겁했다. 마치 꿈속에서 물길을 걷듯.

사람이 살았던 흔적은 남아있으나 귀신이라도 등장할 듯 서늘했다. 부엌 아궁이에 가마솥이 걸려있다. 저 쇠붙이가 어느 시대 어떤 이의 위장을 채우던 물건일꼬. 그들이 퍼 먹었을 사기 밥그릇과 접시들이 찬장에 엉클어져 있다. 그 당시엔 귀한 살림을 모두 놔두고 홀연히 떠나야 했던 이유는 무엇일까. 나의 집이 될 수 있을까 요모조모 살펴보았다. 민속촌에나 있을 법한 집이 분명했다. 마루가 지금은 구할 수없는 천연 재질 그대로였다. 눈에 보이는 천정귀퉁이에 몇 종류의 그물망이 쳐있다. 거미란 녀석의 놀이터는 먼지까지 앉아 무명 실 보다 가는 줄에 솜이불을 덮어 놓은 듯 두툼해 보였다. 하지만 아름다운 저 구성을 보라. 누가 가르쳐주었을까. 거미는 멋진 형상의 그물망을 쳐놓고 그곳에서 누군가를 기다리고 있었다. 거미줄에 심취한 난 문득 그 아이의 눈빛이 생각나 머릿속이 그물처럼 얽혀 옥죄어왔다. 유치한 언어라도 좋다. 보고 싶다. 딱 한번만 보고 싶다.

과실나무 종류도 많고 저렴한 집값이 슬슬 탐나기 시작했다. 텃밭에는 누가 심었는지 고추와 고구마가 심어있었다. 몸을 움직여 활동해야 건강한 것처럼 대지도 때 맞춰 고른 숨을 쉬고 있었다. 엄마는 작은 빈 터조차 용납 못했다. 잔소리를 들으며 꽃가지를 심어대던 아버지와 반대로 엄마는 한 뼘의 땅도 가만두질 않았다. 울 엄마를 닮은 어떤 이가 여기에도 있었다. 남의 허튼 공간까지 사명감을 쥐어주는.

어릴 적 잠시지만 내가 살았던 집과 비슷한 구석이 한 곳이라도 보이면 당장이라도 계약할 듯 의미심장했다. 마침내 발견했다. 지하에 파 놓은 토방이었다. 그곳은 나뭇가지로 이어진 사다리를 타고 내려가야 하고 다시 올라 올 것을 보장 못하는 장소처럼 보였지만 난 호기심에 맨발로 내려섰다. 작은 공간이지만 베틀도 있고 벽에는 숫자들이 적혀있었다. 한 쪽 벽은 온 마을을 내다 볼 수 있는 손바닥만한 구멍도 뚫려있다. 내가 보이진 않고 나는 볼 수 있는 공간에서 묘한 쾌감을 느낀다. 토방 굴을 나와 서니 정상에 오른 것만큼 충만함이 솟구치는 산등성이가 내게 윙크한다. 나를 에워쌓아 숨이 멈춰도 한동안은 숨을 모을 수 있을 것 같은 곳. 언제든 일상이 지겨워지면 홀연히 떠나도 뚜렷한 목적지가 정해진 곳. 내가 살아 있음을 느끼고 나란 존재를 확인하는 곳.

부엉이가 음산하게 어둠을 흔들어대는 듯 창문에선 피리소리가 나고 생각을 두드리는 밤이다. 어제 모르는 번호의 전화를 받았다. 농사지은 쌀을 보내겠다고 한다. 전에 농작하시던 할아버지가 돌아가셨고 다른 사람이라며 이름을 밝히고 우리 집 주소를 묻는다. 할아버지 부음소식을 늦게 듣긴 했지만 조의를 표하지 않은 일이 그제야 생각났다. 일 년 먹을 우리 양식을 지어주셨던 분인데 잠시 머리를 조아린다. 내일 쌀이 도착한다고 한다. 조금 전 알려준 발신인의 이름이 귓가에 웅웅댄다. 낯설지 않다.

홈쇼핑 마니아

세상이 참 편해졌다. 굳이 장바구니를 들지 않아도 집 안에서 물건을 구입한다. 더 좋은 건, 마음에 들지 않으면 타박 없이 반품이 가능하다. 예전 같으면 상상도 못 할 일이다. 물건을 직접보고 이것저것 비교도 해보며 가격을 깎아야 하는데 그런 수고는 미리 다 알아서 척척 해결까지 해준다. 깎아 달라는 말을 모기소리 만하게 하는 내겐 적격이 아닐 수 없다.

우리 생활에 홈쇼핑이 들어 온지 십여 년 정도 되는 것 같다. 우리 집을 봐도 홈쇼핑에서 구입 한 것이 여럿 된다. 냉장고부터 소파, 청소용품을 비롯하여 의복도 사고 이젠 먹을 것까지 산다. 지난번 장어를 주문하여 저녁 별미로 내놓았는데 가족들의 아낌없는 찬사를 들었고 이번에는 중화요리 세트를 주문했다. 튀기는 부분이 손이 가긴 했어도 깐풍기와 누룽지탕에 탕수육까지 근사한 만찬이 되었다. 쇼 호스트가 말 한대로 내가 구입 한 금액으로 중화요리 식당에서 시켜 먹을 수 없는 가격이었고 대만족이었다.

홈쇼핑 판매의 초기 무렵이다. 가방을 구입하면 증정품이 있다고 했는데 택배박스 안에 내가 갖고 싶었던 명품백이 함께 따라왔다. 창고직원의 실수였고 순간 갈등이 생겼다. 몇 십 만원은 족히 줘야하는 가방이어서 탐도 났지만 양심에 걸려 전화했더니 전혀 모르고 있고 놀라는 음성이었다. 전화를 끊고 얼마 되지 않아 특급택배가 회수해 갔는데 어찌나 배가 쓰린지 굴러온 복을 찬 것 같아 잠까지 설쳤다. 하지만 그리 많지 않을 월급에서 배상을 해야 할 창고 담당자를 떠올리자 사심은 금세 잠재워졌다. 그런데 세상은 멋지다. 얼마 후, 홈쇼핑에서 행사하는 경품추첨에 드럼세탁기가 당첨되었다. 지금이야 많이 보급되었지만 그 당시엔 시판되던 초기라 백만 원을 호가하는 상품이었고 지금껏 고장 없이 십 년째 사용하고 있다. 사실 자막 아래에 뜨는 경품안내를 구매의 광고효과로만 보았는데 그 후 세탁기를 사용할 때마다 홈쇼핑에 믿음이 보태졌다.

발을 깁스하고 꼼짝없이 집안에 갇혀있을 때는 거의 매일 택배물건이 초인종을 눌러댔다. 집안 살림은 내 몫이었는데 장을 볼 수 없어 침대에 누워 리모컨을 쥐고 다른 프로그램보다 홈쇼핑을 자주 보았다. 골절에 효험이 있다는 사골 국까지 일회용으로 판매하는 것도 다이얼을 누르게 했고 가족들은 나의 사재기 행동에 감히 간섭하지 못했다. 외출도 못하는 처지에 저러다 깊은 병이 도질까 우려해 택배가 오면 울상인 얼굴을 애써 감춘 채 내게 들이밀었다. 어제 구매한 물건이 마땅치 않으면 오늘은 반품을 가지러 온 택배기사와 새로운 물건을 배달 온 직원들로 온종일 강아지 두 마리는 짖어댔다. 하지만 꼭 필요한 물품만을 사려고 사재기와 현실을 저울질하곤 했다. 혹 가족이 없을 때, 목발을 짚고 배달물건을 받아 챙기는 내 모습은 닫혀 진 일상에서 즐거움을 찾으려는 서툰 걸음이란 걸 택배기사는 눈치 챘을까. 불편한 몸으로 박스를 받아 쥐는 내 모습을 거울로 바라보며 혼자 웃기도 했다. 그 사이 복사뼈는 사근사근 여물어가고 있었다.

언젠가 친구와 재래시장을 간 적이 있다. 친구는 눈으로 보고 흥정하는 맛이라는데 예전처럼 기대이상의 덤도 없고 신원이 불투명한 제품이 많다고 고개를 가로젓곤 한다. 단지 재래시장에 가면 유년시절이 떠오른다. 어머니를 따라 시장가는 것을 좋아했다. 고무줄놀이를 마다하곤 엄마치마자락을 붙잡으면 처음엔 따라오지 못하게 손을 훠이 젓던 어머니는 건어물 상점에서 장을 보시며 오징어채 한 줌을 슬쩍 쥐어주신다. 혼나가며 따라 온 보람을 꾸역꾸역 느꼈다. 따라오지 못하게 할 땐 계모 같던 어머니가 반전되는 순간이다. 그러나 이젠 먼지라도 앉았을까 싶어 손이 가질 않는다. 시끄러운 시장 통과 물이 흥건한 바닥이 이미 내 성향에서 벗어나 있다. 믿을 수 있는 통신망과 얼굴에 파운데이션을 두드리며 시간 절약이 되는 홈쇼핑이 내겐 안성맞춤이다. 집안까지 배달해주고 포장도 절대 허술하지 않다. 반품하기 위해 전화하면 깍듯이 보완하겠다고 고개 숙인 음성이 미안할 정도다. 나날이 새로운 제품들이 방송을 누비고 있다. 자동사판매부터 아파트 분양까지 하고 있다는 것은 그만큼 우리 생활에 다가섰다고 본다.

새로운 소비 형태인 홈쇼핑은 바로 지금이 아니면 누릴 수 없는 것처럼 많은 혜택을 갖고 방송중이다. 실질적이고 박진감 있는 프로를 보며 그동안 구매하고 싶었는데 기회가 없던 제품이 채널을 고정시키고 머뭇거리게 만든다. 이것도 지나온 시절 내가 여러 번 놓친 그런 특별한 기회인가 싶은 비약까지 하게 한다. 화면 옆으로 줄어드는 구매시간에 덩달아 심장박동 수는 빨라지고 쇼 호스트의 후회 할 것이라는 은근한 협박에 수화기를 째려보고 있다.

당신은 **몰라**

방송에선 때도 아닌 오동잎이 떨어졌다고 그의 생전 히트곡이 서글프게 울려 퍼지고 있다. 구수한 냄새가 번질 것 같은 그의 미소도 인터넷 사이트를 그득 채우고 그의 음악으로 감성을 채웠던 그 옛날 젊음들이 애도하고 있다. 내겐 오동잎보다 '최헌', 그가 '검은 나비'란 그룹으로 활동하던 시절의 대작 '당신은 몰라'의 목이 쉰 듯 허스키한 저음에 매료되었고 본인 스스로 배추 파는 아저씨 같다고 유쾌하게 웃던 음성이 귓가를 서성거렸다.

노래를 잘 하지도 못하면서 마음에 드는 곡이 생기면 수없이 듣는 것은 오래 된 나의 습관 같은 취미였다. 대학 1학년, 그날도 점심을 먹으러 친구들과 학교에서 가까운 명동으로 갔다. 학교 앞 분식센터에서 식사하는 날보다 DJ 이종환씨가 운영하는 명동 '쉘브르'에 가는 날이 대부분이었다. 그곳에서 밥 대신 토스트에 커피 한 잔과 생음악으로 채워도 허기를 느끼지 못하는 시절이었다. 낮엔 무명가수들이 부르고 지녁이 깊어갈수록 권태수, 김세화, 어니언스 등 당시 인기가수들이 출연하기에 집에 가는 길은 늘 뒷전이었다. 그 날도 지하계단을 내려가는데 생음악 대신 당시 최고 유행곡 '당신은 몰라'의 밀물 같은 전곡이 가슴에 요동을 치며 울려 퍼졌다. 걸핏하면 엎어지기 일쑤인 지금과는 달리 동작 빠르게 내려가 쉘브르 입구에 있는 빨간 공중전화기통에 얼른 동전을 넣었다. 회사에 근무하던 여고동창에게 들려주기 위해서였다.

교환아가씨가 받았다. 친구의 부서로 돌려달라고 했는데 형식적이고 반듯한 말투의 아가씨는 갑자기 "어머, 최 헌의 노래네요? 너무 좋아요. 거기 어디세요?" 하며 일반적인 음성으로 변해 환호했다. 좋아하는 음악을 들려주려고 전화한 거라며 1절만 듣고 친구에게 돌려달라고 했는데 그때 앓는 소리까지 내며 계속 감탄하던 아가씨는 내 또래이거나 연장자였을 듯. 오늘 그의 부음소식을 듣고 아마 나처럼 예전 그 기억을 끄집어냈을지도 모르겠다. 쉘브르라는 말에 더욱 부럽다는 여운을 흘리며 아쉽게 친구자리로 전원을 꽂았을 그녀와 근무 중에 받았던 친구는 '당신은 몰라'가 들리자 복권이라도 당첨 된 듯 탄성의 소리를 죽여 감추고 서로 수화기 속 그의 음악을 즐겼었다.

앨범을 보면 웃음이 번질 때가 많다. 그룹 '검은 나비'가 활동복으로 입었던 것처럼 나도 앞가슴에 넓적하게 검은 나비가 페인

팅 된 티셔츠에 청바지를 입고 다니던 그때, 음악 하나로 세상을 다 가진 것만큼 해 줄 수 있었던 그가 존재하지 않는다는 것이 마치 친정오라버니가 세상을 뜬 것 만큼 서운하다. 점점 저장이 힘들어지는 내 추억을 이렇게 도려내야 하는 것도 몹시 슬프고 안타깝기 짝이 없다. 가끔 노래방에 가면 부르는 애창곡 중 하나로 그의 독특한 음성이 내뿜는 맛깔은 낼 수 없지만 기억을 더듬는 일에서 이젠 그를 추모하는 음악으로 바뀌고 말았다.

꽃미남은 아니지만 후덕하게 생긴 외모와 보통의 그룹사운드 리더처럼 사이키델릭한 요소보다는 트로트 필이 강해 대중적인 인기도 많았던 최 헌. 심야방송 게스트로 출연하여 그의 음성과 밤을 지새운 적도 여러 번, 그를 좋아하기 이전에 히트곡 '당신은 몰라' 에 늘 새는 가슴을 채우다 보통의 서민적인 정서와 화통한 성정이 나의 청춘기를 채워주고 있었는데 바로 오늘, 생니 빠지듯 뽑혀버렸다. 식도에 문제가 있었다고 한다. 자다 깬 음성 같다며 자신의 독보적인 매력에 겸손하던 그의 낮은 톤이 가끔 듣고 싶을 것 같다. 사람은 살아서 작별해야 한다던데 함께 이런저런 추억과 삶을 이야기 할 관계는 아니지만 깊은 애도를 하는 한 중년여인의 헛헛한 심중을 갑자기 떠나버린 최 헌, 당신은 알까?

욕심쟁이 1박 2일

한 해를 보내야 하는 시점에 머물렀지만 차분하게 맞을 준비도 그나마 되지 못하고 있다. 왠지 모를 불안한 마음이 겹을 이루고 머리를 짓누르는 듯하다. 성경말씀에 욕심도 죄악이라는 말이 있다고 한다. 수긍이 간다. 이 세상 모든 일이 근본을 찾다보면 모두 욕심에서 시작되었다고 해도 과언이 아니다. 반대로 말하자면 그 욕심으로 인해 꿈을 이루는 경우도 있기에 딱히 좋다 나쁘다 단정 지을 수 없지만 일단 욕심이란 어휘 자체가 기본을 벗어난 탐욕스런 느낌이 강하다. 사실 욕심 없는 사람이 있을까싶다. 표현의 범위만큼과 원하는 일의 결실에서 가늠할 수 있을 뿐이다.

무릇 욕심은 자신의 성품에서 나온다고 할 수 있다. 갖기보다 내려놓기가, 비워내기가 얼마나 힘든지 난 잘 모른다. 내가 욕심이 많기 때문에. 성에 찰 때까지 갖고 싶어 하고 더 이상의 욕망을 꿈꾸곤 한다. 하지만 그에 따른 절제만큼은 잘 알고 있다. 어느 선을 넘으면 범법행위가 될 수 있기에 다행히 본인의 판단으론 그 기준을 벗어나진 않았다고 본다. 끊이지 않게 마음을 다스리고 욕심을 자제하려는 행위는 살아 있는 한 숨쉬기운동만큼이나 계속 이어져야 할 일이라는 생각이다.

몇 해 전부터 시댁형제들이 모여 김장을 하고 있다. 귀농한 형님 댁 밭에 절기에 맞춰 씨를 뿌리고 경작을 하여 성숙한 김장용 배추로 여물어가는 수순을 지켜보다 더 추워지기 전에 날을 정해 1박2일로 김장을 한다. 각 집에서 양념을 하나씩 맡고 특별음식도 챙겨온다. 배추 뽑는 일은 남자들의 몫으로 거의 삼백 포기이상을 절인다. 마당에서 여러 개의 붉은 고무 양푼에 소금을 풀어 반쪽으로 나눈 배추를 절이는 일도 만만치 않은 일이다. 한쪽에선 각종 양념을 다듬고 무채를 썰고 주방에선 이틀 내내 고기 삶는 냄새가 여느 잔치 집 부럽지 않다. 배추가 많아 양념 속도 그만큼 비율에 맞춰야 하기에 나 같이 소꿉놀이만 하던 주부는 감히 간을 맞출 수 없다.

거실에 넓고 두꺼운 비닐을 펴놓는다. 양념이 하나씩 부어지고 고춧가루와 젓갈이 엉키면서 김장속이 만들어진다. 비닐 끝에 간격을 두고 한 사람씩 자리를 잡고 앉아 양념을 비비며 남자들이 날라다 주는 절인 배추에 김장 속을 넣는다. 우선 예의상 집주인

김치 통을 채우고 각자 챙겨 온 통에 속 넣은 김장김치를 담게 된다. 그때부터가 문제다. 김치통의 개수와 크기가 천차만별이기에 같은 수고를 해도 누구는 더 많이 가져가게 되고 식구가 많은 집은 다시 해야 하는 이중 일이 생기기도 한다.

실상 김치 통엔 얼마 들어가지 않는다. 난 세 개만을 들고 갔는데 다른 집 자동차 뒤 트렁크에서 한 없이 나오는 김치 통을 보고 갑자기 머리에서 징소리가 났다. 우리 것을 양껏 가져 갈 수 없을 듯해서다. 그러나 김치통보다 더 좋은 걸 알았다. 들통이다. 한 집은 포개진 들통을 세 개나 꺼내는데 나도 모르게 입안에서 헉 소리가 났다. 들통 안에 김장용 비닐을 깔고 김치를 넣으면 어지간히 넣어도 붉은 빛이 전혀 보이지 않는 깊고 깊은 우물 같은 들통. 들통 하나에 들어가는 김치 량은 대충 일곱 포기이상은 될 듯하다.

조용하다. 모두 각자 통에 양념을 듬뿍 넣어 담느라 전에 볼 수 없던 영민한 모습들이다. 시집간 딸과 며느리까지 대동한 형님들을 보니 까딱하다 우리 몫을 제대로 챙기기가 어려울 듯 했다. 양념 간을 보라는데 귀에 안 들어오고 어떡하면 김장을 더 담아오나 눈앞에 쳐진 거미줄을 헤치고 있었다. 농약을 치지 않은 배추라 벌레가 지나간 자리들이 상실되어 배추는 시원하게 단발머리 모양을 한 것들이 많았다. 제대로 된 절인 배추를 고르려는 예리한 눈빛들에 감전 될 것만 같았다. 모두 더 많이 담으려는 몸짓들이 확연히 보이는 웃음 감춘 코미디였다.

숨소리보다 양념 치대는 소리가 더 크게 들린다. 형님은 김장

속을 넣고 재빠른 조카딸이 자신들의 자동차에 채워진 김치 통을 갖다 넣는다. 시누이 둘은 서로 챙겨주기에 급급하다. 나도 질 수 없었다. 세 통이야 쉽게 담고 얼른 주방 뒤에 조금 남은 귤 박스를 비워내고 비닐을 씌워 담기 시작했다. 완성된 김장김치를 하나하나 얹을 때의 포만감이란 이루 말 할 수 없다. 박스의 형체보다 위로 불룩하게 삐져나올 정도로 담아 남편에게 자동차에 실으라고 손짓했는데 옮기기가 멋쩍었는지 뭘 그리 많이 가져가느냐기에 눈이 사시가 될 만큼 흘겨줬다.

실상 우리 식구가 먹는 것은 얼마 되지 않는다. 그동안 얻어먹은 지인들에게 내가 한 거라며 주고 싶었다. 김장 외에 겉절이, 깍두기, 우거지와 배추, 무우들로 자동차 안은 겨우 내 한 몸 꾸겨 넣을 수 있을 정도만 남겨두었다. 다른 집 자동차 역시 바퀴들이 울상을 짓고 있었다. 자신들 것만 챙기기가 면구스러운지 서로 안 가져 가냐고 일단 묻곤 적당량을 분배하는 거래는 결코 상도의에 어긋나지 않았다.

욕심들도 점점 배양되는지 겨우내 양식이 될 만한 것들을 다섯 대의 자동차에 주섬주섬 담는 모습이 마치 좀도둑을 보는 것 같았다. 딸을 셋이나 둔 큰 형님이 아무래도 분주하셨다. 결국 탈 자리가 없다고 외치는 조카딸 소리에 자신들의 행보를 돌아보며 웃음보가 터지고 말았다. 가족에게 먹이려는 주부의 욕심이 맘껏 속내를 보이던 기억 한줄기 1박2일이다. 그 해 김장은 아직도 입맛이 출타한 날 식탁위에 묵은지로 톡톡히 제 몸값을 하고 있다.

오지랖 두 번째

도대체 겨울이 오는 걸까 싶도록 기온은 가을 냄새를 풍기다 제법 겨울다운 냉기가 옷깃을 여미게 하던 날, 통영에 사는 딸과 사위가 왔다. 전날 도착해서 하룻밤을 묵고 다시 장시간 자신들의 보금자리로 가야한다. 식당에서 점심을 먹고 주차장에 있던 자동차로 향하는데 아들은 전봇대에 붙여진 전단지를 보고 있었다. 사진을 찍기에 나도 자동차 창문을 내리고 잠시 전단지를 보았다. 키우던 강아지를 찾아달라는 내용으로 강아지사진을 컬러로 크게 확대해 붙여놓았다. 온기를 파고들고 싶은 계절에 어디에 있는지 애처롭게 쳐다보다 자동차는 출발했다.

견주는 유기 견으로 데려다 몇 년을 키웠다고 적혀있었고 까만 색 '슈나이저' 특이한 모습이 눈에 아른거렸다. 사실 이런 일은 비일비재한 경우라 잠시 혀 끓는 소리나 낼뿐 어쩔 도리가 없다. 식당이 도청 앞이라 전매청 삼거리에서 좌회전을 하려는데 갑자기 전매청 안, 아파트 분양공고 견본주택 현수막이 눈에 들어왔다. 그동안 수없이 그 길을 지나도 들어가고 싶은 생각이 없었고, 바로 아이들은 짐을 챙겨 출발해야 하는데 '저 견본주택 구경 좀 하고 갈까?' 했더니 모두 그러자고 했다. 또 다행이도 좌회전 줄에 서있었는데 직진 선으로 이동 할 수 있는 공간이 있었다. 그것도 희한한 일이었다.

휴일이라 주차장은 자동차로 빽빽하게 정렬되어 있어 '한참을 돌아야겠구나.' 생각하던 차에 뭔가 움직이는 검은 물체가 보였다. 개 한 마리가 자동차 사이를 이리저리 돌아다니고 있었는데 머리 모양이 특이했다. 순간, 조금 전 본 '슈나이저'라는 생각이 들었고 운전을 하느라 앞만 보고 있던 나와 달리 주변을 둘러보고 있던 가족들이 그제야 모두 쳐다보곤 비슷하다며 아들이 급하게 먼저 내렸다. 휴대폰으로 찍어 둔 사진을 열어보며 강아지 쪽으로 달려갔는데 강아지는 그새 바퀴 틈으로 어디론가 사라져 우리 시야를 벗어났다. 순식간이다. 전단지에 적혀있던 '복돌이'란 이름을 부르며 얼어버린 잔디 위를 찾아다녔지만 실상, 주인이 아닌 우리 음성을 듣고 제 발로 나오긴 만무였다.

아들이 견주에게 전화를 했다. 비슷한 개를 보았는데 이곳에 와 보시라했더니 지금 유기견 보호센터에서 봉사를 하고 있다며 아이들을 보낸다고 한다. 눈도 조금 내리고 기온이 떨어져 몹시 추운 날, 난데없이 견본주택이 보고 싶었던 내게 무슨 신기(神氣)가 있나 싶었다. 짐을 챙겨 딸과 사위를 빨리 보내야 하는데 말이다. 아들은 넓은 전매청 안을 돌아다니며 이름을 불렀고 실상 예쁘게 꾸며놓은 견본주택보다 강아지 찾는 일에 신경이 더 쓰였다. 특이한 품종이라 거의 확실한 느낌이 들었다. 우린 집으로 출발하고 아들만 혼자 남아 견주를 기다렸다. 날도 추운데 옷을 얇게 걸친 아들에게 괜한 어미의 오지랖을 얹어주었나 싶기도 했다. 딸을 보내고 다시 전매청으로 갔는데 견주 아이들과 아무리 찾아도 없다고 한다. 수위아저씨께 사진을 보여주었더니 얼마 전부터 이곳에 보였다고 했다는 말에 우리가 헛된 시간을 보내는 건 아니라는 생각이 들었다. 크고 굵은 아들의 음성이 무섭게 들려 더 깊은 곳으로 숨었을지도 몰라 견주아이들에게 맡기고 집으로 돌아왔다. 찾으면 좋겠다는 위로의 말을 전하고 잠시 잊고 있었다.

이튿날, 아들이 모르는 번호의 전화를 받았는데 말을 안 하고 흐느끼고 있어 깜짝 놀랐다고 한다. 누구냐고 물으니 견주인 아주머니가 "우리 복돌이 찾았어요." 라며 우시기에 가슴 속이 뜨끈해지며 저도 모르게 목소리가 커졌다고 했다. 나 역시 뿌듯하고 안도의 숨이 내쉬어졌다. 한파가 이어지는데 집으로 돌아 갈 수 있어 천만 다행이었다. 다음날, 다시 그분에게 연락이 와선 20만원 사례금을 걸었다는 말을 조심스레 하셨다고 한다. 사실 우린 사례금이 있는 건 몰랐다. 강아지 얼굴만 애처롭게 보느라 위에 써놓은 글자는 미처 눈에 담지 못했다. 우리도 강아지를 키우고 있고

16살이라 정이 많이 들었는데 몸이 아파 건강하게 기도나 해달라고 부탁했다고 한다. 복돌엄마는 굳이 전해 듣지 않아도 고마워했을 것이다.

강아지 약을 지으러 동물병원에 갔다. 체중을 달고 있는 1킬로 아기 '미니 팬'이 누런 박스 안에 맨 몸으로 눈에 보일 정도로 가냘프게 떨고 있었다. 우리 강아지는 두툼한 털옷을 입히고 담요를 뒤집어 씌웠는데도 겁이 나 떨고 있는데 이 추운 날, 건축현장에 버려있었다고 한다. 장염으로 설사를 하여 소장이 치우라는 걸 가엾다고 직원이 데리고 온 것이다. 치료비와 하루 호텔 비 포함 6만원을 지불하는 직원을 보며 담요를 건네주었다. 얼른 집에 와 작아서 못 입히고 있던 새 옷을 갖다 입혀주었다. 직원이 내일 집에 데려가 키운다고 하니 눈망울이 튀어나올 듯 깡마른 강아지가 더 이상 안쓰럽지 않았다.

이렇듯 세상은 각박하지 않다. 작은 생명의 소중함을 아는 사람들이 사람냄새가 나서 좋다. 방송에 가끔 나오는 학대 견들을 보면 몹시 마음 아프다. 발로 걷어차고 전기 줄로 때리는 장면을 본 날은 잠을 이룰 수 없었다. 이유 없이 분풀이 대상이 되어 구타하는 장면은 힘없는 애완견에게 할 짓이 아니다. 소양이 부족한 이들의 만행은 아무런 대응조차 할 수 없는 작은 생명의 처절한 고통소리가 들리지 않는지, 눈망울을 자세히 들여다보았는지, 강아지를 키워 본 사람은 안다. 멍멍 소리만 낼 뿐 모성과 사고를 가진 동물이란 걸. 눈의 시력을 잃은 장애우들이 안내 견에 의지하는 것을 보더라도 말이다.

아들에게 미니 팬 이야기를 했더니 어린강아지를 버릴 수가 있느냐며 모르고 집을 나온 것 같다고 실종신고센터를 뒤진다. 비슷한 얼굴들이 많았지만 전화해보니 3킬로라고 한다. 내가 분명 체중계에 올려놓는걸 보았기에 아니라고 해도 실종가족은 다시 그 동물병원을 가르쳐달라고 전화했다. 가서 확인 해보겠다고 한다. 나라도 그럴 것 같다. 그새 굶어 살이 빠졌나 싶은 마음이 들을 것이 분명하다. 잃어버린 강아지를 주인에게 찾아 준 보람이 컸던지 아들은 나와 한 조를 이뤄 실종 견 찾아주는 센터를 운영해 볼 생각이 없느냐고 한다. 그렇게 가슴 덥혀지는 일만 하고 살수 있다면 얼마나 좋을까.

화순천사

새벽 다섯 시도 안 되었는데 침대 끝 모서리에 앉아 끙끙대며 내려달라는 화순의 소리가 들렸다. 단잠을 자다 몸을 일으키기가 천근만근이었지만 얼마 전부터 사료도 입에 대지 않고 전과 달리 움직임이 없는 터라 조그만 반응에도 반갑기만 했다. 훌쩍 가벼워진 화순을 바닥에 내려놓자 얼른 화장실로 들어간다. 질질 흘리면서까지 화장실로 찾아가 바닥에 쪼그리고 앉아 쉬를 하는데 다리가 당장 주저앉기라도 하듯 바들바들 떨고 있었다. 힘이 부치는데도 제자리를 찾아와 처리하는 모습은 쳐다보기 애처로울 정도였다.

얼마 전, 동물병원에서 안락사를 시키라고 했다. 의식이 오락가락하는 상태이고 이미 심장과 간이 비대해있어 거친 호흡으로 지켜보는 가족들도 고통이라며 권한다고 했다. 그러나 아직 숨을 쉬고 있는 화순에게 차마 약을 투여할 순 없다며 거절했고 그 후 한 달 여 시간이 흐르고 있었다. 화순인 간간히 발작을 일으키기도 하고 겨우 안정이 되면 숨을 할딱이며 길게 혀를 내밀고 있어 그저 껴안고 토닥여 줄 수밖에 없었다. 사료도 입에 대질 않고 물만 겨우 먹고 있어 그 통통하던 엉덩이 살이 눈에 띄게 초췌한 모습으로 변해갔다. 밤색 털빛도 옥수수 자락처럼 윤기 없이 엉켜있고 힘이 드니 용변만 처리하곤 얼른 자기 자리로 들어가 엎드려 있기만 했다. 혹시 고기통조림은 먹을까 싶어 사왔는데 혼신의 힘을 다해 통조림 한 통을 해치우곤 통 바닥까지 핥아먹는 힘에 너무 놀랐다. 그나마 통조림을 먹어주어 고마웠다. 딸은 유학에서 귀국할 날이 얼마 남지 않았는데 통화 할 때마다 도착하는 날까지 화순을 살려놔야 한다고 애절한 부탁을 하곤 해 그 책임 또한 충실해야했다. 천만다행으로 아픈 몸으로라도 재회할 수 있었다.

딸이 돌아온 지 이틀째 되는 새벽 다섯 시. 다시 잠을 청하기엔 아까운 맑은 정신이라 컴퓨터를 부팅시키고 베란다에 나간 사이 거실에서 화순의 괴로운 몸짓 뒹구는 소리가 들렸다. 서둘러 들어왔는데 화순인 온 몸 털이 엉켜 헐떡이며 서 있었다. 발작을 한 것이다. 화순의 눈빛은 이미 초점을 잃고 눈곱까지 끼여 연신 휴지로 닦아내야 했다. 이렇게 힘들어 하는 모습에 우리가 너무 한 것이 아닌가 싶기도 했지만 곧 안정된 모습을 보고 컴퓨터 의자에 앉았다. 조금 후 힘겹게 내 옆으로 오더니 처연한 눈빛으로 나를 올려다본다. 그것이 마지막 눈 맞춤일 줄은.

"에구, 힘들지?" 축 쳐진 화순을 안아 무릎에 앉혔다. 길게 가로로 앉히고 등을 쓰다듬어 주었다. 그리곤 자판을 두들기고 있는데 갑자기 화순의 방귀소리가 들렸고 어제 먹은 고기통조림이 마구 쏟아지고 있었다. 얼른 안고 일어나 바닥에 놓고 휴지를 찾으려는데 엎드린 화순이 움직이질 않는다. 뉘어 놓은 자세로 좀 전까지 숨을 들썩이던 등짝은 고요했다. 다시 쳐다보아도 숨을 쉬지 않는다. 얼굴을 보니 눈을 부릅뜨고 혀는 옆으로 길게 늘어져있었다. 그 시간이 다섯 시 삼십분. 곤한 잠을 자고 있는 남편과 아이들을 깨웠다. 눈을 비비며 나온 가족들은 바닥에 늘어져있는 화순의 죽음을 확인했고 모두 얼굴이 일그러지기 시작했다. 난 그동안 뒷수발을 하며 짜증도 내고 화장실로 가며 질질 흘리는 화순을 향해 구박의 독설도 서슴지 않았던 것이 그 만큼의 아픔으로 부메랑이 되어 돌아왔다. 오늘 이렇게 떠날 줄 알았다면 좀 더 사랑을 느끼게끔 한번이라도 더 품에 안아줄 것을… 한편으론 모두 내 소관이었던 뒷일에서 벗어났다는 홀가분한 마음과 자식과 진배없는 가슴 저림으로 하염없이 눈물이 쏟아졌다. 화순이 전용 작은 담요에 화순을 싸고 얼굴은 보이는 채로 늘 자던 우리 부부 베개사이에 뉘었다.

다 큰 아이들이 얼굴이 상기되어 눈물을 훔치고 있고 남편도 화순을 어루만지며 눈물을 흘리고 있었다. 인터넷으로 알아 둔 동물 장례식장은 오전 10시에 문을 연다고 한다. 침대에 누워있는 화순인 그새 온기가 사라지고 나무토막처럼 굳어져가고 있었다. 머리를 쓰다듬다 결국 얼굴을 부비었다. '잘 가라. 가엾고 착한 것.' 수원 '하서동' 에서 주인에게 버림받고 우리 집에서 육 넌 살다간 애교덩어리 천사야. 자궁을 들어내는 대수술에 관절수술까지 한 후로 절뚝대며 걷던 화순인 나를 보호한다고 공원에서 모르는 남자가 말을 건네자 그 남자를 향해 짖어대던 뒷모습이 어찌나 감동이었는지 모른다. 검은 하늘아래 3킬로그램 동물의 목청은 주변을 놀라게 한 강한 행위였다. 우리가족에겐 순종하고 타인에겐 주인을 보호해야한다는 것을 어디서 배웠을까. 그깟 사료와 간식을 주었을 뿐인데.

남편은 화순을 어루만지다 출근준비를 했다. 오늘 급한 업무로 장례식엔 참석 못한다면서 누워있는 화순을 마지막으로 지켜보며 '잘 가라' 고 쓰다듬다 다시 눈물을 보인다. 벌건 눈으로 어찌 회사를 갈까 싶었다. 매일 저녁 퇴근해 돌아오면 아빠 왔다는 말에 뒤뚱대는 걸음을 초고속으로 달려 남편 주위를 맴돌며 애교를 부리던 화순인 남편에게 간식을 얻어먹곤 최상의 기분이 되었고 남편을 유별나게 따랐다. 사료 값을 벌어오는 가장이라는 걸 파악한 듯 소파에 앉아있는 남편 어깨까지 타고 오르질 않나 바닥에 온몸을 흔들어대는 몸짓으로 웃음보를 터지게 했다.

아버지 이후 생명체의 죽음은 처음이다. 그러나 전혀 무섭지 않고 죽은 화순을 어루만지며 지켜보고 있었다. 사람처럼 동물에게도 장례식장이 있다는 건 강아지를 키우며 알았다. 개는 개 일뿐이라는 지론을 가진 사람은 애완견을 키우지 않는 이의 말이고 우린 한 침대에서 잠자며 정들은 가족이고 마지막까지 책임져 주어야 할 보호자다. '컹컹!' 밤하늘을 가로 지르며 짖던 음성이 귓가를 맴돈다. '늘 네가 자던 곳에서 10시까지 머물다 가렴.' 아이들도 울면서 화순을 만져주고 딸은 짐이 많아 소포로 화순에게 줄 인형을 보냈는데 그것을 전해주지 못해 안타까워했다.

출근한 남편에게 전화가 왔다. 일을 미루고 집으로 들어온다고 한다. 반려동물 봉고차가 오기 전까지 우리 가족은 울먹이며 밥을 먹고 서로 눈을 마주 칠 수 없을 정도로 충혈 되어 있었다. 장례차량이 아파트 현관 앞에 도착했다는 전화가 왔다. 화순을 안고 '지니'와 마지막 인사를 시켰다. 아는지 모르는지 짖어대는 지니의 목청이 달리 들렸다. 흡사 앰블런스 느낌의 봉고차량엔 '반려동물' 이라는 글자가 선명하게 적혀 있었고 난 이렇게 많은 눈물을 쏟아내는 이유를 그동안 내게 화순인 '반려자' 이었다는 사실을 깨달은 날이기도 했다. 남편이 운전하는 자동차 안에 우리 가족이 타고 봉고차를 따라 갔다. 난 뒷자리에서 화순을 담요에 싸안고 얼굴을 부비고 있었다. 눈을 감겨주어 편히 자는 모습이었다. 혀가 시퍼렇게 변해있었지만 그것조차 가엽기만 했다. 내 손으로 거둘 수 있어 다행이라는 생각만 들었다.

남양에 위치한 장례식장은 들판 옆에 가건물로 조금 섬뜩했으나 원장님이 침통한 표정으로 맞아주셨다. 화장터와 납골당이 갖춰져 있고 종교별로 제를 올리는 장소까지 마련되어 있는데 직원은 정중하게 견주의 이름부터 묻는다. '이씨' 라고 알려주니 제 올리는 곳에 '이화순' 이라고 붓펜으로 써서 지방을 부쳤다. 솔직히 이 정도까진 아닌데 싶어 딸과 눈이 마주쳤지만 죽기까시 한 화순에게 미안한 것 같아 서로의 눈을 피했다. 담요에서 꺼낸 화순을 염 한다고 한다. 아버지 염습할 때처럼 수의사님은 하얀 가운과 마스크를 쓰고 가는 빗으로 화순이의 털을 곱게 빗겨주었다. 건강하게 살아있을 때처럼 윤기가 흘렀다. 핀셋으로 혀를 집어넣어 입을 다물게 했다. 잠잘 때 모습으로 너무 예뻤다. 하얀 한지에 화순의 다리 네 개가 하나 하나 곱게 싸여지고 꼬리, 머리, 몸통이 하얀 옷으로 감싸졌다. 그리고 관에 놓여 제를 올리라고 한다. 잘 가라고 지폐 한 장을 화순 영정 앞에 올려주었다.

조금 후면 화장을 해야 한다. 직원은 화순에게 카드를 쓰라고 했다. 훌쩍이던 우리 네 명이 한 장씩 들고 있는 모습을 보니 아무런 말이 생각나질 않았다. 조금 과하다 싶다는 생각이 스쳐 딸을 쳐다보았다. 퉁퉁 부은 눈으로 동조의 눈빛을 보내왔지만 우린 원하는 식순에 맞춰 화순에게 보내는 마지막 카드를 쓰고 있었다. 결국 익숙하지 못한 난 '사랑해 상훈아' 라고 아들이름을 쓰는 헤프닝을 벌였고 화덕으로 들어가기 전 화순을 꼬옥 끌어안고 한참을 있었다. 좋아하던 인형과 지니와 커플로 입었던 빨간 옷 한 벌, 피부병이 심해 등을 긁어주면 좋아하던 작은 안마기를 함께 넣었다. 다시 눈물이 쏟아졌다.

빨간 불이 켜지고 이십여 분이 흘렀다. 화순의 잔해는 굽은 등

모양의 형태로 한 눈에 화순이라고 알 수 있었다. 가는 나뭇가지 같은 화순의 유골을 분쇄기에 담아 돌리려는 것을 하지 말라고 부탁했다. 아버지를 화장장으로 했을 때도 워낙 야위신 분을 날카로운 기계에 돌리게 한 것이 두고두고 걸렸다. 다행이 작은 도자기 함안에 화순인 모아졌다. 나무함에 넣어져 납골당에 보관한다는데 도저히 두고 갈 수 없어 집으로 가져가면 안 되냐고 물었는데 육 개월만 보관하다 산에 묻어주라고 했다. 그곳이 언제 철거 될지 모르고 보고 싶어 매일 와야 할 것 같아 집에 데리고 가자는 가족들의 만장일치로 안고 왔다. 죽었지만 데리고 올 수 있다는 사실이 무척 기뻤다. 시간은 점심시간을 훨씬 지나 우리 가족은 음식점에 주차하고 내리려는데 역시 눈가가 벌건 아들의 말에 결국 웃고 말았다. "화순이 차안에 혼자 나둬도 괜찮나요?"

벌써 만 오년이 다가온다. 혹여 벌레가 생기지 않을까 우려했는데 그런 일은 없고 우리 가족 생일이면 유골함은 함께 축하하러 거실에 나온다. 그리고 원하는 일이 있으면 화순에게 부탁하곤 한다. 딸의 취업이 결정 나지 않았을 때 딸이 화순 납골함을 제 방에 놓고 잤다. 그래서인지 곧 입사가 되었고 아들도 시험기간에는 화순을 데리고 간다. 지금은 내 화장대 위에 있고 늘 함께 자던 침대를 바라보고 있다. 납골함에는 가장 예쁘게 나온 사진을 붙여 놓았다. 가끔 화순에게 노크한다. 그리고 안아주기도 한다. 지난번 화순이 떠난 날을 잊고 있었는데 딸에게 문자가 왔다. "엄마, 오늘이 화순이 제삿날인데 동그랑땡 부쳐야 하는 거 아닌가요? 큭큭."

그날 우린 저녁을 먹고 납골함을 거실로 데리고 나와 화순을 회상했다. 신랑이었던 지니는 아는지 모르는지 천방지축이고 비디오를 연결해서 TV화면으로 보았다. 애석하게도 지니 영상이 많고 화순은 몇 컷 없어 화순이만 나오면 반가워 잠시 느리게 보기도 했다. 그 과정에서 화순의 짖는 소리가 들렸는데 갑자기 조용하던 지니가 귀를 쫑긋 세우곤 이 방 저 방을 분주히 뛰어다닌다. 왜 그러냐고 물어도 빠른 걸음으로 달리며 찾아다니는 모습은 안타까울 정도였다. 지니의 주먹만한 머리통에 화순이 남아 있었고 집에 돌아왔다고 생각 한 모양이다.

지금도 화서오거리를 지나면 많은 사람 다리 틈에 횡단보도를 지나 화서시장을 향해 뒤뚱거리며 걷던 화순이 떠오른다. 지인들은 결벽증이 있는 내 성격에 불결한 곳에서 생활한 유기 견을 데려다 키운 것이 의외라고 말한다. 차도 아래를 이리저리 피해 다니는 화순을 보호한다는 차원으로 자동차에 태웠을 때 세상에 태어나 처음 맡는 악취는 숨을 쉴 수 없을 정도였다. 곧바로 동물병원에 맡겨 목욕을 시켰는데도 사라지지 않았고 집에 와서 다시 씻겼다. 피부병을 앓고 있어 냄새가 났던 것이고 첫날부터 데리고 잤다가 온 몸이 가려워 진드기제거를 하고 이불을 몽땅 빨았었다. 조금 덜하긴 했지만 우리 곁을 떠날 때까지 사라지지 않아 화순을 '냄새나는 아가씨' 로 부르며 그것까지 사랑했다.

거의 우리 집 생활에 익숙하리라 생각했는데 길거리에서 지내던 습성을 버리지 못하는 일들은 순간순간 화순을 처음 발견한 제

자리에 가져다 놓고 싶을 정도였다. 사료가 있는데도 음식물 쓰레기통을 엎어 뒤 베란다를 엉망으로 만들어 놓고 버린 생선머리 하나를 거실로 물고 와 뜯어먹은 흔적. 온 집안을 세정제로 닦고 주의했는데도 두세 번 치러야했다. 절대 닿지 않을 높이라 생각했던 선반에 오징어 한 축을 발을 세우고 팔을 뻗쳐 끄집어내 한 마리를 먹어 치우고 여기저기 이빨자국으로 인해 모두 버려야 했던 일. 데려온 한동안 악착같이 혼자 살아가는 방법에 익숙해 자유배식 사료 통에 코를 박고 쉬지 않고 먹어 빵빵한 배가 언제 터질지 몰라 불안하게 쳐다보던 일등.

지니 목욕을 도맡아 했던 딸은 한 번도 화순을 목욕시켜주지 못한 걸 많이 미안해했다. 화순에게 마지막 카드를 쓸 때 그 부분을 용서하라고 썼다. 지니에게 첫정이 들어있었고 피부병으로 검은 반점이 많아 만지기가 이상하다고 해 늘 내 몫이었지만 설레발을 치는 지니와는 달리 화순인 목욕시킬 때 얼마나 예쁜지 모른다. 털이 모두 젖어 딱 달라붙는 몸매가 부끄러운지 얌전히 앉아있는 형상이 참말 계집애같이 온순해 마른 수건으로 감싸 안고 나오면 눈이 커 보이고 깨끗해서 꼭 입맞춤을 해주었다. 아프기 전까지 용변처리 한번 실수 없는 것도 많이 칭찬해주었더니 지니를 안방에 못 들어오게 가로막고 짖기도 해 우리 사랑을 독차지하고 싶은 욕심쟁이기도 했다. 화순의 정확한 나이는 모르지만 지니가 16살로 지금 하는 행동들이 닮아가 제 명은 살다 간 듯하다.

동물을 무서워하고 지금도 다른 개는 만지지도 못하는 내가 화순에게만은 각별했던 이유는 무얼까. 전생에 아주 가까운 벗이었을까. 주위사람들은 말한다. 화순이가 주인을 잘 만나 말년을 행복하게 살다 갔다고. 난 반대로 화순이 때문에 우리 집은 가족애를 확인 할 수 있었고 서로의 마음을 합할 수 있는 특별한 기회를 누렸다고 생각한다. 우리 가족카페의 이름은 '지니와 화순이 집'이다. 카페 대문엔 두 마리 강아지사진이 여러 장면으로 포개어져 있어 살아 있을 때 모습을 보는 것 같다. 각자 바쁜 일상에서 요긴한 가교역할을 하는 카페에 특히 강아지 이야기는 가족들의 공통분모로써 부모자식 간의 간극을 메워주는 엄청난 존재다.

강아지 사진을 올려 주면 떨어져 있는 아이들은 보고 싶다고 늙어가는 제 부모보다 더 걱정을 남긴다. 솔직히 집안에 함께 사는 동물은 상상할 수 없었다. 마당에 줄을 매어 개집에 사는 것도 싫어했던 나. 동물은 사람만 좋아했지 그 어느 것도 거부했었는데 내 인생에 지니와 화순인 가족과 동등한 존재로 남아있어 참 행복하다. 이젠 지니도 화순의 전철을 밟아가는 건지 안하던 짓을 한다. 음식쓰레기 통을 뒤지 질 않나 사람 먹는 걸 모두 먹으려하고 화순의 말년 행동을 흉내 내고 있다. 지니도 화순이가 보고 싶은 걸까.

TV프로에 동물에 관한 이야기가 자주 나온다. 내가 키우지 않는다면 이해하기 힘든 사연들이다. 화순이 같은 강아지가 나오면 가엾다 못해 가슴에서 가는 쇳소리가 난다. 새 주인을 만나 서로에게 행복을 주고받는 제2의 화순이가 되기를 기도하곤 한다. 오늘도 내 방에서 함께 생활하는 화순인 사각 통을 두드리는 나의 노크소리에 어지러울 정도로 꼬리를 흔들 것이다. 우리 곁을 떠난 지 만 오년이 되어서야 글을 마무리 할 수 있을 정도로 보내기 싫은 녀석. 나만 졸졸 따라다니던 화순이. 나를 보호해주던 화순이. 엉덩이를 흔들며 뒤뚱대며 걸던 화순이. 눈빛 맞추고 싶은 화순이. 한번만 만져보고 싶은 화순이. 아직도 내겐 살아있는 화순이.

전쟁을 일으키는 임재범

지난 해 봄, 그러니까 채 일 년도 안 되었다. 갑자기 한 남자가 급부상했다. 그는 오래전 '너를 위해'라는 가슴 도려내는 시 같은 음악으로 가난하게 남아있던 사랑의 흔적을 도지게 한 장본인. 그의 노래 가사 중 '전쟁 같은 사랑'이란 표현에 난 그건 또 어떤 사랑일까? 처음 만난 남자와 지금까지 끈질기게 살고 있는 무미건조 할 수도 있는 생활에서 상상만으로 내가 마치 겪은 듯 미치도록 빠졌었다. 그는 자신의 실제 상황이었고 누구나 그런 사랑 하나는 맺지 못한 채 간직하고 있을꺼라며 입술을 다잡던 기억이 난다.

방송 프로그램에 출연한다고 했을 때 모두 그의 건재함을 확인하고 싶었고 그는 최고의 만족도를 주었다. 안경너머 광채가 번뜩이는 눈빛으로 거침없이 음악과 대중을 휘잡았다. 이후, 그를 패러디하는 개그맨도 생기며 그는 이름처럼 '음악의 호랑이' 정도 되어있었다.

연말이라 바쁘게 동동거리고 있던 날, 아들이 임재범 콘서트에 가시겠냐고 묻는다. 너무 좋았지만 입장표가 무리한 액수라서 대답을 못하고 있는데 경품으로 입장권 두 장이 생겼다고 한다. 가타 여부가 없었다. 아들은 아빠랑 가시라며 컴퓨터에서 교환할 수 있는 당첨권을 복사해주었다. 남편에게 말했더니 선뜻 가겠다고 한다. 시간도 저녁 8시라 서울로 올라가기 여유롭고 그날 회사 송년파티가 있지만 괜찮다고 한다. 조금 불안한 마음이 들어 직원들과 마무리 잘하고 시간에 쫓기면 가지 말라고 했더니 잠시 수긍하다 다시 가겠다고 한다. 나와 코드가 맞는 친구와 가도 되니 무리하지 말라고 또 한 번 말했는데 남편도 보고 싶다고 일찍 오겠다고 한다.

아들은 콘서트 장에서 흔들라며 형광 봉 한 개를 주었다. 자주 가는 축구경기장에서 산 모양이다. TV화면에서만 본 형광봉은 누르면 세 개의 불 모양이 나오는데 가로로 흔들어주면 너무 멋진 빛깔을 내는 환상적인 기구였다. 집에서도 몇 번이나 누르며 흔들어 보았다. 그날 그 장소에서 사용 할 걸 생각하면 기다리는 마음도 즐거웠다.

드디어 콘서트 날, 우려와 달리 출발시간에 늦지 않게 남편이 왔다. 아들은 배웅까지 나와 들떠있는 우리를 보며 큰 효도를 한 뿌듯해하는 모습이었고 화려한 서울나들이 길에 올랐다. 복사해 준 교환권을 집문서처럼 간직하고 혹여 길이 밀릴까 저녁식사는 차안에서 먹기로 하고 김밥을 샀다. 보통 천 원짜리를 사는데 그 날은 우아하게 이천 원짜리를 사고 간식거리도 준비했다. 설레었다. 임재범과 데이트라도 하는 것처럼. 김밥을 입에 넣어주고 먹어가며 자동차 안에서 형광 봉을 흔들어보았다.

예상보다 길은 밀리지 않아 6시에 올림픽경기장에 도착했다. 두 시간을 기다리는 건 얼마든지 할 수 있다. 그를 보기위해. 시장하진 않았지만 콘서트가 끝나면 매점도 없고 배고프다는 아들의 카톡에 우동을 한 그릇씩 먹고 서성거리는데 회원가입하면 무료로 형광 봉을 준다는 방송을 한다. 난 지금도 어떤 사이트에 가입했는지 모르고 그저 형광 봉을 준다는 것만 기억한다. 손이 오그라들 정도로 추웠지만 나만 있는 게 미안해서 내 신상을 두 어장 공개했다. 뒤 저만치에서 기다리던 남편은 형광 봉을 들고 달려오는 나를 쳐다보며 허허 웃는다.

콘서트장 안으로 입장하고 비록 뒷좌석이지만 임재범과 같은 공간에서 함께 한다는 것만으로도 좋았다. 그새 시간은 흘러 좌석이 차곡차곡 채워지는 모습은 정말 신기할 정도였다. VIP석에 앉은 사람들이 부러웠다. 공짜 경품표인 우리 좌석도 9만 9천원으로 가장 비싼 좌석은 14만원이 넘었다. 이미 만 오천 명 관중석은 어느 곳을 가도 붐볐다. 화장실은 귀성차량만큼 줄 서 있고 매점은 돈보다 먹을 것의 가치가 더 높은 그런 현실이었다. 그런걸 보는 것도 즐거웠다. 이온음료를 사들고 자리에 앉았다. 3층이지만 다행이 정면으로 볼 수 있는 자리였고 드디어 몇 분밖에 남지 않아 대형화면에 임재범의 음악과 '나는 가수다'의 방송이 재연되고 있었다.

드디어 8시. 조금 늦어진다고 방송하자 남편은 왜 늦느냐며 약속을 지켜야지. 땡 하면 시작하는 9시뉴스를 생각했는지 필요이상으로 과민해져 있었다. 난 기다리는 시간도 좋기만 한데… 콘서트장은 이미 머리에 형광 띠를 두르고 팔뚝에다 감은 사람들도 있었다. 아까 무료 형광 봉 대신 그걸 가지려다 차마 중년아줌마가 할 짓은 아닌 것 같아서 커플 형광 봉으로 맞춘 거였다. 내려다보는 콘서트 장은 밤하늘 별빛 같았다. 드디어 모든 불이 소등되고 형광불빛이 아우성치는 곳에 임재범의 실루엣이 움직인다. 괴성과 동반한 박수소리에 곳곳의 형광 빛들. 가슴이 벅차올랐다. 그 순간 내가 임재범이라면 '죽어도 여한 없겠다.' 라는 생각이 들었다. 나를 위해 깊어가는 연말연시 귀한 시간에 고가의 표를 쥐고 음악을 듣겠다고 온 관객. 나 같으면 평생은인으로 삼겠다.

커다란 자막으로 그의 얼굴 표정을 보며 작은 인형처럼 보이는 그의 몸짓을 따라 다니는 나는 누구의 엄마도 아니고 아내도 아니고 온전히 나이고 싶었다. 가방 속에서 형광 봉을 꺼냈다. 남편에게 주었더니 싫다고 한다. 빨리 음악을 따라가야 하기 때문에 싫은 이유를 묻는 건 무사통과되었다. 난 형광 봉을 흔들기 시작했다. 두 번째 곡으로 '너를 위해'를 부른다고 하자 분위기는 더욱 고

조되었다. 모두 합창하며 형광 봉을 흔드는데 갑자기 남편이 내 팔을 건드리며 어지럽다고 흔들지 말라고 한다. 멍했다. 정적이다. 애국가가 끝나고 줄들이 엉켜신 화변들처럼…

난 남편의 눈이 난시이고 요즘 들어 부쩍 나빠진 걸 안다. 나도 내가 흔들어서 모를 뿐, 쳐다보면 무척 어지럽다는 걸 느꼈다. 형광 봉을 끄고 가방에 넣었다. 조용히 음악만 듣기로 했다. 하지만 이곳에 있는 관중들과 임재범과의 합류에서 제외된 느낌이었다. 그래도 이해하기로 했다. 형광 봉을 나 하나 안 흔든다고 임재범이 알 수 없는 일이고 이미 넘치는 불빛에서 하나 꺼진 건 아주 작은 점 하나일 뿐. 사실 내 남편 눈이 더 소중하지 않은가. 헌데 감성에 충만해야 할 시간에 이성이 손님으로 들어와 있으니..

가수 박완규가 게스트로 나와 락을 부르고 다들 자리에서 일어나 악을 쓰고 있는데 난 공산당 간부마냥 점잖게 앉아있어야 했다. 다시 의상을 갈아입은 임재범은 간간히 자신의 이야기를 들려주며 목젖이 튀어나오도록 열창했다. 특이한 음색과 표정, 남자가수 중 가장 높은 키를 갖고 있다는 고음처리는 관중을 환호하게 했다. 마지막으로 그의 삶을 대변하는 '여러분' 을 역시 절절하게 부른다. 시간은 11시를 향해 치닫고 있다. 애절한 그의 표정, 난 그가 무대에서 사라질 때까지 함께 하고 싶었지만 남편은 끝났다며 길 밀린다고 나가자고 한다. 벌써 일어서 있는 남편 때문에 후렴부분을 뒤통수로 들으며 나와야 했다. 아직 그는 마이크를 잡고 있는데 '미안합니다.' 고개 돌려 쳐다보며 달려 나올 수밖에. 우리

뿐 아니라 많은 사람들이 빠져나가고 있긴 했지만 이왕 온 거 너무 아쉬웠다. 그래도 앵콜 한 곡 정도는 더 했을텐데.. 찬바람을 맞으며 출발하니 삼십 분도 안 걸려 수원에 도착했다. 마무리가 안 되어 조금 찜찜하지만 보고 온 것만으로 그게 어디야. 낮게 낮추며 다독였다.

아파트 지하주차장은 갑자기 내려간 기온으로 빈자리가 없었고 몇 군데 남아있는 곳은 좁아 주차 할 수가 없었다. 결국 내 소형차를 빼고 그곳에 주차하라하고 내 차는 몇 바퀴를 돌아 겨우 꾸겨 넣었다. 키를 빼서 가방에 넣는데 가방 안이 번쩍거려 깜짝 놀랐다. 형광 봉이 그 안에서 혼자 놀고 있었다. 소임을 못한 한풀이 같았지만 버튼을 누르고 남편 자동차 쪽으로 갔는데 남편이 없다. 아직 차안에서 안 나왔나 들여다보니 아무도 보이질 않는다. 주차장 출구에도 그 어느 곳에도 이 늦은 시각 지하주차장에 남편은 없다. 내 자리까지 양보해주며 겨우 주차하고 왔는데 고맙다고 기다려줄 줄 알았다.

가슴 속이 시베리아 벌판이상으로 시리다. 그동안 꾹꾹 눌러 참았던 것들이 정신없이 몰려온다. 지하주차장을 혼자 걸어 나오는 거리가 살아 온 시간만큼 길게 느껴져 무서웠다. 그나마 남편은 1층 현관문 안에서 버튼을 누르지 않고 들어오게끔 기다리고 있었다. 그러나 이미 난 폭발 직전이다. 자동문이 열리자마자 헐크로 변했다. 왜? 를 연발하는 남편. 난 마구 무식해졌다. 마누라 심중을 삼십년을 살아도 모르는 속상함이 형광 봉부터 시작해서 봇물처럼 터져버렸다. 분위기도 못 맞추게 하고, 일찍 나와 버리고, 그럴까봐 친구랑 간다고 했는데… 불 꺼진 형광 봉이 등을 돌리고 있다.

'임재범씨, 그대 사랑… 전쟁 맞아!'

외로움과 친구하기

살면서 외롭지 않은 사람이 있을까 싶다. 주위에 연배가 비슷한 지인과 문인이 많다보니 보통사람보다 섬세한 감성을 가져서일까 세월을 보내며 외로워하는 모습을 자주 본다. 가족의 분가나 부재로 실제 외로운 사람이 있고 마음이 공허한 사람이 있다. 꼭 주변인이 많아서 즐겁고 행복한 것은 아닐 것이다. 나란 존재를 찾다보면 서서히 스며드는 알싸한 그런 감정이다. 나 역시 가족이 있지만 혼자라는 느낌이 들 때가 종종 있고 여러 생각에 엮이다보면 마지막엔 홀로 덩그러니 앉아 있는 모습을 발견하게 된다.

집에서 키우는 화초도 주인의 손길을 받고 이야기를 해주고 음악을 들려주면 사랑을 느낀다고 한다. 우리 집은 강아지를 키우고 있어 식물엔 관심이 적은 편인데 어느 날 베란다에서 무심히 발견한 화분 속 만개한 꽃을 보고 놀란 적이 있다. 눈길 한 번 받지 못하고 홀로 탄생시키게 하여 미안한 마음에 온갖 찬사를 퍼부었다. 외롭게 화분 아래로 고개를 감추고 있던 작은 꽃잎들을 보는 순간 어쩜 이리 예쁠 수가 있냐는 말만 반복하고 있었다. 사진기를 꺼내와 여러 각도로 수차례 찍었지만 고운 눈빛 한번 맞춰 주지 않은 주인에게 화가 덜 풀린 듯하다.

글벗이 있다. 그는 딸과 둘이 간 상해 여행에서 부인과 함께 온 패키지 구성원이었다. 중국은 여권분실의 위험성이 많은 곳이라고 한다. 그 부부와 우리는 한 조로 딸이 여권을 맡아 보관하였고 그 분 표현으로 딸은 우리의 '오야붕' 이 되었다. 우연치고는 '오야붕' 과 그의 딸은 같은 대학, 같은 학번이라 더욱 반가웠고 친밀하게 지냈다. 그의 부인은 살림꾼으로 입을 옷과 달러만을 쥐고 온 나와는 달리 고추장과 김치를 챙겨왔다. 식사 때마다 그 댁에 신세를 졌다. 미안해서 먹지 않으려고 멀리 떨어져 앉아 있으면 영락없이 함께 먹자고 불렀다. 당시 딸은 다니던 회사의 재정악화로 퇴사하고 지구에서 이탈된 듯 혼자라는 느낌을 가진 상태였다. 기분을 풀러 온 일탈이라 실상 그리 유쾌한 여행은 아니었는데 그의 유머에 여행 내내 현실은 잊을 수 있었다.

공항에서 헤어지며 홈페이지를 찾아오겠다던 그의 미니홈피에 먼저 찾아가 감사했다고 인사를 남겼다. 그때 막 문예지에 등단을 하던 시기였고 글 수다가 심할 때였다. 그도 문학에 관심을 갖고 있었고 내 졸작에 공감을 해 주었다. 가족과 떨어져 지방에 근무하며 무료한 시간을 힘겨워하던 그는 원룸 앞 공터를 텃밭으로 꾸며 퇴근 후엔 작은 생명들의 움직임과 대화를 한다고 했다. 그의 홈페이지에 남겨진 글이 생각난다. 톰 행크스의 영화 '캐스트 어웨이' 이야기이다. 한 남자가 무인도에 표류되어 살아남기 위해 몸부림친다. 짐 꾸러미에서 배구공을 발견하고 배구공 상표에서 딴 '윌슨' 이란 이름을 지어주었다. 머리카락을 만들고 눈과 코, 입을 그려 넣고 대화를 하다 막막한 현실에 화가 나면 발로 차버리기도 한다. 가상의 인물을 정해놓고 그렇게 처절한 외로움을 이겨낸다. 탈출의 기회가 왔다. 완성된 뗏목에 윌슨을 매달고 육지로의 탈출을 감행하던 중 끈이 풀리면서 윌슨과 생이별하는 장면은 눈물겹다. 점점 멀어져 가는 배구공 친구를 향해 이름을 부르며 울부짖는다. 격리된 장소에서 유일한 말벗이던 윌슨을 떠올리던 그 친구 역시 텃밭 윌슨들과 많은 시간을 공유하며 헛헛함을 채우고 있었다.

얼마 후, 그의 손길로 지내던 윌슨들이 특급택배로 우리 집에 도착했다. 상추 윌슨, 깻잎 윌슨, 쑥갓 윌슨. 들콩 윌슨 등 그들은 적당히 물을 뿌린 신문지에 겹겹이 쌓여 낯선 나를 보며 잠시 두려워하는 듯했다. 난 외람되게도 특별한 우정을 나눈 그들을 맛있게 먹어주는 악역을 맡아야 했다. 외로움의 동반자였던 윌슨들의 소명을 완수시키기 위해 잎사귀 하나 소홀히 대할 수 없었다. 점점 생기를 잃어가는 윌슨들을 서둘러 외롭지 않게 하는 것이 내 몫이었다.

가을비가 추적추적 내린다. 날씨마저 마음을 흔들어 내려놓게 만든다. 하늘에서 떨어진 것도 아니고 이 세상에 혼자인 사람은 아무도 없다. 모두가 마음먹기 달렸다. 현명한 사람은 외로움을 달래는 법을 잘 활용하고 피할 수 없는 운명을 즐기려는 몸짓을 하고 있을 것이다. 나 역시 혼자라는 느낌이 들 때 끼적이는 습관이 배어있어 글 윌슨에게 감사해야 하지 않나 싶다. 외로움. 갑자기 그 외로움조차 자신의 존재를 망각한 채 보호받고 싶을 때가 있지 않을까 라는 생각이 든다. 자, 이제 '외로움 윌슨' 접수!

미역국

미역국, 하면 생일이 떠오르고 생일이면 우선 미역국은 먹었느냐고 묻는 게 인사다. 어제는 아들의 생일이었다. 참기름에 달달 볶은 쇠고기에 마늘과 조선간장을 넣고 간이 배이게 자박자박 끓이다 미역을 넣고 조금 졸인 후 물을 붓고 낮은 불에 한참을 두었더니 입에 딱 맞는 감칠 맛 나는 미역국이 되었다. 난 국물보다 영양가 많은 미역줄기를 더 좋아한다. 그리고 신기한 건 다른 국은 몇 번 먹으면 질리는데 그렇지 않은 걸 보면 출산 후 몸조리 기간에 먹던 담백하고 개운한 맛이 그런 연유였던 것이다.

세상살이 때 묻지 않은 아기 미역국엔 칼을 사용하는 거 아니라며 질기고 기다란 미역줄기를 손가락으로 감싸 뚝뚝 잘라 끓여주던 둘째형님은 첫 아이 돌 전날, 몸빼바지를 입고 장에 가자며 오셨다. 어설픈 내가 못미더웠는지 당신이 아이를 포대기에 업고 남문시장엘 갔다. 당시 친정은 보증문제로 내게 신경 쓸 겨를이 없던 상황이었다. 내 나이 스물다섯, 형님이 서른일곱이었는데 몸집이 좋으신 탓에 친정엄마냐고 상인들이 물어 올 정도로 넉넉함을 겸비하셨다. 그날 저녁 늦게까지 음식장만을 해주셨는데 차비나 드렸는지 기억이 가물하다.

아이를 낳던 날도 그랬다. 저녁 무렵 출산했는데 멀건 미역줄기 몇 가닥 띄운 국에 날라 다닐 만큼 풀기 없는 밥 한 공기를 주고 산부인과 주방아주머니들은 성급히 퇴근했다. 출산하기 전부터 분만실을 기웃거리며 내가 아이를 낳았는지 묻는 건 그들의 퇴근 시간과 관련이 있기에 산통과 함께 심히 부담스러웠다. 정이 하나도 안 담긴 밥을 넘기자 속배가 차질 않고 숟가락질만 한 것 같다. 오전에 병원 도착 후 금식을 시키고 관장까지 한 탓에 시장기가 몰려왔다. 지금처럼 25시 체인점도 없었고 야식배달도 없던 시절이다. 진작 말할 껄 어지간하면 참으려고 했는데 배가 고프다 못해 머리가 어지럽고 잠도 안 오고 뜨끈한 미역국 한 사발만 먹으면 살 것 같았다. 부모님이 안 계신 남편이 둘째 형님 댁에 전화했다는 말을 듣고 몸 둘바를 몰랐지만 신세는 마음에 새겨두기로 하고 그나마 매달릴 곳이 있어 다행이었다.

돌아가신 둘째 아주버님은 자정이 넘은 시간에 막내 동생 전화를 받고 형님을 깨웠다고 한다. 자다 말고 미역을 불려 국을 끓이고 밥까지 새로 한다는 건 보통 성가신 일이 아니다. 형님은 바로 한 찰진 뜨끈한 밥과 미역국을 스텐 김치 통에 담아 보내셨고 아주버님은 얼른 먹으라고 뚜껑을 여는데 뜨거운 열과 압력으로 스텐 통이 열리질 않았다. 내 앞에 두고 당장 먹지 못하는 건 정말 비극이다. 위에서 내려치기도 하고 두 남자가 애쓰는 모습에 저 통만 열어주면 평생 잘해야겠다고 다짐을 해야 하는 그런 분위기였다. 두 손을 모으고도 싶었는데 결국 뚜껑 안쪽에 송글송글 맺혀있던 수증기들이 손발을 들었다. 난 지금껏 그날의 미역국처럼 맛있는 건 먹어보질 못했다. 참기름을 얼마나 쏟아 부었는지 고소한 국물맛과 두툼한 미역줄기에 하얀 쌀밥을 말아먹는데 세상 부러울 것이 없었다.

후에 들으니 곤히 자는데 전쟁이라도 난 듯 소리치셨다고 한다. 미역국에 쇠고기가 없어 참기름만 넣었다고 미안해 하셨다. 워낙 손이 큰 걸 알지만 김치 통 하나를 보내 입원 기간에 모두 먹었다. 해가 갈수록 다시 생각해도 죄송하고 가슴 따듯한 일이다. 최소한 고마운 건 잊지 말고 살아야겠기에 형님 생신엔 꼭 함께 식사를 한다. 형님 며느리가 아기를 낳았을 때도 축하해주었고 작년 복중 형님 생일날 전화를 드렸더니 노인정 가는 길이라고 했다. 남편과 갈비 집에 모시고 갔다. 남편 얼굴이 아주버님을 닮아 깜짝깜짝 놀란다며 눈물을 훔치신다. 평생 한량으로 가슴앓이 하던 걸 잊으셨는지 그리워하는 걸 보면 형님말대로 여복은 타고나신 것 같다. 난 또 그날의 미역국에 너무 감사했다는 말을 드렸더니 당연히 해야 할 일이라며 그 쇠고기가 걸리시나보다. 난 고기 안 넣은 국을 좋아한다고 수없이 말했건만.

딱히 국 끓일 것이 없을 때 미역국을 끓이면 누구 생일인가 갸우뚱 한다. 건조식품이라 어느 집 주방에나 찾아보면 나오는 미역처럼 나와 내 주변사람들도 미역 같은 존재이길 바라는 건 무리일까. 나이에 비해 음식에 연륜이 적은 난 형님처럼 깊은 맛을 내지 못했는데 이번엔 스스로도 놀랄 만큼 조미료 하나 없이 진한 국물 맛이 느껴졌다. 가족 모두 혀로 넘기는 순간 기대 밖이라는 동공의 크기와 찬사로 날 달뜨게 했다. 정성은 항상 듬뿍 넣었는데 이번 미역이 상급인지 맑으면서 진한 맛이 정말 개운해서 한 그릇씩 더 먹어주는 격려를 보내왔다. 생일을 맞으며 올 한 해도 좋은 그림처럼 지내주길 기원하는 마음이 방싯거렸다.

작품해설

지 연 희
(한국문인협회수필분과 회장/시인)

수필문학 강물 속 튼실한 줄기의 흐름

현대문학 속 수필문학은 1971년 한국수필가 협회의 결성으로부터 태동하고, 이후 한국문인협회에 문학 장르로 자리매김하게 된 시점을 현대수필문학역사의 근간으로 삼아야 할 것이다. 작고하신 조경희선생을 구심점으로 작가, 대학교수, 언론인, 문화예술인 등을 규합한 한국수필가협회의 태동은 오늘 한국문인협회 전체 회원 약 만 이천 여 명 중 그 두 번째로 많은 식구들을 지니게 되었다. 물론 수필인구의 확대가 문학 장르의 우수성을 가늠하는 것은 아니기에 한국수필문단의 발전은 수필인들의 훌륭한 수필쓰기를 위한 부단한 노력이 앞서야 한다. 그 일환으로 수필가의 수필집 출간은 수필문단을 살찌우는 일이 아닐 수 없다.

이경선 수필가가 이 봄날 눈부신 꽃들의 피어남 속에서 제2수필집「겹겹 기억속에」를 선보이게 되어 매우 기쁜 일이 아닐 수 없다. 첫 수필집 「하얀 비」에 이은 3년 만의 결실이다. 2006년 격월간 한국문인을 통해 문단에 발을 딛게 된 이경선수필가의 문단이력은 이제 7여년에 이르게 되지만 게으름 없는 창작수업의 증표를 유감없이 보여주고 있다. 이 또한 한국수필문단의 문학발전을 꾀하는 일이기에 수필분과 회장직을 맡고 있는 사람으로서 감사한 마음이다. 수필문학을 일컬어 성찰의 문학이라 한다. 모름지기 수필가는 자신 뿐 아니라 누군가에게 삶의 깊이를 깨우치게 하는 막중한 책무를 수행하고 있다는 것이다. 이 한 권의 수필집에 수록된 편 편의 이야기들은 독자의 가슴을 따뜻이 감싸줄 기대로부터 감상의 문을 서슴없이 열고 있다.

거짓은 자존심과 연계성이 있다고 본다. 누가 나를 무시하지 못하게 일종의 방어벽을 쌓는 식인데 거짓말을 하는 그 자체는 자존심이 상하지 않는지, 묻고 싶다. 모 연예인의 전 연인처럼 정체성을 알 수 없으니 아무리 미모가 뛰어나고 재력이 넘쳐도 인생의 동반자로는 손을 내밀 수 없었을 것이다. 거짓말을 하려고 꾸미려는 자체만으로도 무섭다. 남이 아닌 먼저 내 자신을 속이는 일이기에 그 얼마나 비참할까. '부러진 화살' 영화 역시 거짓 판결을 내린 사법부는 진실을 알면서도 왜곡하고 있다. 권위가 한 개인의 자존감은 무시해도 된다고 생각하는 거짓 이상의 오만까지 동반한 채, 다윗과 골리앗의 싸움처럼 끈질긴 진실 찾기로 이어 질 것 같다. 알고 실행하는 행동과 모르고 하는 것엔 엄청난 차이가 있다. 건조해진 양심에 듬뿍 물을 주자. 그리고 풀 한 포기 정성스레 심어주자.

수필「거짓은 거짓을」중에서

사소한 일에 예민해져 나를 조종하는 어떤 이가 내 안에 숨어 사는 느낌이 들 때가 있다. 긍정의 반대 부정. 항상 그 둘의 관계 속에 우린 하루하루를 보낼 것이다. 어떤 일에 부정적인 측면이 손을 번쩍 들을 때도 있지만 이왕이면 가능하다는 쪽으로 기울이려 노력하련다. 돌아보면 지난 시간들은 힘겨웠지만 그래도 그립고 좋은 기억만 남이 있는 듯히다. 만족도를 점점 낮추다보니 현재 그게 불만이 없는걸 보면 긍정과 부정을 번갈아가며 마음고생만 했던 것이다. 지금이라도 늦지 않았다. 긍정적인 측면에 가장 으뜸인 자긍심이 유난히 매서운 날을 보내고 황홀지경의 새 봄을 맞는 벚꽃잔치만큼 내 안에 파고든다.

수필「그 녀석 '긍정이'」중에서

이경선 수필가의 수필 몇 편을 감상하면 자신만이 소유한 특별한 언술의 향취에 젖게 되는데 이는 독자의 내심을 흡인력으로 끌어당기는 신비한 마력이다. 수필「거짓은 거짓을」과 수필「그 녀석 '긍정이'」에도 내재되어 있지만 주어에서 서술어로 잇는 비유어의 명증하고 통쾌한 작용이 그것이다. 절묘하게 던지는 문장의 흐름은 시원한 산사의 바람 앞에 서서 듣게 되는 풍경소리와 같다. 티끌이거나 군더더기가 보이지 않는다. '시간이 흐른 근래, 그녀는 다른 이성을 통해 적나라하게 공개되었다. 찰방지게 보이던 여성성이 산산조각 났다. 곳곳에 그녀의 이름이 빨래처럼 걸려있다. 동거한 남자의 보복이었다. 그 남자의 탄원서 같은 글이 내 눈에 꽂혔다. 늘 사람을 속인다고 한다. 거짓말을 일삼는다는 거다. 치명적인 말이다.(수필「거짓은 거짓을」중에서)' 이 수필의 메시지는 거짓말은 거짓을 더욱 가중시킨다는 내용을 중심축으로 담고 있지만 작가의 윤기있는 문장이 눈에 띄는 작품이다. 수필「그 녀석 '긍정이'」는 사소한 일상 속에서 일어나는 부정적 사고로 조바심하고 가슴 아플 만큼 예민해하던 화자가 이제 마음의 여유를 지니게 되었다는 이야기를 풀고 있다. 직접 체험하거나 혹은 간접 체험하면서 몇 가닥의 삶의 사례를 제시하는 이 수필은 세상을 폭넓게 내다보며 긍정하는 마음의 여유가 자신 있는 삶을 만든다는 내용이다. '그날도 세탁물을 맡기라는 청년의 외침이 들리고 자전거를 타며 흉내 내는 아들의 음성이 들렸다. 청년이 한번 외치면 아들이 따라하고. 조금 걱정이 되었다. 청년입장에선 불쾌할 수 있기 때문이다. –중략– 청년은 '세~에~타~악!!' 외치는 톤의 시범을 보이고 있었다. 아들은 – 여러 번의 반복교육을 받으며 연습 중이었다. 어찌나 웃음이 터지던지. 그러나 밝고 당당하게 자신의 일을 하는 청년의 모습이 아파트 높이만큼 커보였다' 는 이 수필 속 인물의 마음 자세를 보여준다. 불쾌하게 생각할 수 있는 일을 긍정하여 대처해 내는 세탁소 청년의 삶의 지혜가 독자의 의식을 깨우는 수필이다.

누구나 살면서 자신의 그릇을 빚고 있다. 아버지처럼 이젠 우리 곁을 사라진 경우도 있고 제법 성한 모습으로 혹은 실금이 간 상태로 또는 귀퉁이가 살짝 눈에 띄지 않게 튕그러져 나간 형태로 말이다. 완벽한 인간의 모습에서 우린 되도록 더딘 몸짓으로 조각나는 과정을 거칠 것이다. 얼마만큼 조심하며 다루어야 덜 다칠 것을 알면서도 자신의 틀만은 영원하리라는 이중심리로 묘하게 해묵은 감자자루처럼 버티고 있다. 누가 누구를 질타 할 수 없다는 것조차 알면서 행한다는 것은 참으로 아이러니다. 쉽게 깨질 것 같은 작은 유리그릇도 조심스레 다루면 고유의 투명함을 잃지 않고 자신만의 맑은 우주를 유지하리라. 문득, 어린 시절 마당 한쪽에 자리 잡고 있던 장독대에 반질반질한 된장 항아리, 간장독의 넉넉하고 푸짐한 엉덩이를 쓰다듬고 싶어진다.

수필「그릇」중에서

'남이섬' 을 근거리에 두고 그곳에 가면 꼭 먹어야 할 것 같은 닭갈비집에 마주앉았다. 창가 옆은 강줄기가 잔잔하게 흐르고 주변으론 꽃가지들이 어우러져 어디선가 천사들이 숨바꼭질하고 있을 것만 같았다. 갑자기 우리의 여유로운 행동들이 잠시 불안하기도 했다. 봄볕만큼 소중한 시간을 감지하며 여객선에 올라 메타쉐콰이어 길에 큼직한 발자국을 남겼다. 자전거를 타는 연인들, 연인의 무릎을 베고 벤치에 누워있는 젊음. 내 몸이 근질거린다. 부럽다. 우리도 저런 적이 분명 있었는데. 도대체 어디만큼 온거야. 여긴 어딘거야. 저 짓은 도저히 할 수 없는 일이다. 안타깝다. 멀리 오리배 타는 곳이 보인다. 남편의 얼굴을 쳐다보았다. "저걸 탈려구?" 마치 불온한 짓을 꾸짖기라도 하려는 음성이다. "우리 예전에 탄거 잖아 원천유원지에서. 당신 남들 안 보이는 데로 노 젓던 거 생각 안나? 아마추어처럼 왜 이래" 쑥스러움에 뒤로 빼려는 남자를 보이지 않는 밧줄로 힘껏 잡아 당겼다. 어느새 기억의 촉수를 더듬으며 그곳으로 향하고 있었다. 뒤뚱 뒤뚱거리며.

수필「그림자 밟는 날」중에서

글의 주제와 소재는 씨줄과 날줄처럼 절대적 관계로 존재한다. 글의 중심축이라 말할 수 있는 주제는 명증한 소재들의 작용에 의하여 완성되며, 하여 글은 어떤 주제를 설계하고 주제를 세울 수 있는 어떤 소재들을 설치하느냐 하는 문제가 선행되어야 한다. 글의 설계는 주제가 뚜렷해야 가장 훌륭한 글을 완성하게 된다는 이치이다. 수필「그릇」은 신혼 초부터 아껴오던 그릇이 하나 둘 깨어져 사라지는 존재의 사위어짐에 대한 허무를 말하고 있다. 혼수로 장만해 온 그릇이 깨어지는 일은 어머니의 손길이 하나 둘 사라지는 것 같은 안타까움이 된다. 뿐만 아니라 납골당에 계신 아버지의 유골함을 살피며 '아버지의 바람과는 달리 보잘 것 없는 '작은 유리그릇' 에 불과한 나를 세상구경 시켜준' 아버지의 허망한 부재에 대한 아픔이 이 수필의 메시지이다. 그릇이라는 사물을 매개로 어머니의 손길이나 아버지의 사랑을 가슴으로 재는 따뜻한 수필이다. 수필「그림자 밟는 날」은 모처럼의 휴일, 남편과의 오붓한 외출로부터 시작된다. 생수와 간단한 요기꺼리를 넣고 옷을 챙겨 입고 남편도 콧노래를 부르며 점퍼를 걸쳐 입었다. 부부는 특별히 목적지를 정해 놓고 출발한 것은 아니지만 승용차는 경춘가도를 달린다. 그리고 몇 개의 톨게이트를 지나 휴게소에 머물게 되는데 차가 정차하기 무섭게 정해진 곳을 찾아 흡연의 갈증을 해갈하고 걸어오는 남편의 모습을 바라보는 아내의 시선이 이 수필이 설계한 메시지의 시작이다. 어제가 오늘이고 오늘이 내일로 연결된 장거리 달리기 선수마냥 앞만 보고 달린 삶, 골인지점이 어디인줄도 모르고 무작정 달린 남편의 지난 삶을 돌아보게 된다. 담배꽁초를 버리고 돌아오는 남편의 모습 속에는 세월도 함께 묻어 있지만 튼실해진 몸과 연륜의 중후함이 그리 흉해 보이지 않는다는 고마움을 느낀다. 그리고 이들 부부는 자전거를 타는 연인들, 연인의 무릎을 베고 벤치에 누워있는 그들 곁을 지나 젊음의 그 어느 날처럼 '그림자밟기'를 시도한다. 어색한 남편을 이끌어 '오리배 타기' 추억의 그림자를 밟게 된다.

괴롭히던 녀석들이 세상 누구보다 무서웠던 아이는 지금 매 맞지 않고 부모에게 거짓말하지 않아 편안할까. 정신적 맷집이라도 강했으면 좋으련만. 착한사람 바보 만들어 고립시키고 결국 가족들 곁을 떠나야만 했던 아이는 마지막으로 집을 지키기 위해 현관 도어 록 비밀 번호를 바꾸라고 여러 번 강조하고 있다. 또 한 번 가슴을 헤집어 놓는다. 결국 그 어머니도 교사를 내려놓고 어머니로 아들의 억울한 죽음을 중벌로 다스려 줄 것을 법정에서 눈물로 호소했다고 한다. 그러나 또, 얼마 후 이 사건은 수면 아래로 사라지게 될 것이고 가족들만이 호흡이 다하는 그날까지 그리움과 아픔을 자물쇠로 꼭 잠가 둘 것 같다. 미안하다. 얼굴 한 번 본 적 없는 가엾은 아가야!

수필「떠나버린 아이」중에서

어젯밤, 하늘을 쪼개는 듯 거친 통증의 굉음과 물 폭탄이 내 머리맡에 놀러 와 온 밤을 설쳤다. 비 내리는 소리가 마치 기계 돌아가는 소리처럼 음률을 타고 있었다. 박자도 정확했고 성량도 풍부했다. 최명희 소설가의 '혼불'에서처럼 지금 내게 물 한잔 건네주고 가려는 인연을 만들어주느라 충직하게 노래를 불렀다. 이 밤비가 그치면 더 맑게 치장한 하늘을 보여주느라 무던히도 애를 쓸 것이다. 그 틈에 난 누군가에게 화가 아닌 특별한 영양제가 되기를 잠결에도 부탁하고 있었다.

수필「맛있는 비」중에서

문학은 궁극적으로 현실사회의 단면을 담는 그릇이다. 자신이 스스로 체험한 사실을 뛰어넘어 세상에 널려진 희로애락을 장르적 특성에 버무리는 언어예술이다. 때문에 작가가 살고 있는 현실반영은 매우 자연스런 일이며 어쩌면 시대의 증인임을 자처해야 할 일이다. 수필「떠나버린 아이」는 우리사회가 안고 있는 교육현장의 매우 불행스런 슬픔인지 모른다. 나무의 파릇한 새순처럼 무한한 꿈과 희망으로 가득해야 할 아이들이 학교 폭력의 희생양이 되어 짐을 말한다. '왕따' 와 '갈취' 라는 서슬을 이겨내지 못하고 가을 날 보도 위에 내리는 나뭇잎처럼 목숨을 버리는 안타까움을 그려내고 있다. '자신이 사라져야 가정이 행복할 것이란 착각으로 일을 저지르고 말았다. 그 순간 하느님은 더 다급한 일에 출장 가셨나보다. 왜 부모에게 말해 도움 받을 용기를 주지 않으시고 내려다보면 아찔한 난간을 뛰어 넘게 하셨을까. 뒷덜미라도 독수리에게 부탁해 집안으로 낚아 채이게 하지 않으시고. 아직 자아가 형성 안 된 어린 학생의 유서가 상처부위에 소금이라도 뿌린 듯 아리다' 는 학교폭력의 강력한 규제가 필요함을 제시하는 메시지라고 본다. 수필「맛있는 비」는 그 제목만으로도 혀끝으로 감지하는 미각적 언어의 향기에 젖게 한다. 이 수필은 비가 세상에 내려 존재하는 다양한 영향을 짚어낸다. 장마로 인해 도심과 농촌의 피해 그리고 작가 자신이 추구하던 공장건축의 기초공사에 미치는 유해에 대한 조바심도 있다. 그러나 염려했던 비가 필요한 만큼 적당히 내려주어 공사를 진행할 수 있었던 날의 감각적 표현이 이 수필이 읽는 이에게 전하는 핵심이다. '기초공사를 마치고 전체 바닥

콘크리트 마무리 하던 날은 비가 조금 내려줘야 단단히 굳는다기에 혹시나 기다렸는데 정말 신기하게도 계량컵을 쓴 듯 적당한 비가 내려 스며들고 있었다. 내가 사랑한 비가 우정이라도 건네 듯 한껏 재주를 부려주어 어찌나 달큰하던지 그 맛을 잊을 수 없다.' 문학의 존재적 의미는 독자를 향한 작가의 내면의 세계를 들여다 보게 하는 통로에서부터 시작한다. 그 과정의 표현적 관점은 언어라는 매개를 활용하지 않을 수 없다. 시는 시적 언어, 수필은 수필적 언어의 수행방법을 기조로 한다. 그러나 요즈음 문학 장르의 구조적 벽은 그 경계를 허물고 있다고 본다. 이 수필의 여러 군데에서 보여주듯 사물이 의인화 되어 의미의 가치를 드러내주고 있다.

지금도 종종 꿈을 꾸곤 한다. 물론 나는 어린 소녀로 등장한다. 개울가가 보이고 빨래터에서 동네 여인들이 방망이질을 하는 모습과 나와 닮은 젊은 내 엄마가 나를 지켜보며 웃고 있다. 그 옆엔 가마솥을 걸어놓아 돌아가며 빨래를 삶고 부글부글 넘치기도 한다. 초등학생 여자아이인 나는 한 남자아이와 연신 뛰어다니며 물속에 들어가기도 하고 젖은 옷이 몸에 붙을까 손으로 뜯어내고 있다. 작은 몽우리가 만져지는 젖가슴을 들킬까봐 여간 신경 쓰이는 게 아니다. 엄마가 뽀얀 옥양목 속옷을 헹구는 거품을 잡으러 또 다시 물로 뛰어 들어간다. 다시 그 아이가 클로즈업 된다. 그 아이의 눈동자가 뭐라 어렵게 말을 하려는데 기차가 지나간다. 주위에 있던 아이들이 일제히 손을 흔들고 난 객차를 하나 둘 세기 시작한다. 손가락을 꼽으며 열심히 센다. 멀리서 엄마가 나를 부르는 음성이 들린다. 놀라서 눈을 뜨니 알람소리다.

수필「사람을 찾습니다」중에서

십년이면 변한다던 강산이 요즘은 오년주기로 바뀌었다고 한다. 세월조차 가속이 붙었나보다. 지금까지 지나온 것처럼 그렇게 흐를 것이다. 앞으로 또 알 수 없는 십년 후를 상상해본다. 주어진 나만의 삶에 마음껏 그림을 그리자. 타임캡슐을 묻었던 예전의 진솔함을 곱씹고 자신에게 중요한 버팀목은 많은 세월이 흘러도 절대 변하지 않는다는 생각이 걸맞았으면 좋겠다. 사실 크게 달라질 것 없는 십년 후 일시도 모르겠다. 유턴 없는 삶을 인지하면서 초로의 여인으로 또 다시 다가 올 십년 후를 향해 더 바쁜 척 할 것은 분명하다. 오늘따라 하늘이 청소기를 돌렸는지 구름 한 점 없이 맑다.

수필「십년 후」중에서

아들에게 미니 팬 이야기를 했더니 어린강아지를 버릴 수가 있느냐며 모르고 집을 나온 것 같다고 실종신고센터를 뒤진다. 비슷한 얼굴들이 많았지만 전화해보니 3킬로라고 한다. 내가 분명 체중계에 올려놓는걸 보았기에 아니라고 해도 실종가족은 다시 전화로 그 동물병원을 가르쳐달라고 한다. 가서 확인 해보겠다고 했다. 나라도 그럴 것 같다. 그새 굶어 살이 빠졌나 싶은 마음이 들게 분명하다. 잃어버린 강아지를 주인에게 찾아 준 보람이 컸던지 아들은 나와 한 조를 이뤄 실종 견 찾아주는 센터를 운영해 볼 생각이 없느냐고 한다. 그렇게 가슴 덥혀지는 일만 하고 살수 있다면 얼마나 좋을까.

수필「오지랖 두 번 째」중에서

수필문학이 독자로부터 사랑 받는 이유는 첫째 진솔한 삶의 이야기문학이라는 것일 수 있다. 내 주변에 일어나는 다양한 삶의 편린들이 작가의 사고에 투영되어 때로는 깊은 사유를 펴내고, 때로는 깊은 지성의 칼날에 베일 듯 한 관조를 이야기로 담아내는 일인 까닭이다. 이경선 수필의 이야기 또한 보편적 수필구조 속에서 그 만이 지닌 특이성은 의미의 대상과 만나 일으켜 세우는 혹은 번뜩이는 감각적 사고이다. 그 사고를 담아내는 언어의 순발력이랄까 생생한 생명의 꿈틀거림을 느끼게 한다.

수필 「개님 만세」「이장금, 출두요」「일촌사돈」「콜롬보 미스리」「당신은 몰라」등 여러 수필에서 느끼게 되는 이경선 수필의 강점을 발견할 수 있다. 수필「사람을 찾습니다」의 주제를 따라가 보면 어린 시절 잠시 머물러 살던 외가의 풍경 속 어린 날의 '잃어버린 나'를 반추해 내는 그리움이 있다. 지난 삶의 어디에도 만날 수 없는 순하고 맑은 정서가 묻어나는 아름다움이다. '어머니의 본가에서 잠시 어린 시절을 보냈던 영동은 돌아보면 지금까지 살아온 삶에 가장 정적이고 촉촉한 시절이었다. 서울로 돌아오지 않았다면 이야기는 또 바뀌었을지 모른다. 기억 한 모퉁이에 샘물처럼 자리 잡고 있고, 가슴속에 휘파람 소리가 끊이지 않을 때 따듯하게 다독여준다'는 이 수필을 읽으면 자연의 순수가 숨 쉬는 영동은 어쩌면 이경선 수필가가 작가로서의 정서를 키워낸 그 시원의 공간이 아니었을까 유추하게 된다. 때문에 그 순수의 맑은 나를 향한 손짓이 이 수필의 메시지이며 잃어버린 나를 찾는 징검다리가 된다.

누구나 미래의 삶을 점치기는 어려운 일이다. 코앞의 일도 내다보기 쉽지 않은 게 삶의 일이기에 더 그렇다. 그럼에도 불구하고 사람들은 내일의 나의 삶이 어떤 모습일까에 호기심을 갖는다. '대학시절 종로에 즐겨 다니던 카페 상호가 '십년 후'였다. 마주친 간판을 보는 순간 온 몸에 피가 혈관 한 바퀴를 회전하는 신선한 충격이었다. 주저 없이 문을 밀고 들어갔다. 현재도 알 수없는 모호한 하루하루에 십년 후란 단 한 마디의 의미는 이제 막 성인대열에 다가서는 내겐 심오하고 그 카페에 가면 십년 후의 삶을 멋지게 설계 할 수 있을 것만 같았다' 는 수필「십년 후」는 대학시절 종로거리를 거닐다가 발견한 카페이름이다. 그 이름만으로 십년 후의 나를 꿈꾸는 기대로 부풀게 된다. 알 수 없는 미래에 대한 해답을 얻을 것만 같은 그곳에서의 젊음의 한 때가 그려지고 그리고 현재의 '나'는 성숙한 중년의 나를 꿈꾸는 '십년 후'를 준비하고 있다.

수필「오지랖 두 번째」는 개를 사랑하는 이의 오지랖이야기이다. 도로변 전봇대에 붙은 잃어버린 개를 찾는 전단지를 발견하고 주인의 아픔을 공감하던 차에 우연히 타고 가던 차량 너머로 거리를 배회하는 전단지 속의 애완견을 발견하게 된다. 오지랖 넓게 전단지를 찍어왔던 것이 주인에게 연락이 되고 유기견이 될 뻔 했던 개는 주인의 품으로 돌아갈 수 있었다는 이야기이다. 수행해야 할 일정을 뒤로 하고 거리의 개를 따라가거나 주인에게 연락하는 일들 모두는 오지랖이 넓은 이의 행동이라는 것이다. 그러나 그 같은 관심과 행동은 동물을 사랑하지 않고는 취할 수 없는 일이다. 비록 작은 애완견이지만 그들에게 느끼는 생명의 존귀한 가치가 사람의 생명과 다르지 않다는 반증임을 이 수필은 분명히 전달하고 있다. '작은 생명의 소중함을 아는 사람들이 사람냄새가 나서 좋다.

방송에 가끔 나오는 학대 견들을 보면 몹시 마음 아프다. 발로 걷어차고 전기 줄로 때리는 장면을 본 날은 잠을 이룰 수 없었다' 는 작가의 마음 따뜻한 정서를 만나게 된다.

얼마 후 빗줄기가 가늘어져 멀리 보이는 화장실로 돌진작전을 실행했다. 그곳에도 물에 빠진 생쥐들이 숨어있었고 수원의 으뜸인 화장실에서 손 말리는 건조기로 강아지 머리를 말리고 휴지를 둘둘 말아 털의 물기를 제거했다. 다행히 강아지 심장소리는 클래식 산책으로 채널이 돌려있었다. 다시 온 몸을 휴지로 외과환자마냥 둘둘 싸고 안내 전단지로 머리에 고깔을 만들어 집으로 출발했다. 소나기는 말 그대로 소나기일 뿐 아까에 비하면 맞기 좋은 비가 내렸다. 안하던 짓하면 큰일 난다는 어른들 말이 생각났다. 하던 대로 해야지 갑자기 둘이 나선 걷기운동이 잘못이다. 누군 소나기를 맞고 사랑이 움튼다는데 우린 그날 이후 운도 떼지 않고 서호 천변만 바라보고 있다.

수필「이런 소나기」중에서

화장대 위에 각종 화장품이 여러 톤의 '메니큐어' 까지 합쳐 연예인 빰치게 즐비하다. 여성과 멀어지고 싶어도 결코 멀어질 수 없는 불가분의 관계인 화장의 고마움이 날이 갈수록 더할 것이다. 수술대에 오르지 않으려면 특수 화장기법을 마스터해야 하나 고민이다. 그러나 감출 수 없는 연륜이 나타나면 어쩌랴. 아무리 고가의 화장품을 발라도 들떠 버리고 마는 매정한 청춘을 탓하지 말자. 피부가 늘어지고 잡티가 번져도 마음만은 추해지지 않도록 노력하는 일이 더 시급한지도 모르겠다.

수필「화장」중에서

수필「이런 소나기」는 퇴근한 남편과 함께한 저녁 산책 중에 준비 없이 온몸으로 맞아야 했던 '소나기' 이야기이다. 물론 황순원의 소설「소나기」처럼 어린 소년 소녀가 소나기를 피해 찾아든 피신처에서 느끼는 가슴 두근거리는 사랑이야기는 아니다. 이 수필은 중년의 부부가 모처럼 운동으로 시작한 산책길에 온몸을 적시는 불편함을 내포하고 있다. 다만 작가의 내심에는 젊은 날의 아름다운 낭만이 사라진 아쉬움 섞인 투정이 언어 속에 묻어나 추억 속 그리움을 예감하게 한다. '남편도 수영장에서 막 나온 사람 같다. 서로 모양새는 옷이 온 몸에 달라붙어 사모하는 마음이 있는 사람이라면 참 로멘틱한 상황이었겠다 싶었다. 날 좋을 때는 안 가고 하필 오늘 같은 날 서두른 남편이 미웠다. 강아지만 걱정되었다.' 는 이야기는 허기진 시장기를 투정하는 아이처럼 남편에 기대하는 사랑의 깊이를 우회적으로 들어내는 아내의 내심이 사랑스럽게 드러난다.

여자들에게 화장은 필수가 아닌가 싶다. 물론 그 방법은 다양하여 한 듯 안 한 듯 자연스런 화장법이 있는가 하면 특수한 인물의 성격을 표출해 내는 개성적인 화장법으로 여성의 미를 연출해 내기도 한다. 수필「화장」은 거울 속 얼굴은 쳐다 볼 때마다 자질구레한 점이 늘어나고 군데군데 조금씩 검버섯도 자리 잡고 있는 얼굴을 감추고 싶은 여자의 심리를 잘 드러내고 있다. 얼굴에 잡티를 가리고 촘촘히 피부를 손질하고 외출하는 날은 당당하게 나설 수 있지만 그렇지 않은 날은 공연히 움츠려 들기 마련이라는 것이다.

'화장의 목적은 피부표면을 미화시키는 수단과 여성 본능을 만족시키는 요소라고 본다. 여성에겐 기초적인 행위로 대외적인 장소에서 곱게 치장한 모습은 예를 갖추었다고 생각한다.' 는 작가의 의도와 같이 여자의 본능 속에는 '아름답기' 를 추구하는 美의 인자가 작용한다고 한다. 하여 이 수필은 여자에게 화장은 매우 자연스런 일처럼 당위성을 지니게 된다는 말을 하고 있다.

이경선 수필의 강점은 언어를 다루는 재치가 문장의 적소 적소에 순발력 있게 적용되어 글의 의미를 보다 활기차게 만드는 재능이 있다. 이경선 제2수필집의 글탑이 이처럼 튼실하게 쌓아져 이를 감상하는 독자들의 가슴에 큰 감동의 울림을 주리라 믿는다. 개인에게는 개별적인 문학역사의 흔적이기도 하지만 나아가 한국수필문학의 강물에 줄기를 잡는 오늘의 이 수필집 출간은 경이로운 일이지 싶다. 다만 앞으로 이경선 수필가가 세상 속에 놓여 진 많은 문제들 중에서 '무엇을 말하려 할까' 라는 궁금증이 인다. 독자는 자신이 믿는 작가에 대하여 끊임없이 주목하고 있다는 점을 잊지 않기 바라며 눈부신 발전이 있기를 기대한다.